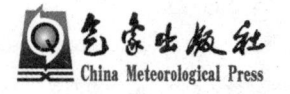

专家讲宝宝起名

王大良 编著

气象出版社
China Meteorological Press

内容简介

好名字是父母长辈送给宝宝的第一件礼物，这礼物将伴随宝宝一生。本书作者作为大学教授和资深起名文化专家，在长期研究基础上，广泛吸收各种最新成果，结合我国最新政策，分别从起名知识、起名文化、起名原则、起名禁忌、一般起名方法、特殊起名方法、男宝宝起名方法、女宝宝起名方法、二胎起名方法、双胞胎起名方法、多胞胎起名方法、起名参考等多方面进行阐述，融知识性、科学性、系统性、实用性于一身，内容丰富，通俗易懂，有助于读者为宝宝起一个好听、好看、好读、好记、便于交流又不与他人重名的好名字。

图书在版编目（CIP）数据

专家讲宝宝起名 / 王大良编著 .— 北京：气象出版社，2020.9
ISBN 978-7-5029-7260-8

Ⅰ.①专… Ⅱ.①王… Ⅲ.①姓名学—中国 Ⅳ.① K810.2

中国版本图书馆 CIP 数据核字（2020）第 156864 号

专家讲宝宝起名
Zhuanjia Jiang Baobao Qiming

出版发行：气象出版社	
地　　址：北京市海淀区中关村南大街 46 号　邮政编码：100081	
电　　话：010-68407112（总编室）　010-68408042（发行部）	
网　　址：http：// www.qxcbs.com　E-mail：qxcbs@cma.gov.cn	
责任编辑：杨　辉	终　　审：张　斌
责任校对：张硕杰	责任技编：赵相宁
封面设计：北京楠竹文化有限公司	
印　　刷：三河市君旺印务有限公司	
开　　本：710 mm×1000 mm　1/16	印　张：20.5
字　　数：315 千字	
版　　次：2020 年 9 月第 1 版	印　次：2020 年 9 月第 1 次印刷
定　　价：68.00 元	

本书如存在文字不清、漏印以及缺页、倒页、脱页等，请与本社发行部联系调换

前　言

在我们这个世界上，无论你、我还是他，人人都有名字，并且天天都在使用，名字实际上是我们生活中不可或缺的一个重要部分，很难想象这个70多亿人口的世界，如果人们没有名字将会乱成什么样子。在人口众多而能够被用来起名的素材又十分有限的情况下，要想为那些即将出生或刚刚出生的宝宝起一个理想的名字并不很容易。而且根据我国相关部门规定，宝宝出生一个月就要去报户口，之后除非有特殊原因，报户口的这个名字不可以随意更改。因此，宝宝出生时所用的名字一般都要与他（她）相伴一生。可见，为宝宝起个好名字既是紧迫的也是必要的。但是，我国已经是一个人口超过14亿的大国，平均每天出生的宝宝有4万多，每年出生的宝宝约1500万。要想在这么多人中起一个好名字，其难度可想而知的。稍有不慎，就会给宝宝带来一些意想不到的麻烦，这种情况在生活中并不鲜见。

因为起名不当、与别人重名，宝宝长大后会在生活中处处感到不便。名字是与宝宝相伴终生的称谓符号，无论是在社会交往中还是在生活中，每时每刻都要使用自己的名字。如上学报名时要首先报上自己的名字，在与陌生人交往时要"自报家门"，在名片上要印上自己的名字，在与朋友打电话时也要说出自己的名字。这个名字应该是为他（她）个人所专有的，如果与许多人的名字一样，就会出问题。据调查，我国目前存在着严重的重名现象，重名人数最多的"王伟"，仅全国户籍人口就有20多万；全国叫"张伟"的也有十多万人，仅在天津一个城市，叫张伟的就有将近5000人。有人曾问过这些叫"张伟"的人，发现不少都遇到过重名带来的烦恼。其中有位男性博士，他认为自己的名字的确是一个响亮的名字："伟"的意思是伟大、伟人、宏伟、伟岸，都是褒义词，当初父母给自己起名字时也是希望自己从小能够健康成长，将来成为伟大的人。他说："与我同名的同学、朋友们的父母大概都有这种想法，但是用这个名字的人确实太多了""我已经认识了六七个与我重名的朋友了。上中学的时候，班里有三个人都叫张伟，为了区分我们仨，老师给我们排了顺序：大张伟、中张伟、小张伟，我就是那个'中张伟'，同学们由此给起了个绰号'二张伟'，有人干脆直呼'二子'，真是郁闷！"另一位张伟是名女性，在某公司当经理，说她上小学时，班里有一个男同学也叫张伟，老师提问时只能以"男张伟""女张伟"来区别。上初中后，虽然班上没有与她重名的同学，但学校里仍然有三四个张伟。她还回忆说："有一次，几名男生在外面打架，民警跑到学校来找'张伟'，结果把我叫去了。民警一看，怎么是个女生，当时民警都乐了！参加工作后经常收到名片，名片中至少有五六张与自己同名同姓，其中有教授、厂长、党委书记、村干部等。有时在一个会议室里同时出现两三个张伟，喊起来很麻烦，有时也会遭遇尴尬。"这样的例子还有很多，因为重名而丢了工作、失去了朋友甚至存款被冒领、抓错了药等事例屡见不鲜，给生活带来的烦恼几乎接连不断。

　　因为起名不当，起的名字不合宝宝性别，为其将来生活带来不便。据《羊城晚报》报道，珠海有位林女士名字很男性化，在一家公司工作时竟然遇到两位男性与自己名字一模一样。每每老板要找其中一人时，通常是3人同时应声而起，引得其他同事哄笑不已；而老板也习惯称她为林先生，更是让她难堪。为了摆脱这种尴尬场面，她曾到当地派出所申请改名，又被明确告知不能随意改名。最后因为不堪其烦，只好离开了这家公司。

因为起名不当，起的名字用生僻字，很多人不认识，同样会给宝宝带来不便。据《东亚经贸新闻》报道，吉林农安有一个生在农历二月初二"龙抬头"日的男孩，父母特意请人给他起了个李龑（yǎn）名字，没想到因为"龑"是个生僻字，一般人不认识，电脑打不出来，户口本的名字变成了李·，学校电子学籍上名字也是李·。有一次，他想参加数学竞赛，因电脑打不出名字，只好放弃，还说："就算报上名，获了奖，证书上写的也得是李·，真没劲"。另外在上海，《新闻晚报》报道一个家住普陀区的高中毕业生张赟（yūn）考上了大学，但收到的录取通知书上打印的名字却是"张？"，经过再三仔细核对，她才确认这张录取通知书是自己的。因为"赟"字太生僻，这张通知书让她又喜又忧。

以上仅是举几个例子，不难看出起一个好名字是多么重要。也正因如此，我国现行的《户口登记条例》《婚姻法》《民法通则》等法律法规曾专门对名字问题进行了规定，《姓名登记条例》《汉语人名规范》《人名用字表》等也在研究制定中。在这些法律法规中，曾明确对名字进行过定义或规范，指出"公民享有姓名权……禁止他人干涉、盗用、假冒"。也就是说，起名和用名都是每个公民享有的权利和义务，受法律保护，别人无权干涉，更不得盗用和假冒。这一规定一方面确立了名字的法律定义，同时也说明：名字是为个人所专有的，如果随意起一个名字，则其专有性就可能失去意义，所谓受法律保护或禁止他人侵犯等也会成为一纸空文。因此，要想维护法律的严肃性和保障每一个公民的合法权益，起名无疑是一件不容忽视的大事。

为了帮助各位读者给宝宝起个好名字，避免出现以上问题，笔者在长期研究的基础上，广泛吸收了各种最新成果，结合国家的最新政策，编写了这本书。书中通过对起名问题的系统研究和介绍，以及对大量起名实例的剖析，分别从起名知识、起名文化、起名原则、起名方法、起名禁忌、一般起名方法、特殊起名方法、男宝宝起名方法、女宝宝起名方法、二胎起名方法、双胞胎起名方法、多胞胎起名方法、起名参考等多方面对读者进行具体指导。本书融知识性、科学性、系统性、实用性为一体，通俗易懂，有助于读者为宝宝起一个好听、好看、好读、好记、便于交流并且不与别人重名的好名字。

王大良

2020年3月

目 录

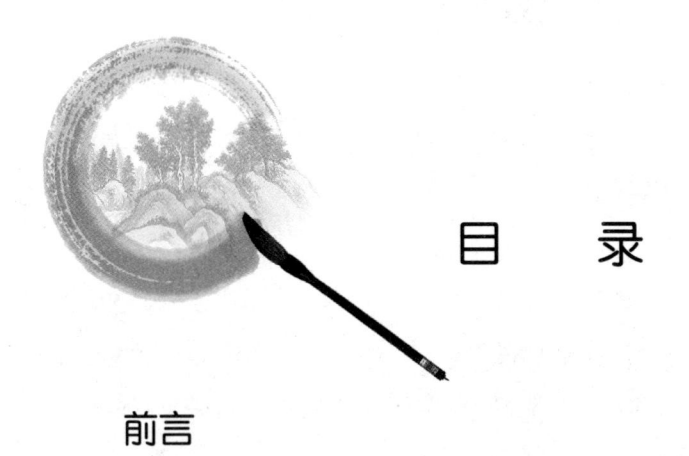

前言

第一讲　宝宝起名知识　　1

- 一、人与名字　　3
- 二、人名的起源　　5
- 三、人名的基本属性　　7
- 四、人名的主要构成　　10
- 五、人名的时代特点　　25
- 六、人名与姓氏的关系　　34
- 七、人名的发展趋势　　47

第二讲　宝宝起名文化　　51

- 一、人名与网名　　53
- 二、人名与地名　　58
- 三、人名与人生　　60
- 四、人名与应用　　61

第三讲　宝宝起名原则　　73

- 一、确定合适人选　　75
- 二、遵守国家规定　　79
- 三、符合用字规范　　83
- 四、考虑使用方便　　88
- 五、构思新颖别致　　89
- 六、用字简明易懂　　91
- 七、字形赏心悦目　　92
- 八、读音铿锵洪亮　　96
- 九、寓意明朗典雅　　100
- 十、姓名搭配和谐　　103

第四讲　宝宝起名禁忌　　107

- 一、盲目跟风　　109
- 二、标新立异　　111
- 三、生僻难认　　113
- 四、洋味十足　　116
- 五、不辨性别　　118
- 六、充满稚气　　120
- 七、一字多音　　121
- 八、读音不雅　　123
- 九、不知避讳　　127
- 十、热衷单名　　132

第五讲　宝宝起名一般方法　　137

- 一、心有何思，便起何名　　140
- 二、从婴儿特征获得灵感　　144
- 三、向出生时间索取素材　　146
- 四、在诞生地点寻找目标　　151
- 五、以发生事情作为借鉴　　156
- 六、由世界万物得到启发　　161
- 七、借日常用语打开思路　　165
- 八、靠诗文典故汲取营养　　168
- 九、围绕姓氏做好文章　　173
- 十、巧妙利用汉字谐音　　178

第六讲　宝宝起名特殊方法　　183

- 一、生肖属相起名法　　185
- 二、阴阳数理起名法　　193
- 三、五行生克起名法　　196
- 四、生辰八字起名法　　199
- 五、八卦六爻起名法　　204
- 六、五格剖象起名法　　206

第七讲　男宝宝起名方法　　209

- 一、男宝宝传统起名方法　　211
- 二、男宝宝起小名风俗　　213
- 三、男宝宝的女名与丑名　　215
- 四、男宝宝起名用字　　216

第八讲　女宝宝起名方法　227

- 一、女宝宝的传统起名方法　229
- 二、女宝宝起名的随意与乖巧　231
- 三、女宝宝名字的相同现象　232
- 四、女宝宝起名用字　234

第九讲　二胎起名方法　245

- 一、生好二胎，起好名字　247
- 二、二胎男宝宝起名法　249
- 三、二胎女宝宝起名法　250

第十讲　多胞胎起名方法　253

- 一、双胞胎起名法　255
- 二、多胞胎起名法　257

第十一讲　宝宝起名参考　259

- 一、男宝宝起名参考　261
- 二、女宝宝起名参考　287
- 三、二胎及多胞胎起名参考　306

后记　315

第一讲

宝宝起名知识

名字是我们每个人都不可或缺，并且天天都在使用的个人标志符号。对于新生儿来说，父母除了要为他们准备的除生活必需品外，还需要给他们起一个合适的名字。根据我国《户口登记条例》和《民法通则》等现行法律法规，名字必须在为宝宝出生后一个月内报户口前起好，以后不得随意更改。因此，为新生宝宝起个好名字，应是宝宝父母的当务之急。那么，究竟什么是名字？人的名字是怎么来的？它有什么属性和特点？古人和今人都喜欢叫哪些名字？名字与性别、姓氏等有什么关系？怎样避免与别人同名？今后的名字会是怎样……上述这些，都是在起名前需要解决的问题。故而，要为宝宝起个好名字，我们还要从了解起名知识开始。

一、人与名字

在当今世界上，人人都有名字，而且无论是在社会交往中还是在生活中，经常都要使用自己的名字。如填履历表时要首先写上自己的名字，名片上要印上自己的名字，与陌生人交往时要"自报家门"，与朋友打电话时也要说出自己的名字。可见，名字对我们来说是多么重要。

名字除作为人际间彼此区别的标志外，还有丰富的内容和多种多样的功能。当父母为宝宝起名字时，名字就被赋予了长辈对后辈的期望和无限亲情。现在年轻的父母喜欢为宝宝起乳名"豆豆""咪咪""莎莎""妞妞"，其中就满怀对宝宝的至爱深情；过去的父母喜欢为孩子起名"石头""拴住""结实""狗剩"，同样表现了父母的一片爱心。如果自己为自己起名、改名，新的名字也同样包含丰富的文化内容，寄托自己的志向和对自我的勉励、鞭策。

唐代武则天曾给自己起名"曌",意思是日月当空、普照大地;明末李自成原名李鸿基,在成为农民起义领袖前改名李自成,意思是要自成自立、干出一番事业。同样,太平天国建立者洪秀全原名洪仁坤,后来改名秀全,在名字中暗藏了"禾乃人王"4字,其中,"禾"是"我"字的变体,"禾乃人王"亦即"我乃人王",意思是"我要做天下百姓的领袖",这一名字反映了他的追求和抱负。

人的名字,有时带有明显的时代性和纪念意义。1949年出生的人很多起名"建国",十一届亚运会期间出生的人很多起名"盼盼"(亚运会吉祥物大熊猫的名字),北京奥运会期间出生的人很多起名"贝贝""京京""欢欢""迎迎""妮妮",近几年出生的人很多起名"宇航""宇轩""宇泽""宇辰",等等,都有鲜明的时代烙印。一见这些名字,我们就很容易知道他们的出生时代。此外,如"秋生""京生""鲁湘"等名字,则或为纪念出生时间或为纪念出生地点,或为纪念父母的故乡,纪念意义都显而易见。

我们中国人的名字,有时还是家族或兄弟姊妹中排行的代表字。人们熟知的《红楼梦》中贾宝玉一家,在宝玉一辈人中有贾珍、贾琏、贾环、贾珠等,他们不是同胞兄弟但属同一家族,因此名字共享"玉"旁,并以此作为他们排行的代表字。同样,贾宝玉父辈贾敬、贾政等共享"攵",子辈贾蔷、贾蓉等共享"艹"头,"攵""艹"也都是排行的标志。又如我国古代兄弟排行时,习惯用伯、仲、叔、季加以区别,意思与今天的数字一、二、三、四差不多。有时,还有人直接用数字起名。明朝开国皇帝朱元璋的小名是"重八",便与数字排行有关。在他出生以前,他父亲朱五四的哥哥朱五一已有四个儿子:重一、重二、重三、重五;他父亲也有三个儿子:重四、重六,重七,所以到他时便起名重八。另外,朱元璋的祖父叫朱初一,曾祖父叫朱四九,高祖父叫朱百六,名字也都是家族排行。朱元璋之外,明朝许多开国功臣的祖辈名字也都是以数字排行,其中"开平王常遇春曾祖四三,祖重五,父六六。东瓯王汤和曾祖五一,祖六一,父七一,亦以数目字为名"。另外,我国民间自宋元始修家谱的风气盛行,家谱中还习惯于把一家人的前后几代用"字辈"的形式联系起来,形成字辈谱或字辈诗,起名时只要按顺序各选一个字,放在姓氏后和自己的名字前,形成"姓氏+字辈+名字"或"姓氏+

名字＋字辈"的固定格式，这类的名字叫作谱名。祖籍山东曲阜的孔子第79代嫡长孙孔垂长，名字就是按传统的字辈起的。他名字中的"孔"是姓，"垂"是字辈，"长"是他自己的名字。此外，他的曾祖父叫孔令贻，祖父叫孔德成，父亲叫孔维益，儿子叫孔佑仁，5辈人名字中间一个字都是字辈，连起来是"令""德""维""垂""佑"，分别属于孔子的第76至80代。包含这5代的字辈还被写入他们的家谱中，与前后几代连在一起的字辈谱是："希言公彦承，宏闻贞尚衍。兴毓传继广，昭宪庆繁祥。令德维垂佑，钦绍念显扬。建道敦安定，懋修肇彝常。裕文焕景瑞，永锡世绪昌。"

人与名字的关系除上述几点外，还是社会风俗或民间心态的反映。我国传统社会里的不少地方都有重男轻女的陋习，这一陋习反映在名字上，是有些生了女儿的父母把生儿子的希望寄托在下一胎上，并通过女儿的名字反映出来。关于这点，有人讲了一则笑话，大意是说，旧时，某地有一对夫妻，接连生了5个女儿，因想生个儿子，便为女儿分别起名为：招娣（弟）、引娣、盼娣、想娣、邀娣，等生了第六胎仍是个女儿，只好打消再生孩子的念头，遂起名"绝招"。这虽然是个笑话，但从中不难看出名字所反映的社会风俗或民间心态。

总之，人与名字的关系密切，人的名字作用广泛。清楚了人与名字的关系和意义，将有助于我们认识自己的名字，并认真为宝宝起个好名字。

二、人名的起源

远古时代，我们的祖先过着聚族而居的生活，一个群体中人数有限，且与陌生人交往的机会不多，还不需要用姓名来区分彼此。老子在《道德经》中说："无名万物之始，有名万物之母。"意思是说，万事万物本来没有名字，后来因为需要才有了名字。随着社会的进步和人口的增加，人际交往日渐频繁，为了把某一群人与另一群人区分开来，便出现了某一群人共有的标志，亦即后来我们所说的"姓"；在一群人中间，为了把彼此区分开来，也出现了只属于个人的标志，也就是后来我们所说的"名"。在社会交往中，无论哪一群人，在内部只用"名"便可以区分彼此，若与另一群人交往，仅仅称"名"便不足以表明自己的身份，只有把自己所在人群的标志——"姓"与自己的标志——"名"结合在一起，才能充分表达自己。这种族群的标志和自己标志的结合，便是我国古人最早的姓名。

关于我国古人名字的起源，从汉字"名"本身也可以推知。"名"字由"夕"和"口"两部分组成，对此，《说文解字》解释说："名，自命也，从口、夕。夕者，冥也，冥不相见，故以口自名。"意思是说，在早期的社会交往中，人们在白天遇到时可以通过形体、面貌、声音相互识别，但在晚上就可能因为相互看不清楚，无法识别外部特征，而只能通过自报名字来进行区分。因此，"自报家门"便成了每个人不得不做的事情。这种"自报家门"，也就是《说文解字》所说的"以口自名"，我国古代最早的名字便是这样产生的。

可见，人名的产生是社会交往的需要，最本质的作用是在社会交往中区别彼此。不过，人类早期的名字还不像后来那样固定，人们"以口自名"时可以用自己身上某些特征作为名字，让别人容易识别；或者在一些人识别某一个人时，把这个人的某些特征作为他的名字或代号。这种做法，与现在我们习惯把某位身材特别高的人称为"大个子"、把某位漂亮的年轻女孩称为"美女"十分相似。不过，随着生活环境的变化，人们的特征也会发生变化。原先在一些人中是"大个子"的人，也许在另一些人中只是中等身材；原先被认为漂亮的美女，在另一些人眼中也许觉得很一般。对新的环境中新的一群人来说，这个人原先不曾引起注意的一些特征或许会被发现。"大个子"可能会是个喜欢留小胡子的人，因此他的名字或代号可能被这些人称为"小胡子"；"美女"也有可能会因为眼睛大且有神而被称为"大眼睛"。这样，他们便会在新的环境中有新的名字。在这种情况

《说文解字》中对"名"的解释

下，拥有一个固定的名字便成为生活中的必需，人名也从不固定走向固定。

据研究，我国最早拥有固定名字的人可能是那些传说中氏族社会的首领，或在部落战争中出现的英雄，如伏羲、女娲、炎帝、黄帝、尧、舜、禹、汤等。这种说法，大抵符合社会发展规律。当然，上述所说大约还是文字出现以前的事情，当文字出现以后，原由口头表达的人名也进化到文字阶段。在目前已经发现的一些原始社会的陶器上面，都刻画有一两个符号，据专家考证，这些符号可能就与早期的人名有关。如果这种解释可信，那么，这些人名也是我国最早的文字。到了商代，我国的文字大量出现并趋向于定型，在总数上已经多达5000多个，其中的很大一部分也是人名。如在商代的甲骨卜辞中，不仅有"名"这个汉字，而且还有示壬、中丁、外丙、小乙等人名。这些，也都是我国最早见于文字记载的名字。

总之，人名是产生于人类社会早期的一种文化现象，它的起源和发展经历了一个历史过程。最早，它是人们随意取来区分彼此的称号，以后又演变为固定身份的标志，在文字出现以后更被用文字记录下来。名字从它产生的那天起，就已显示了无可替代的作用，随着其自身的不断发展和完善，在人类社会中的地位也越来越重要。

三、人名的基本属性

我们中华民族一向重视个人对家庭、家族、社会的责任，在起名上也多有寄托，使人名表现出许多与西方社会不同的特色或属性，归纳起来大致包括以下五个方面。

一是人名的专指性。人名是人际间彼此区别的标志，一个人名只能代表一个人，否则就失去了它的专指意义，其实际作用也要大为减弱。如提起"花木兰"这个名字，大家都知道是指古代一位替父从军、为国杀敌的女英雄。提到"雷锋"，就会联想到他是助人为乐的好青年、大家学习的好榜样，而不会想到另外的人。这里的"花木兰""雷锋"都有明显的专指意义。一旦遇到与这种专指意义相悖的情况，则必须对有关人名加以调整，以适应这种人名属性。在党的十九大召开前进行代表资格审定期间，就发现几个人口较多的大姓同姓名情况很突出，其中，王宏、王炯、王勇、王锐、王金龙、王建军、李刚、李明、李萌、李斌、李强、张建国、刘伟、刘莉、刘娟、陈坚、王宁、李伟等，都有同名现象。这种姓名相同的情况是无法实现人名的专指性的，同时也不利于人们之间的区分。因此，有关人员为了防止可能出现的误会，就在这些代表名字后分别加上他们各自所在的地名或行业、性别，如"王宏（女，安徽）""王宏（中央国家机关）"或"李伟（北京）""李伟（四川）""李伟（中央国家机关）""李伟（解放军）"。这种做法，实际上也是为保证人名专指性所做的调整。

　　当然，有些本是专指的名字，有时会因为时代和环境的变化而失去专指作用，但有时也会在失去一种专指作用时而转化为另一种专指。这类的例子也非常多。如明清时期，"梅香"这个名字原指某一大户人家的丫鬟，后来，因为叫"梅香"的丫鬟特别多，于是"梅香"几乎成了丫鬟的代名词。随着这种由一个"梅香"而向众多的丫鬟代名词的转换，"梅香"一名也完成了由一种专指向另一种专指的过渡，其转化前后仍没有离开人名的这一专指属性。同样，人们熟知的历史人物如诸葛亮、关羽、阿斗等名字原本是指特定的人物，但由于家喻户晓，他们的名字有时也像"梅香"的名字一样成了某一类人的代名词。其中如"诸葛亮"一名，本是指三国时期那位足智多谋的政治家，但也被当作智慧的化身、聪明人的代名词。又如"关羽"本是三国时的名将，由于相传他"面如重枣"，后人便把爱红脸的人称为"红脸关公"；又因为他身材魁伟，后人也把威武的人与他相比，《水浒传》便说美髯公朱仝"似关云长模样"；还由于他善于使用大刀，后人便常用"关公面前舞大刀"一语来贬斥在行家面前卖弄本领的人，或作为自己技不如人的谦辞；又由于他曾经千里走单骑、过关斩将，后人常用"关公过五关斩六将"比喻克服困难、闯过难关；还因为他曾因骄傲轻敌而痛失荆州，后人常用"关云长大意失荆州"代指骄傲和疏忽必败；又由于他在荆州失守后败走麦城，后人常用"关公走麦城"比喻能人难免有失。上述这些名字的含义虽然被延伸很多，但每种所指都有专门的含义，与人名的专指性特点并不矛盾。再如"阿斗"本是三国蜀汉后主刘禅的幼名，后来人们联系到他的人生经历，又为之赋予了懦弱无能、碌碌无为、自甘沉沦、徒有虚名、屈膝投降、沉湎声色等含义，进而出现了"扶不起的阿斗""乐不思蜀"等常用词语。这时的"阿斗"同样具有专指性。

二是人名的简明性。我国的人名，一个字、两个字、三个字，简简单单，既便于记忆，又便于传播。这种用字的简单性，也叫人名的简明性，是我国人名的另一个特征。当然，无论是我国还是西方，从人名的这一特点上看还有较为复杂的原因，除历史、文化、社会、风俗等方面以外，仅从语言学的角度看还与语言传播习惯有关。因为在文明社会里，名字的取定和传播都要以语言文字为载体，我国人名的载体是汉字。由于汉字有音节简单这一特点，就使我国人的名字也以单字名或双字名为主。这种人名用字和音节的简单化，十分有利于人名的记忆和传播。如果把一个两字的我国人名和一个十多字的外国人名放在一起，让人去辨认和记忆，那么，首先被记住和说出的一定是我国的人名。简单易记，是我国人名特有的优势。

三是人名的审美性。审美性是指人名排斥那些含有贬义、发音含混不清、容易引起误解的汉字，在所起名字的字义上要求庄重、典雅，在字音上要求响亮、动听，在字形上要求繁简适中、搭配得当。

四是人名的稳定性。稳定性是指人名一旦成为某一个人的标志，将伴随他终身。因此，在起名时要有长远眼光，不可因一时冲动而草率从事。对一些时效性很强的名字，尽管暂时可能被认为时髦，或者读来有些亲切，但很难经得起时间的检验，时过境迁后就会显得不合时宜。试想，诸如"小小""可可"之类的名字放在小宝宝身上还会显得亲切可爱，但过了几十年，已经是老头、老太太的他们如果还叫这些名字，就有点不伦不类了。

五是人名的地域性。我国人名的地域性，是指由于我国幅员辽阔，不同地区的人名往往带有各自地区的特色。如我国不少地方的人都喜欢用地名做名字，上海人叫沪生，广东人叫粤生，等等，这类名字虽然因为是信手拈来而让人感到亲切简单，但由于现在人口流动过于频繁，许多人离开出生地工作或生活，名字在新的地区使用时，有时显得不那么协调。另外，还有一些地方特色很突出的字，用在名字中也不是很妥当。如在广东、福建沿海，人们信奉妈祖，起名时往往带上"妈"字，以期得到妈祖护佑。但由于"妈"

字是母亲的代称，多数地方并不习惯在称呼母亲以外使用这个字。故而，尽管人名的地域性是一种客观存在，在起名时还是尽量避免使用这类过于特别的文字为好。

总而言之，人名是一种社会文化现象，无时无刻不在与社会发生联系。因此，起名时要把它与社会联系起来，充分考虑它的基本属性，才能让它发挥应有的社会作用。

四、人名的主要构成

中国人的名字，不仅是用来区别彼此的符号，而且在某种程度上还是中国文化的缩影。尤其是在古时候，每个人的名字往往不止一个，一般在刚出生时有乳名，稍大以后有小名，上学读书时有大名（学名），成年时有字，写文章时有笔名，从艺有艺名，危难时有化名，夫妻间有别名，当官有官名，出家有法名，修谱有谱名，与人交往时有诨（绰号），等等。乳名、小名、大名、学名、笔名、艺名、化名、别名、官名、法名、谱名、诨名、字、号等都是我国人名的组成部分，无不含有丰富的中国文化知识。要想起个好名字，无疑要了解和掌握这些知识。

1. 古人的名、字、号

今天的中国人，大多只有一姓一名。但在过去，人们的姓名远没有这么简单。通常情况下，除了姓和名以外，还有字、号等。其中，"字"是成年后起的，与"名"相连而通称"名字"。我们今天常说某人叫什么名字，按古人的标准看就包括"姓""名""字"三个部分，三者是各自独立而又相互依存的整体，各有各的性能和作用。

（1）古人的名

谈到古人的名，总是与字联系在一起。关于名和字及其作用，清朝人王应奎曾有过一个概括，说"古者名以正体，字以表德"，意思是说，名是用来区分彼此的,字则是表示个人品德或追求的,二者性质不同。不仅如此,古人"名"和"字"的用途也不大一样,名一般是阶段性的称呼,小时候称小名,大了叫大名。等有了字,名就应该避讳,称呼时也只称字而不称名。《史记·秦始皇本纪》中对秦始皇名字的记载,说他"名为政,姓赵氏"。

在起正式名字前,给宝宝起个小名,古今都有这一习惯。在古代,上至帝王将相,下至黎民百姓,人人都有小名,如魏武帝曹操小名阿瞒、南朝宋武帝刘裕小名寄奴、北朝魏太武帝拓跋焘小名狒狸伐、北周文帝宇文泰小名黑獭、宋孝宗赵慎小名小羊、明太祖朱元璋小名重八。上述这些,无不是称孤道寡的帝王。至于一些达官贵人、圣贤名流,也都有小名,如大思想家孔子小名丘、文学家陶渊明小名溪狗、书法家王献之小名官奴、诗人谢灵运小名客儿、宰相王安石小名獾郎。不仅男性如此,女性也不例外,如汉武帝皇后小名阿娇、唐寿昌公主小名虫娘、明代女画家马月娇小名元儿,她们的小名同样很随意。《红楼梦》中的凤姐女儿小名巧姐,是刘姥姥进大观园时应邀给她起的,觉得她的生日在农历七月初七日乞巧节,便给她起了这个名字。至于那些生活时代离我们不远的人,起小名的情况更加普遍,如蔡元培乳名阿培,夏丏尊小名钊,郭沫若小名文豹,等等,都是其中典型事例。

由于我国幅员辽阔,各地有不尽相同的起小名风俗,所起出的名字也有一定程度的地区差别。如在北京,人们起小名喜欢在前面加上"小"字,后面带上"子"字,或带儿化音,起出一些诸如"小虎子""小婷子""春妮儿"之类的小名。而山西人喜欢用"丑"字为小名,如"大丑""二丑""丑蛋"之类。另外在广东,人们起小名喜欢用"阿"字开头,所起的名字多为"阿强""阿明""阿珍"之类。湖南人则喜欢用"伢子"给男孩起小名,如"春伢子""山伢子"之类;又用排行给女孩起小名,如"大妹""二妹"之类。浙江绍兴一带多以孩子出生时的体重为小名,如鲁迅小说《风波》中的人物"九斤老太""六斤"等。有些地方的人为了让小名显得更为亲切,还喜欢用叠字起小名,所起的名字如"红红""莎莎""锋锋"之类,具有不同的效果。

小名因为具有较大的随意性,使用的范围也是在家中的亲人之间,一般在正式场合或宝宝长大后就不再使用,这也是小名使用的一般规律。如果违背了这一规律就要闹笑话,甚至引起严重后果。《史记·陈涉世家》就记载秦末的农民军首领陈胜有小名,称王后有穷乡亲来看他,一不小心叫了他小名,他觉得丢脸,竟下令把乡亲杀了,留下千古话柄。不仅他如此,如果在现实生活中的大庭广众,严肃场面之下叫人小名,总有些给人找不痛快的感觉,有故意揭人伤疤之嫌。小名只是宝宝年幼时亲朋唤他的名字,具有亲切感,一旦时过境迁,用错了地方就会惹出麻烦。

古人稍年长后便有了正式名字。正式名字又叫学名或大名,别人称呼自己时要称呼正式名字。这种正式名字一般是在宝宝上学读书启蒙的时候由长辈或老师起的,以备在学堂这样的正式场合使用,现在一般是在报户口时就起了正式名字。这之后再叫此人小名,就显得不尊重,甚至令人反感了。

正式名字取代小名,是宝宝成长中的必然。尽管小名对人的作用和影响不及正式的名字及字、号,但由于从古至今人人都有,因此,也是一个不容忽视的起名现象。特别是隋唐以来,随着人们对文化研究越来越重视,社会上还出现了一些专门研究小名的人,并相继有一批研究小名的著作问世。如在唐代,陆龟蒙就曾把秦汉至隋唐800年间的小名搜集在一起,编成《小名录》三卷。至宋代,陈思在此基础上编成《小字录》。明代,沈弘正又为《小字录》作《补录》一卷。此外,宋代人张邦几专门研究男仆女婢的小名,编写了《侍儿小名录拾遗》一书。此后,不少人又步他的后尘,研究男仆女婢的小名,或对他的书进行增补,其中已知的就有宋朝王铚的《补侍儿小名录》和温豫的《续补侍儿小名录》、清朝李调元的《乐府侍儿小名》等。

另外,在古人的名中,还有一种是化名,也就是为了不让人知道自己的真名实姓而改的名字,或用以隐藏真实身份,或为了满足某种需要。相传何姓人的祖先原来姓韩,名瑊,是战国时韩国末代国君韩王安的后代。韩国被秦国灭亡后为躲避官兵追杀,过河时对盘查的官兵说自己姓"河水"的"河",被误写为"何",后来便被称为"何瑊",成了何姓祖先。另外,在过去的战争年代,名将陶勇原名张道佣,为了迷惑敌人而改名为与"道佣"音近的"陶勇",后来也以这一名字为人所知。在现实社会中,某些从事特种职业的人为了掩护身份也不得不用化名,还有些别有用心的人故意用化名,也有人把网络中的虚拟名字用在现实中,情况不一。我国近年推行实名制,一定程度上也是针对化名问题而实行的,要通过法律手段遏制化名的不当使用。

（2）古人的字

在古时候，男孩到20岁时要举行类似今天成人仪式的冠礼，冠礼时还要起字。女孩的成人仪式叫作"笄礼"，一般在许嫁前举行，笄礼时也像男孩一样起字。因为名的作用是主要用于自称，举行了成人仪式就意味着走向社会，在社会交往中要有可供朋友们呼唤的名字，这便是古代孩子在举行成人仪式时起字的主要原因，也代表名和字使用范围和办法的区别。

名与字在多数情况下共同构成一个人的代号，尽管用途不尽相同，二者之间还是有联系的。古人大多因名起字，名与字内容毫不相干的情况几乎见不到。如三国名人诸葛亮名"亮"字"孔明"，其中的"亮"和"明"其实就是同义词。同样，当时的名将张飞名"飞"字"翼德"，其中的"翼德"便是对"飞"的解释，因为"飞"就是"翼之德"（翅膀扇动而造就的功德）。另一名将关羽名"羽"，字"云长"，"羽"与"云"属于连义推想。又如唐代大诗人白居易，字乐天，名与字之间也有联系，即"居易"是因，"乐天"是果，只有居处安宁，才能知命而乐天。而当时的文学家韩愈字"退之"，"愈"与"退"是词义相反的两个字，也代表了古人起字方法的多样性。

像名一样，古人的字也有多种多样的用途。最初，人们起字非常简单，往往只起一字，与"子""伯""仲""甫"等表示年龄阶段的字相连。如孔子弟子颜回字子渊，冉耕字伯牛，冉雍字仲弓，这些名字中的"渊""牛""弓"就是他们的字。当然，有些人起字时干脆只用一字，如陈胜字涉，项羽字籍。东汉以后，人名起字才越来越讲究，情况也越来越复杂。人们在有了名以后，往往把起字看得很重要。有些人在起字时注重效法古人，起字"士则""思贤""师亮"等；有些则寄托对被起字者的厚望，取字"温叟（长寿不夭）""永全"等。

（3）古人的号

古人除有名、字外，还有近似名字的号。其实，就性质而言，号是一种固定的别名，又称别号。早在周朝时，人们就已经开始起号。对此，《周礼》解释说，号是"尊其名更为美称焉"。意思是说，号是人在名、字之外的尊称或美称。特别是在早期，有号的人多是圣贤雅士，如老子别号广成子，范蠡别号鸱夷子皮，等等。不过，就一般情况看，先秦时有名、字又有号的人并不太多。至秦汉魏晋南北朝时，起号的人仍不很多，见于记载的仅有陶潜别名五柳先生、葛洪别号抱朴子等。但是，到了隋唐时期，伴随着国家的强盛和文化的高度发达，在名、字之外另起号的人逐渐多了起来。如李白号青莲居士，杜甫号少陵野老，白居易号香山居士，等等。到了宋代，起号之风又有进一步的发展，苏轼号东坡居士，陆游号放翁，辛弃疾号稼轩，都是当时文人雅士中有代表性的号。明清人更把起号视为一种时髦，上至皇帝，下至一般黎民百姓，几乎人人有号。有代表性的如《三国演义》作者罗贯中号湖海散人，《西游记》作者吴承恩号射阳山人，著名思想家王夫之号南岳卖姜翁，无不如此。甚至如清朝人凌杨藻在《蠡勺编》一书中记载的那样，明朝"闾市村垄，嵬人琐夫，不识丁者莫不有号，兼之庸鄙狂怪，松兰泉石，一坐百犯；又兄'山'弟则必'水'，伯'松'则仲必'竹'，不尤大可笑也哉。近闻妇人亦有之，向见人称'冰壶老拙'，乃嫠媪也"。该书还记载一个让人忍俊不禁的例子，说一位县官在审理一桩窃案时，诘问犯人为什么故意狡辩，犯人回答是"守愚不敢"，县官不解其意，一问左右才知道是犯人在自称别号。像这样落草为寇的盗贼都有别号，当时起号之多之滥可想而知了。

在古人起号时，用字与起名、字不同，大多不受字数的限制。从已知的历代的号来看，有2字号，也有3字、4字号，甚至还有十多字、二十多字的号。如清代画家郑板桥的号就有12个字，即"康熙秀才雍正举人乾隆进士"。当时还有一个叫释成果的和尚，号"万里行脚僧小佛山长统理天下名山风月事兼理仙鹤粮饷不醒乡侯"，用字竟达28个，一个人的别号竟然用了近30个字，真可谓一大奇观。

古人起号有较大的随意性，并且不必避讳，因此在一定程度上促使了明清时期文人起号之风的盛行。当时的大多数人都起号，有些人的号还不止一个。清初画家石涛法名弘济，别号清湘道人、苦瓜和尚、大涤子、瞎尊者，达4个之多。至于前述清代画家郑板桥，本名燮，字克柔，板桥本来就是他的号。他此外还自称郑大、郑大郎、板桥居士、板桥道人、板桥老人，这些自称也大多具有号的性质。另外，如果我们对古人的号进行深入研究，还可以发现其性质相当复杂，不仅有上述这些性质的号，不同身份、不同行业的人也有专门的名称，如历代皇帝都有庙号、谥号，和尚有法号，道士有道号，演艺界有艺名，文化界有笔名，这些也有号的性质，而且各有特点。

总之，我国古人的称谓远比现在人复杂，他们有姓名又有字、号。这种姓、名、字、号的并存，既适应了人们不同年龄阶段和不同情况下的需要，也为中国的姓名文化增添了丰富内容。

2. 皇帝的名、字、号

在我国历史上，从夏商周三代开始到清朝末年，前后出了近500位帝王。他们贵为一国之君，名、字、号远比一般人复杂得多。其中除了像常人一样拥有乳名、本名、字、号以外，还有尊号、年号、谥号、庙号等一系列为其他人所没有的专用称号。此外，皇帝的自称或他称也十分特别。

具体说来，皇帝这一名称是由秦始皇定下的，但作为一国之君或一些人的首领，相关的概念其实从三皇五帝的传说时期开始就有了。此后，在我国长达数千年的发展史上，皇帝的称谓也有一个发展演变的过程。早在夏代和夏代以前，对一国或一部落之主称"后"或"氏"，如夏后氏、神农氏、伏羲氏等。商代以后，商代第一位君主商汤开始称"王"，历商至周，相沿不改。春秋战国时，诸侯割据，各割据王朝为了表示不敢僭越周天子，多以"公"或"伯""子"等相称，齐桓公、郑伯、罗子便是如此。后因周王朝名存实亡，他们才称"王"。秦朝统一天下后，即公元前221年，开国皇帝秦始皇认为自己做到了以前所有君主都没有做到的事，德高三皇，功过五帝，"王"的称号已不能显示他至高无上的权势和地位，于是便从古代最尊贵的三皇五帝名号中各取一个字，定号为"皇帝"。自此，"皇帝"便成为我国历代王朝最高统治者的称号，直到宣统三年（1912年）清朝末代皇帝溥仪为止，使用了两千多年。

其实，皇帝真正的姓和名与一般百姓的姓名并没有多少区别。如秦始皇姓嬴名政、汉高祖姓刘名邦、唐太宗姓李名世民、宋太祖姓赵名匡胤、明太祖姓朱名元璋。至于他们的字、号，如东晋安帝司马德宗字德宗，清朝乾隆皇帝号"十全老人"，也没有什么特别之处。其特殊性在于姓、名、字、号以外的其他方面。如皇帝自称朕、孤、寡人、予一人、予小子，别人称皇帝则是陛下、足下、天子、上、人主、县官、大家、天家、官家、国家、圣人、至尊、皇上、九五之尊等。此外，从西汉武帝开始，皇帝即位后还有自己的年号，用以记载在位的时间。年号中最早的一个是汉武帝的"建元"，从公元前140年开始使用；最后一个是清朝末帝溥仪的"宣统"，在公元1912年被废止。皇帝可以改年号，一个皇帝可有多个年号，到明清时期，一个皇帝才开始从始至终使用一个年号。特别是清朝皇帝的年号，甚至被人当作是皇帝的代号，如康熙、乾隆、宣统等，其实际含义大多已经超出年号的范围，开始具有姓名的意义了。

清朝皇帝爱新觉罗·玄烨，康熙是他的年号

在我国历史上的皇帝中，除秦朝的两位皇帝在生前已经有固定的名号（即秦始皇、秦二世）外，其他皇帝去世以后还要被群臣根据生前事迹议定一个新的称号，这种称号就是谥号。谥号的选取范围一般是固定的，称为"谥法"。如《逸周书》中就有《谥法解》一章，记载周代群臣为周王议谥和在定谥号时所应遵循的原则。后来，周代的谥法还成为各朝谥法的蓝本。制谥的原则是取美谥而不取恶谥，其出发点还是"为尊者讳"。所以，封建皇帝除非是臭名昭著或被异国杀害的亡国之君，一般都能得到诸如"文""武""宣""元"等谥号。根据谥法，"经纬天地曰文""威强敌德曰武""圣善周闻曰宣""中兴元功曰元"，都是些较好的谥号，使用这些谥号的人如周文王、汉武帝、汉宣帝、晋元帝等也基本都是有作为的帝王。此外，在谥号的用字上，唐代以前多取一字谥，如汉武帝、魏明帝等，"武""明"便是谥；从唐代开始，由于唐玄宗在为他的列祖列宗追谥时认为用一字谥已不足与此前各代皇帝相区别，便开始使用多字谥。当初的多字谥还只有7个字（如唐太宗李世民的谥号是"文武大圣大广孝皇帝"），以后越加越多，至清朝为太祖努尔哈赤上谥时，用字竟达到27字之多（承天广运圣德神功肇纪立极仁孝睿武端毅钦安弘文定业高皇帝）。由于唐代以后皇帝的谥号用字多而烦琐，作为皇帝称号之一的作用也越来越降低，以至后人提到这些皇帝的时候，宁愿称庙号（如唐太宗、明太祖等）而不称谥号，使在此前称呼皇帝多用谥号（如汉武帝、晋文帝）的习惯逐渐废弃。

至于我国历史上各朝皇帝的庙号，是指皇帝死后在宗庙享受祭祀时的称号，多是与皇帝同宗族的人所加，享受的是同宗族人的祭祀，皇帝与他们多是"祖"或"宗"的关系。因此，庙号的格式较为固定，一般是在朝代名后加"高""太"等字的基础上再加"祖"或"宗"，例如"唐高祖""唐太宗"。至于何时称"祖"、何时称"宗"，其实也有严格的规定，但通常情况下是把开国皇帝和对本朝有突出贡献的人称为"祖"，其他皇帝则称"宗"。如北宋的开国皇帝赵匡胤与第二任皇帝赵光义本是兄弟关系，他们去世后的庙号分别是宋太祖和宋太宗，便是有以上这样的区别。此外，使用"祖"字时，多用"高祖"或"太祖"称开国皇帝，用"成祖""世祖"或"圣祖"等称其他皇帝。据统计，我国自汉代以来庙号是"高祖"的皇帝有汉高祖刘邦、唐高祖李渊等，是"太祖"的皇帝有宋太祖赵匡胤、明太祖朱元璋、清太祖努尔哈赤等，"成祖"有明成祖朱棣，"世祖"有清世祖福临（顺治），"圣祖"有清圣祖玄烨（康熙），称"宗"的有唐太宗李世民、宋太宗赵光义、明英宗朱祁镇、清高宗弘历（乾隆），等等。由于庙号在唐代以后是皇帝最为简便的称号之一，因此多被用作皇帝的代称，使之实际具有了姓名的性质。

由上可见，年号、谥号、庙号等都是为皇帝所独有的称号，当初仅作纪年、尊崇或祭祀等用，由于常被使用，便都不同程度地演变为皇帝的称号，带有了用以区分彼此的姓名性质。在这些称号叫响以后，甚至他们的真名实姓，反而变得鲜为人知了。

3. 法号、道号

在我国，许多宗教信仰者都有固定的称号，如和尚、道士，以及女尼（尼姑）、女道士，分别指因信奉佛教、道教而出家的人，由于他（她）们在出家前后要使用不同的名字，因此便又有了一些与宗教信仰有关的名号。

根据我国宗教界的传统习惯，和尚、道士在出家后都要起法名，但在他们出家以前，所使用的却是世俗姓名，出家后所起的新名字也因宗教信仰不同而存在着差别。如就佛教信仰者而言，出家后所起的新名通称为"法名""戒名"或"法号"等。《西游记》里的孙悟空本来没有名字，见了须菩提祖师后皈依佛教，便被赐以"悟空"法号。此外，猪八戒又称为"悟净"，沙和尚又称"悟能"，这些称号也都是法名。又如孙悟空等人的师父唐僧在出家前姓陈名袆，出家后改称法名"玄奘"；《水浒传》中的鲁智深出家前本名鲁达，出家后又起法名"智深"；近代著名的弘一法师俗名李叔同。

玄奘，俗名陈袆，因为是唐代的僧人，又称唐僧

由于佛教区分为禅宗、天台宗、华严宗、净土宗、密宗等支派，各支派起法名的习惯也不尽相同，但由于其同受佛教基本教义的影响，起名用字基本上大同小异。如在台湾比丘明复所编的《中国佛学人名辞典》一书中，就可见佛教徒的起名用字基本上不超出36字的范围，这36字即佛、僧、智、慧、禅、心、真、善、性、空、觉、悟、清、净、灵、妙、了、宝、醒、玄、天、海、因、果、明、法、惠、行、圆、通、普、照、弘、德、如、颖。

以信奉和传播道教为职业的道士，出家后也大多另起名字，称为道名或道号。根据《诸真宗派总簿》等书记载，道教在宋代以后至清末以前，分为全真和正一两大派系、86个支派，其中很多支派都有自己的道名，按照谱系（字辈）严格排列。如"丘祖龙门派"的谱系共有100字，按字义和声韵分为五言20句诗，即："道德通玄静，真常守太清。一阳来复本，合教永圆明。至理宗诚信，崇高嗣法兴。世景荣惟懋，希微衍自宁。住修正仁义，超升云会登。大妙中黄贵，圣体全用功。虚空乾坤秀，金木性相逢。山海龙虎交，莲开现宝新。行满丹书诏，月盈祥光生。万古续仙号，三界都是亲。"吕祖天仙派的谱系是"妙玄合道法，阴阳在乾坤。志心归命礼，万古永长春。清静无为宗，临通大洞金。暂状师得位，辉腾谒太空"。这些不同的谱系可以让本门派的道士起道名时依次选取，让人一看便知其所在的门派。

4. 职业名

人的一生中要从事一定的职业，如士、农、工、商、医等，几乎无人例外，姓名有时也有职业特点。古时候，"士之子恒为士，农之子恒为农"，不同身份或不同职业的人也起不同的名字，生活在社会底层的人与高高在上的皇帝百官的名字并不相同。下层人起名随便捡个"猫儿""狗儿"便可，而统治者起名不仅有明确的规定，而且名字定下来以后还不准一般人冒犯。

在我国历史上，最有特点的是皇室和官宦人家的起名。商周时期，对皇子、皇孙如何起名都有专门的规定，名字一旦起了就神圣不可侵犯，原来同名的人还要改名，别人在不得已提到其名字时也必须加以避讳。这样的起名规矩一直沿袭下来，到宋代又另外规定不许民间使用带有王霸思想的字眼，其中"龙""天""君""王""帝""上""圣""皇"等字都在严禁之列。宋人洪迈所编的《容斋随笔》记载，许多人因此不得不改名，其中"毛友龙但名友，叶天将但名将，乐天作但名作，句龙如渊但名句如渊，卫上达赐名仲达，葛君仲改为师仲，方天任改为大任，方天若改为元若，金圣求改为应求。周纲字君举，改曰伯举；程振字伯王，改曰伯起"。明代，皇室设有掌管皇室事务的官员，因为明太祖自己已有26个儿子，担心年深日久后孙辈起名重复，便让宗人府为每个儿子编写了20字的字辈，当子孙出生后依次从字辈中选取1个字，放在姓氏之后；再在所属的字辈后按火、土、金、水、木五行相生的顺序选1个作为偏旁，进而用这一偏旁起名。此后，明代皇室基本都是按照这一办法起名。据统计，因为明朝皇室人丁兴旺，到明末时已有8万多人，这些人起名也基本是按照上述原则。如果皇室成员不按自己的身份起名，甚至还有丢官夺爵或被除籍的危险。如清朝嘉庆初年，领侍卫内大臣绵亿因违反近支宗室命名规定，为两个儿子起名时应使用"纟"旁字而用"钅"旁字，便遭皇帝严厉斥责，专门下诏对他进行处理。诏书中说他"自同疏远，是何居心？伊既以疏远自恃，朕亦不以亲侄待伊，亲近差事，不便交伊管领"，接着又革了他的官职，让他从皇宫中搬了出去。

不仅皇帝和皇亲把名字看得很重，文武百官也十分重视自己的名字，要求下属不得冒犯，亦即所谓的"为尊者讳，为亲者讳"。最著名者当属俗谚所说"只许州官放火，不许百姓点灯"的故事。故事中说北宋仁宗时有位名为田登的官吏，在至和年间（1054—1056年）担任南宫留守一职。按照当时的风俗，民间要在上元节（即农历正月十五）张灯结彩以示庆贺。他上任后正赶上过节，下官问他应该怎样过，他批示说"依例放火三日"。下官莫名其妙，回去一想，才知他是自讳"登"字，因"灯"与"登"同音，所以就用"火"代替"灯"字。

过去，按照我国特有的习惯，做官有官号，做工有工号，经商有商号，务农有农号，这些都有职业名的性质。早在先秦时期，就有人被称为"庖丁""琴高""盗跖"等，这些其实都是他们的称号，类似于后来的职业名。名医扁鹊本名秦越人，因为他能治病救人，如灵鹊兆喜，才被以"扁鹊"相称。到宋代，有个姓赵的扬州人以卖画为生，最擅长画亭台楼阁，被人称为"赵楼台"。清末，天津的张万全以擅长捏制泥人著称，人称"泥人张"。

上述都属于不同时期、不同行业的职业名，加上有其特殊的宣传性和影响力，无不起到锦上添花的作用。

5. 艺名

艺名一般是指演艺界的人由于某种原因而起的专门名字，用来表达自己的意向、专长、师承或纪念某件对自己影响重大的事情。如电视剧《西游记》中孙悟空的扮演者章金莱，父亲章宗义6岁登台演戏，人称"六龄童"；章金莱师承于父亲，被称为"六小龄童"。又如豫剧界后起之秀陈伯玲，是著名豫剧表演艺术家常香玉的孙女，为了感谢祖母的栽培之恩，另起了一个"小香玉"的名字。再如著名评剧演员李桂珍艺名"白玉霜"，其后的评剧演员李再雯起艺名"小白玉霜"。上述"六龄童""六小龄童""小香玉""白玉霜""小白玉霜"，都是艺名。

艺名起源很早，据研究，早在汉代时，就有一位姓赵的女子擅长舞蹈，身轻如燕，人送艺名"赵飞燕"。由于她这一艺名影响很大，以至她的真名反而无人知晓了。又如五代十国时，后唐庄宗李存勖不仅喜欢演戏，还为自己取了个"李天下"的艺名。据说有次他与一位艺名叫镜新磨的人同台演出，在戏台上也忘不了自呼两声"李天下"的艺名。另据顾炎武《日知录》记载，古代有"黄幡绰""云朝霞""镜新磨""罗衣轻"等人，也都是以艺名传世的。最为大家熟知的小说《红楼梦》中，贾宝玉贴身丫鬟袭人的丈夫蒋玉菡原是唱戏出身，艺名是"琪官"。与他同时的还有几位唱戏的女孩子，名字分别是：龄官、文官、宝官、玉官、芳官、蕊官、藕官、葵官、龄官、艾官、茄官、荳官，其实这些也都不是她们的原名，而是艺名。

艺人受观众的影响为自己起艺名，或观众根据艺人的风格送给他们一个恰如其分的艺名都有所见。著名京剧表演艺术家梅兰芳原名梅澜，后来起艺名梅兰芳，一方面使用了原名中"澜"的谐音，另一方面加上"芳"字而成为女性常用的名字"兰芳"，适合自己旦角演员的身份，是较有代表性的一个艺名。著名豫剧演员牛得草，原名牛俊国，当初在河南开封演戏，专攻丑角，因名字与所从事的行当极不协调，便有人建议他说："你姓牛，这个姓与侯（猴）、于（鱼）、朱（猪）姓一样都是动物名的谐音。姓侯的有人叫侯得山，姓于的有人叫于得水，姓朱的有人叫朱得康，这些都是好名字：猴得山可攀，鱼得水可活，猪得糠（康）可肥。你姓牛，与牛一样，有了草就能发挥所长，不如就叫'牛得草'吧？"他一听有理，从此就用了"牛得草"这一艺名。此外，山西梆子演员祁彩芬艺名"水上飘"，山东五音戏演员邓洪山艺名"鲜樱桃"，广东粤剧演员邝健廉艺名"红线女"，湖北汉剧演员陈伯华艺名"小牡丹花"，河南越剧演员申凤梅艺名"活诸葛"，豫剧演员马金凤艺名"洛阳牡丹"，北京京剧演员叶盛兰艺名"活周瑜"，陕西秦腔演员王秉中艺名"活赵云"，等等，这些艺名都是观众送的。

演艺界的人喜欢起艺名，各种艺名的来历不同，每个艺名几乎都包含生动故事。近代一位擅演武松戏的京剧演员张英杰，初从艺时仰慕京剧大师谭志道、谭鑫培父子，模仿他们的艺名"叫天子""谭叫天""小叫天"而起名"小小叫天"，后因遭人讥笑，索性改名"盖叫天"，以示要超越谭家父子。又经过多年的苦练和探索，终于事业有成，成为誉满天下的著名京剧表演艺术家，人称"江南活武松"（他常在长江以南的京剧舞台演戏）。可见，艺名还有一种催人奋发向上的动力。

起艺名的现象不仅在戏曲界有，在曲艺、电影、电视、音乐、绘画、书法等艺术界也有所见。如书画家李英艺名"李苦禅"，话剧演员杨淑贞艺名"杨枝露"，相声演员常宝堃艺名"小蘑菇"，杂技演员赵凤歧艺名"麻子红"。此外，还有些艺名看上去与真名没什么不同，其影响有时还超过真名。香港电影演员杨濛艺名"夏梦"，房仕龙艺名"成龙"，艺名的影响力都超过了真名，也都很具有代表性，而且，这类艺名在性质上已经近似于化名或笔名了。

6. 笔名

笔名大多指作家、作者等文化人不愿在作品上使用本名而另起的名字，又称著作名或假名（针对原名而言）。关于笔名的来源，一般认为它兴起于明清时期，是话本小说流行以后而出现的一种起名现象。当时作者所写的文字要么带有某种政治目的，或者属于乡里民间流传的故事、村言，被一般文人士大夫认为登不得大雅之堂，为了避嫌，便在自己的作品上署一个新名字。由于这样取名字的确具有一定的实用性、现实意义，久而久之便逐渐流传开来，成为一种广为文化人采用的新的起名法。

最早产生了广泛影响的是《金瓶梅》作者的笔名。该书最早刊行于明代万历年间，作者在书上署名"兰陵笑笑生"，至今我们还不知他的真实姓名。相传他的父亲被当地的一位恶霸所杀，他有意报仇，但多次都未能得手。后来他得知这个恶霸喜欢读书，在读书时又习惯用食指沾取唾液翻动书页，便写了《金瓶梅》这本书，还在书页上涂上剧毒，想法让人送给恶霸。恶霸翻看后果然爱不释手，最后终于中毒身亡。这则故事虽然有些离奇，但也可知作者没有在书上署真名的原因的确是他有苦衷。

当然，起笔名的原因是相当复杂的。特别是到了清代以后，由于清统治者大搞民族歧视，大兴文字狱，一些文人士大夫想著文表达对现状的不满，又要保全自己，因此也在自己的作品上署上笔名。清朝乾隆年间流行的《豆棚闲话》署名"圣水艾纳居士"，清末《孽海花》最初刊行时署名"爱自由者乞丐、东亚病夫"，其中"爱自由者"是金松岑的笔名，"东亚病夫"是曾朴的笔名，此书后来才改为"曾朴著"。此外，《老残游记》署名"洪都百炼生"，其实是刘鹗的笔名。《邻女语》署名"忧患余生"，也属于这种情况。

到了近现代，由于出版事业发展，特别是在"五四"运动以后提倡"一人一名"，立表字、起别号的传统习惯被禁止，文人起笔名之风兴盛一时。如果考察一下中国现代文坛，绝大多数作家都曾使用过笔名。其中一些最为知名的人物，如鲁迅，原名周树人，字豫才，一生使用过190多个笔名，除鲁迅外，还有自树、迅行、许霞、唐丰瑜、隋洛文、何家干、尤刚、白在宣、张承禄、赵令仪、邓当世、张沛等。茅盾原名沈德鸿，字雁冰，前后使用过90多个笔名，除茅盾外还有玄珠、郎损、方壁、止敬、蒲牢、微名、石萌等。郭沫若原名郭开贞，号尚武，曾用过30多个笔名，除郭沫若外还有郭鼎堂、石沱、麦克昂、高汝鸿等。巴金原名李尧棠，字芾甘，还使用过王文慧、欧阳镜蓉、余一等笔名。由于笔名常见于报刊书籍，人们经常接触的是书报而不是作者本人，因此就使作者的笔名闻名遐迩，作者真正的名字反而鲜为人知。诸如此类的例子还可以举出许多，如提起鲁迅、茅盾、郭沫若、巴金、张恨水、曹禺、老舍、丁玲、冰心等名字几乎无人不知，但要提起周树人、沈德鸿、郭开贞、李尧棠、张心远、万家宝、舒庆春、蒋伟、谢婉莹等名字，也许知道的人并不多。其实，后面这些名字正是前面那些人的原名。此外，诸如赵平复、周绍仪、郭恩大、马千木、蒋海澄、林觉夫、杨凤岐等名字，也远不如各自的笔名柔石、周立波、郭小川、马识途、艾青、秦牧、欧阳山等那样著名。

文化人使用笔名的确有许多不同的原因，并非是为了玩文字游戏。以笔者的"现身说法"为例，如"达良"这一笔名，是在《中华姓氏通书·王姓》一书上的署名，由于这部书写的是天下王姓人的历史和文化，特别是因为笔者本人姓王，为了避免"自己吹自己"或"辱骂祖宗"等误会，不得不使用笔名加以回避。至于其他一些笔名，也大都有一些不得已的原因。因此，关于笔名的作用，正如鲁迅先生所说的那样："以真名招一种无聊的麻烦固然不值得，但若假名太近乎滑稽，则足以减轻论文的重量，所以也不很好。"可以说，文化人对于笔名，基本上都是经过深思熟虑而谨慎起出来的。

7. 诨号

诨号，又称浑名、绰号、混名、花名、野名、外号、徽号、雅号，一般是由别人根据当事人的外貌、性格、特长、嗜好、生理特征、特殊经历等特点而起的，大多带有戏谑、幽默、讽刺等色彩。我国夏朝最后一位国王夏桀因为力大无穷，能把牺牛（作祭品用的牲畜）推动，被人送诨号"移大牺"。据研究，这一诨号还是我国有史可考的第一个诨号。后来，春秋时的秦国名臣百里奚曾是战俘出身，被人以5张羊皮救出，后被人称"五羊大夫"。战国时，秦国的公子疾聪明又"滑稽多智"，脖子上有个肿瘤，时人称他"智囊"。在东汉末年农民起义时，有不少农民军将士都被以诨号相称。其中姓张的英雄爱骑白马，被人称为"张白骑"；姓于的英雄满脸胡须，被称为"于氐根"；还有说话声音大的被称为"雷公"，走路轻捷的被称为"飞燕"，眼睛大的被称为"大目"。由于他们的诨号影响超过了真名，我们至今也不知道他们的真名是什么。这种情况，与现在生活中把漂亮女孩称为"西施"、把不成才的人比喻为"三脚猫"等很近似，都是不同时期的诨号。由于所用词语大都通俗易懂，便于记忆，所以大多流传较广，其影响力甚至可以超过真正的名字。

从性质和所指的对象上看，诨号实际上是反映某人某些特征或表达起诨号者某种情感的。根据近人刘大白对诨号的研究，认为诨号可以分为20大类，即状貌、德性、威望、声价、运命、财产、业务、技能、学识、艺术、武勇、行为、举止、臭味、谈吐、著作、服御、身份、嗜癖、谐谑。其中，有些诨号是某群体的标志，如西汉末年的农民军因把眉毛染红而被称为"赤眉军"、明清时入侵台湾的荷兰殖民者因红头发而被称为"红毛番"等；有些诨号指某一行业，如把茶楼伙计称为"茶博士"、把为青年男女婚姻牵线搭桥的称为"红娘"等；有些诨号指某些人的行为或性格，如圆滑的人称"水晶球"、足智多谋的人称"智多星"、懒惰或蛮横的人称"三不管"（懒惰的人，衣、食、住不管；蛮横的人，天、地、人不管），等等，都很典型。另外在《三国演义》中，诸葛亮因早年隐居不仕而被称为"卧龙先生"，刘备因为两只耳朵出奇地大而被曹操称为"大耳儿"。又如《述异记》记载，三国时孙吴有一对夫妻感情极好，出双入对，被称为"比肩人"。后来，他们的儿子和儿媳也是如此，又被称为"小比肩人"。《朝野金载》说，唐朝武则天时，有一个名为张元一的人喜欢给社会名流起诨号。他因苏微举止轻薄，便给其取诨号为"失孔老鼠"（意思是不着窝的老鼠），又以"赵廓渺小，起家御史，谓之枭坐鹰架；鲁孔丘为拾遗，有武夫气，谓之鸷人凤池；苏味道有才识，为九月得霜鹰；王方庆体质鄙陋，为十月被冻蝇；娄师德长大而黑，一足蹇，为行辙方相；吉现长大，好昂头行，视高而望远，为望柳骆驼；袁本身黑而瘦，为岭南考典；朱前疑身体垢腻，为光禄掌膳；东方虬身前衫短，为外军校尉；唐波若矮短，为郁屈蜀马；长孺子视望阳，为呷醋汉"。更有意思的是，由于他本人肚大腿短，也被人起了个"逆水蛤蟆"的诨号。最为典型的是明朝人施耐庵，几乎为《水浒传》里的每个人都起了诨号，其中如蒋忠因身高力大而被取诨号为"蒋门神"，鲁智深因出家后不戒酒肉而被称为"花和尚"，诨号的来源都是他们的相貌特征或行为方式。一个小小的诨号竟有如此多的含义，难怪要有专家进行研究了。

诨号对人有褒贬作用，不同诨号对被起诨号的人来说，所产生的效果是不一样的。一般说来，一个褒义的诨号可能引起当事人的愉悦或认可，而一个含有贬义或揭人短处的诨号则往往让当事人感到难堪，甚至引起不愉快或严重后果。古代一位名为郭倪的将军常自称卧龙，但带兵打仗无一不败，甚至在人面前流眼泪，因此被讥为"带汁诸葛"。唐朝宰相李林甫为人奸诈，嘴上说一套而行动上做一套，被送诨号"口蜜腹剑"。另一位宰相李义府同样如此，当时被称为"人猫""笑中刀"，这样的诨号也明显带有贬义。另外，在现实生活中，如果我们把一位足智多谋的乡村学究称为"智多星""赛诸葛"，他一定会高兴异常；如果叫他"狗头军师"，他显然会极不痛快；如果把一位村妇称为"赛观音""西施"，她也许会满面含笑地认可；如果叫她"玉面狐狸"，她说不定会马上撒起泼来。另据早些年南方一家报纸报道，一位姓李的青年因身材矮小，被人起了个"矮仔"的诨号，他对此十分恼火。后来，他在买肉时又被人叫了诨号，一时怒起，拿起杀猪刀就向那人捅去。结果，那人当场被杀死，他也搭上了性命。这是发生在生活中的一个真实的故事，也从一个方面反映了随意以不雅的诨号称呼他人所产生的恶果。

五、人名的时代特点

人名是人类社会发展到一定阶段的产物，从产生到发展基本保持了大体不变的形式。但具体到不同时期，人名的含义则不尽相同，起名特点也非完全一样，大都带有鲜明的时代烙印。如果把我国几千年来的人名放在一起考察便可知道，早期的人名还很随意，"心有何思，便取何名"，后来由于在起名时考虑其他因素，给人名带上附加条件，因此所起的名字也复杂多样。故而，这种情况下的人名不再只是人们之间相互区别的符号，而是成了反映时代变化的一个缩影。

1. 古代人名特点

追溯历史可知，我国人名最早有规律可寻的是夏代。当时人崇拜太阳，通行的历法是干支纪年，因此，当时的君主和贵族都喜欢用天干命名。据《史记·夏本纪》记载，夏代的君主名字有太康、仲康、少康等。陈梦家在《殷墟卜辞综述》一书中也考证，这些名字中的"康"即"庚"，是传说中的十个太阳（天干）之一。此外，夏代君主的名字还有孔甲、胤甲、履癸等，其中的"甲""癸"也都是天干。至于商代君主，起名时也都继承了夏代君主的这一习惯，无论是开国之君商汤（又名太乙）还是亡国之君帝辛（即殷纣王），其间29位帝王，无不以天干命名，其中的名字如主壬、太甲、仲丁、祖乙、小辛、武丁等与夏代君主十分近似。当时的贵族也效法这种做法，在名字中使用天干，如祖己、父癸、虎父丁、弓父庚等，都是如此。

到了周代，随着社会的发展和人口的增加，人名制度也日臻完善。正如《通志·氏族略》所说的那样，当时的帝王"生有名，死有谥；生以义名，死以义谥。生曰昌、曰发，死曰文、曰武。微子启，微仲衍，箕子，比干，皆周人也。故去其甲乙丙丁之类，始尚文焉"。这里"尚文"的意思即不再像夏商人那样只知道用天干起名，无论怎样变化也只有那10个表示天干的字，而是开始注重文采，所起出的名字如昌、发、启、仲衍、箕子、比干等既富于变化又含义丰富，其文化色彩浓重了许多。正是由于周代人起名出现了上述这些变化，不仅出现了大量庄重、新颖名字，而且还诞生了我国最早的起名原则。这种起名原则是专门针对王公贵族而制定的，又被称为"五则六避"。据《左传·桓公六年》记载，周代人起名的原则"有五：有信，有义，有象，有假，有类。以名生为信，以德命为义，以类命为象，取于物为假,取于父为类。不以国,不以官,不以山川,不以隐疾,不以畜牲,不以器币。周人以讳事神,名,终将讳之。故以国则废名,以官则废职,以山川则废主,以畜牲则废祀,以器币则废礼。晋以僖侯废司徒,宋以武公废司空,先君献、武废二山,是以大物不可以命"《论衡·诘术篇》也说,周代人"立名也,以信、以义、以象、以假、以类。以生名为信,若鲁公子友生,文在其手曰'友'也。以德名为义,若文王为昌、武王为发也。以类名为象,若孔子名丘也。取于物为假,若宋公名杵曰也。取于父为类,有似类于父也"。上述是说,周代人起名原则中的"五则"是指可用于起名的5个来源,即"信""义""象""假""类"。"信"指孩子身体上的某些特征,如眼睛大、皮肤白、身体胖等,根据这些特征可以使起名找到灵感;"义"是指孩子表现出的某些天赋,如音乐、绘画等方面,可以作为起名的参考;"象"是指孩子的相貌,有美、丑之别,可以据此考虑起名;"假"是假借,可以假借其他事物进行起名;"类"是指与父亲相似,是说可以用孩子与父亲相近的特征或事项来起名。至于"六避",则是说由于王公贵族都是有身份之人,在他们出生时便注定要做王公贵族,他们的名字不许一般人随意叫,必须加以避讳。为了便于将来避讳,起名时便要考虑六大因素,避免用国名、山川名、官名、疾患名、祭品(畜牲)名、祭器名等起名。

因为国名、山川名、官名都很常用,疾患名显得不雅,祭品名、祭器名为祭祀专用,都不便于避讳,所以都在"六避"之列。上述"五则""六避"在今天看来确实显得繁琐,但"无规矩不成方圆",在当时讲究宗法和礼治的背景下,用以指导或规范起名也有其现实意义。而在上述原则约束下所起出的名字,如孔丘(孔子)、庄周(庄子)、李耳(老子)、屈平(屈原)、宋玉等都各具特色,优美动听,与夏商时期那些单调的名字相比,的确不同。

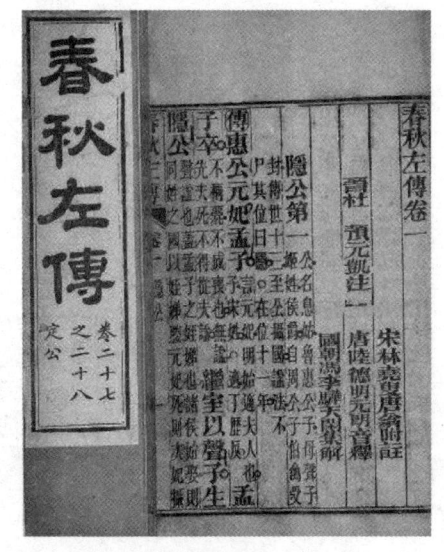

记载有周代起名特点的文献《左传》

周代的人名特点及起名原则对后世产生了深远影响，到秦汉时期都能看到其影响的结果。到汉代时，由于历史进入另一个重要发展时期，人们起名除袭用旧法外，又增加了一些诸如尊老、排行、美艳等起名方法，一些较有影响的人在使用名的同时又有了字。当时人喜欢使用"德""卿""君""敬""礼"等尊老字，以及"幼""伯""叔""仲""次""少"等排行字，"巨""康""玄""成""高""通"等美艳字，最常用的字还有"公""翁""元""长""吉""宾""郎""寿""敞""章""昌""震""赐""孙""房""士""民""彦""景""大""伟""巨""威""灵""茂""世""永""初""玄""宝""道""义""惠""孝""恭""慈""文""正""宣""修""秉""奋""熊""忠""亮""牧""宝""让""奉""里"等。另外，当时人普遍具有渴望建功立业以报效国家的社会责任感，在名字上也体现了这种时代精神。有些人注重对国家的贡献，起名孔安国、赵充国、于定国等；有些人景仰过去的英雄人物，起名陈汤、赵尧、张禹；有些人尚武，起名苏武、班彪、夏侯胜；有些人气概豪迈，起名孔奋、魏霸、法雄；有些人德操卓荦，起名曹操、董卓、庞德；等等。这些，无不带有明显的时代意义。

两汉之际，新朝皇帝王莽推行双名改单名制度，强行把那些双字名的人改为单字名。在他看来，因为"秦以前复名盖寡"，要复古改制也必须把双字名改为单字名。更有甚者，他还把单字以上的名字通通视为"恶名"。在此影响下，以后很长一段时间的人们起名全都采用单字名，只是在起字时才用双字名。当时的匈奴单于原名囊知牙斯，听说新朝取消双字名后，主动要求把名字简化为单字"知"。另有王莽的长孙王会宗，本来随例改名王宗，后因企图谋反，名字也被恢复了双字名，以示惩罚。像这样对名字用字的一减一增，表现了强烈的褒贬意向，也影响了以后300多年的人们起名习惯。直到南北朝时期才稍稍有人起双字名，隋唐五代时起双字名的人进一步增加，从宋代开始才有更多的人使用双字名。因此，起单字名便成了东汉至宋代以前近千年间人们起名的最大特点。尽管其间偶尔有取用双字名的情况，但几乎都有各自的特殊原因，属于特殊情况。

魏晋南北朝时期的起名特点，除在形式上基本都是单名外，在起名含义上多为报效祖国、光宗耀祖、绍兴家业、安国宁邦之类。另外，由于这一时期基本处于战乱之中，加上又有道教的形成和佛教的传入，在起名上也出现了多样化特征。当时还有人喜欢重复用字，或在小名前加"阿"字、在名字中加"之"字，或加上表明自己宗教信仰的字。甚至连魏武帝曹操这样的名人也有一个叫"阿瞒"的小名，著名书法家王羲之及其子孙连续4代都在名字中加上"之"字，时代特征十分明显。还有不少笃信佛教的人在名字中加上"僧""惠""昙"等字，信仰道教的人加上"道""玄""灵"等字，这些也都是各自所皈依的宗教的代表字。此类的名字有王僧达、陆惠晓、王昙首、萧道成、王玄谟、谢灵运等。

　　隋唐五代时，人们的名字又出现一些新特点。马来西亚学者萧遥天在《中国人名的研究》一书中指出，当时人喜欢在起字时只用一字，称呼上标榜排行，名字中喜用"彦"字。属于第一种情况的人名，有房玄龄字乔、张巡字巡、徐坚字伦、谢逸字海等。第二种情况的人名，从当时人韩愈所写一首诗的名字中就可看出，即《赴江陵途中寄赠王二十补阙、李十一拾遗、李二十六员外、翰林三学士》，其中的人名分别代表王涯、李建、李程等，诗中称呼的都是他们的排行。第三种情况则主要集中在唐末五代，有145人见于史册，其中的知名人士有唐末宰相徐彦章、后梁都指挥使杨彦洪、南汉大将伍彦寿等。由于"彦"字指有才能德行的杰出人物，字的含义正面又适合当时时局动荡、社会呼唤杰出人才的特殊形势，才会有不少人热衷用"彦"起名。甚至有人想起带"彦"字的名字而找不到适合与之搭配的字，只好借用别人已经叫响的名字。如当时见于史册的仅名叫"彦章""彦威""彦卿"的人就各有7个，"彦超"有11个，"彦进"有4个，"彦温""彦韬"各有3个。整个官场政界，几乎成了"彦"字人名的天下。

　　入宋以后，由于自王莽以来不用双字起名的习惯逐渐被打破，特别是伴随民间修家谱风气的盛行而"字辈＋本名"的起名方式被广泛采用，双字名的使用率越来越高，人们起名的形式也基本固定下来，有了字辈命名、排行命名、音序起名、用典起名、阴阳五行起名，以及两字名、单字名和名、字、号等多种形式。这些形式大多历辽、金、元、明、清保留到近现代，有些还一直沿续到今天。其中仅就双字名而言，根据相关方面的统计，我国在宋代以前的双字名使用率还不到人口总数的一半，但在宋代以后，无论是贵为一国之尊的帝王还是普通百姓，大都采用双字起名。至明清时，双字名已占人名总数的60%～70%。另外，由于文化高度发达，加上佛道等宗教的衰落和科举制度的盛行，人们在起名时喜欢用一些与文化有关的字，某些饱学之士更喜欢在起名时引经据典，以至所起出的名字的文化含量大为增加，文、德、儒、雅、士等也成为人们起名时经常使用的字。其中如北宋词人周邦彦的名字，就出自《诗经》"彼其之子，邦之彦兮"。另据宋人俞成《萤雪丛说》记载，当时崇拜颜回的人起名"晞颜"或"望回"，敬慕韩愈的人起名"次韩"或"齐愈"。宋代以后，这种起名方法也被延续下来。

以上是我国历代起名的一般情况，具体情况实际上要复杂得多。如仅仅是"名"一项，就可分为别名、幼名、冠名、假名、戒名、训名、艺名、笔名等。而在通常的名和字以外，一些身份特殊的人还有"号"，而"号"又可进一步分为别号、雅号、绰号、尊号、谥号、道号等。另外，在男名和女名的起法上也都有许多不同的特点。要想给宝宝起个好名字，大致了解不同时期的人名特点，有助于正确认识名字的作用，开阔起名的思路和视野。

2. 当代人名特点

当代的中国由历史上的中国一脉相承发展而来，但人名的时代特点同样明显。根据一些专家的研究，当代中国的姓名文化特点有以下这些：生活在各地的人逐渐摒弃了起字号和起谱名的习惯，起名时曾经热衷于单字名，造成大量重名，在用字上有明显的时代性和地区性，且名字与性别有密切关系。其中如从起名用字上看，就具有相对集中和时代性强、稳定性高等特点。经常使用的字主要有：华、明、志、永、平、新、庆、光、利、端、学、俊、龙、秋、菊、彩、家、少、天、胜、继、坤，但在不同时期有不同的使用特点。如在1949年以前，起名最常用的字是：英、秀、玉、珍、华、兰、桂、淑、文、明、芳、德、金、荣、清、素、云、凤、宝、林，其中多数是女性的起名用字，说明女性用字较男性更为集中，时代性还不明显。到了新中国成立之初，起名常用字则变为：华、英、玉、明、秀、国、丽、建、芳、文、平、荣、珍、凤、春、金、桂、志、兰、德，其中的"华""国""建"等字与时事相关。到了1982年以后，人们慢慢减少对传统起名用字的使用，追求新颖、脱俗，表现出了新的时代特点。

　　当然，由于我国幅员辽阔，各地风俗习惯和文化背景又不同，在起名用字上也存在着一定差别。如据一些学者对前些年人口普查抽样调查资料的研究，发现在北京、上海、辽宁、陕西、四川、广东、福建7个省（直辖市）中，北京人起名时使用率最高的20个字是：淑、秀、英、玉、华、兰、文、荣、珍、春、凤、宝、桂、德、明、国、志、建、红、永；上海人起名最常用的字有：英、华、芳、明、珍、妹、金、宝、林、秀、国、根、建、文、娟、玉、凤、娣、美、惠；辽宁人起名最常用的字有：玉、桂、英、华、素、兰、凤、秀、春、淑、德、文、丽、珍、荣、艳、国、云、芒、军；陕西人起名最常用的字有：英、芳、秀、玉、兰、文、华、建、明、军、平、林、国、春、红、志、霞、梅、永、小；四川人起名最常用的字有：华、秀、英、明、玉、清、琼、珍、德、成、芳、国、光、云、文、素、小、兴、贵、建；广东人起名最常用的字有：亚、英、华、明、玉、丽、珍、芳、文、秀、伟、荣、少、兰、惠、桂、妹、国、金、志；福建人起名最常用的字有：丽、秀、治、美、玉、华、水、英、金、明、文、花、国、清、志、珍、惠、淑、建、庆。无论是北京还是其他6省（直辖市），"英""华""玉""秀""明""珍"这6字都是使用频率较高的字，其覆盖率在10%以上，加上其他14个字，总覆盖率在25%以上，说明在这些省（直辖市）中，至少有1/4以上的人名有这20个字中的一个。其他地方也有自己的高频起名用字，说明起名用字的确具有一定的地域性。

　　当代人的起名特点，还存在一定的城乡差别。生活在城市中的人起名较为随意，基本上是随心所欲，无所顾忌；而农村的人则要考虑诸如是否犯亲朋名讳、是否与"命运"相合、是否符合家族习惯等问题。尤其是在南方各地和较为偏远的北方农村，目前还保留着起谱名、查八字、用阴阳五行起名等传统方法，时代感和个人特征并不那么明显，说明起名还存在一定的复杂性和多样性。

　　值得一提的是，当代起名中重名现象还较为突出。造成这一问题的原因不仅是因为人口大量增加，需要在有限的起名用字中选取名字，而且还受时代变化频繁、起名手段单一、统计手段更新等因素的影响。特别是由于很多姓氏的人口较多，而可供用来起名的字又有限，难免重名。要想给宝宝起个好名字，一定要设法避免与别人重名。

3. 人名使用现状

2019年1月30日，公安部治安管理局在官方网站上发布了由其户政管理研究中心编写的《二〇一八年全国姓名报告》，对2018年公安机关登记的全国新生儿姓名使用情况进行了统计分析，指出：在2018年公安机关登记的新生儿姓名中，仍以3个字的占主流，比例高达92.9%；其次为2字姓名，占4.6%；4个字姓名也有所见，占1.7%。此外，该报告还发布了当年使用频率最高的20个名字，即：梓涵、一诺、浩宇、欣怡、浩然、诗涵、宇轩、依诺、子涵、欣妍、雨桐、宇航、梓萱、宇泽、可馨、佳怡、子萱、梓豪、子墨、子轩。如果按新生儿的性别区分，男性的10个名字是：浩宇、浩然、宇轩、宇航、宇泽、梓豪、子轩、浩轩、宇辰、子豪，女性的10个名字是：梓涵、一诺、欣怡、诗涵、依诺、欣妍、雨桐、梓萱、可馨、佳怡。以此为基础，该报告也发布了使用频率最高的50个字，即：梓、宇、子、涵、泽、雨、佳、浩、欣、轩、嘉、思、睿、晨、文、博、一、俊、宸、妍、怡、铭、诗、辰、语、熙、奕、然、诺、彤、萱、皓、琪、依、悦、沐、艺、馨、雅、航、鑫、豪、钰、梦、阳、家、瑞、桐、乐、若。上述这些数据，也是我国人名使用现状最有价值的说法。

由公安部的户籍管理部门发布姓名报告，并非第一次。早在2007年，公安部治安管理局所属的全国公民身份证号码查询服务中心便编制过一个《中国省会市、直辖市姓氏与姓名统计研究报告》，其中依据北京、天津、上海、重庆4个直辖市和全国31个城市中2亿多人口姓名的统计数据，研究分析了当时及此前的人名状况，指出，当时姓名数排行前10名的是张伟、王伟、李伟、刘伟、李静、王静、张静、王芳、刘洋、张勇，其中名叫"张伟"的人有59275个，其他9个姓名的使用人数也都过万。而仅在4个直辖市中，北京使用人数最多的10个名字是：张伟、王伟、刘洋、王磊、李伟、张磊、王静、李静、王秀英、王淑兰；天津使用人数最多的10个名字是：张伟、刘伟、王磊、王伟、王静、李娜、李静、张磊、李伟、刘洋；上海使用人数最多的10个名字是：陈洁、张敏、张伟、张燕、王秀英、张秀英、张磊、王伟、陈燕、张杰；重庆使用人数最多的 10 个名字是：张勇、陈勇、刘勇、王勇、李勇、杨勇、陈伟、张伟、刘洋、李伟。这些姓名以 2 字者居多，主要集中在王、张、李、刘等大姓中。为了反映不同时期、不同地区人名的使用状况，该报告还对北京、上海、广州三个城市不同时代的人名进行了统计，起始时间为 1900 年，每 10 年为一个时代，对每个时代出生人使用最多的前 20 个姓名进行排行。结果发现，三个城市的姓名不仅都具有明显的时代特征，而且有明显的地域特征。

在北京，20 世纪 50 年代前出生、使用最多的姓名都是 3 个字，60 年代后才有 2 字名进入排行，而 70、80 和 90 年代前 20 名全部是 2 字名，与 50 年代前刚好相反。2000 年后出生的人，3 字名又有增加趋势。同时，在 50、60、70 年代出生的人，姓名的性别差异明显，多数名字仅从字面上便基本可以确定性别，而 80 年代后出生的人则性别特征弱化，名字的字面含义比较中性化，从字面上难以判断性别。此外，各个年代的姓名都具有明显的时代特征，如新中国成立前出生的女性名字多为"淑兰""淑英""秀英""秀珍"等，20 世纪 50—60 年代出生的人多使用"军""伟""华""红""建国""建华"等字词，70 年代的名字则出现多元化趋势，带有"伟""涛""勇""辉""静""颖"等字的名字大量出现。而在 80—90 年代出生的人，名字则逐渐趋向时尚化、多元化，常用的字有"洋""畅""硕""爽""帅"等。21 世纪以来，3 字名重新出现在前 20 名的姓名排行中，姓名中后两个字主要有"宇轩""子豪""子涵""浩然"等，回归传统意味明显。

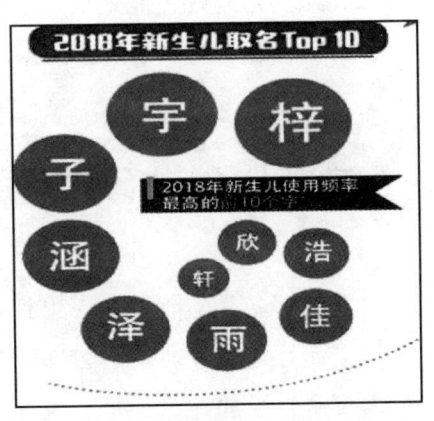

《二〇一八年全国姓名报告》公布的新生儿使用频率最高的前 10 个字

在上海，姓名字数变化趋势大体与北京相仿，所不同的是从 20 世纪 50 年代起，就出现 2 字姓名进入排行榜前 20，而 2000 年后的 3 字姓名已经超过排行榜的半数，说明上海比北京的变化趋势更快。在姓名的性别特征上，20 世纪 70 年代后的男性起名多用"军""伟""勇""斌""刚"等字，女性则用"洁""燕""萍""敏"等字，80年代后的姓名性别特征依旧明显。此外，在50年代前，"小妹""秀英""秀珍""桂英"等名字占绝大多数，而50年代的男性特征名字如"建国""建华""建平"等增多。2000年后，3字姓名大量出现。

在广州，20世纪30年代前出生的人的姓名中2字占多数，50年代前仍居多，50—60年代则绝大多数变为3字，所使用的名字中"志强""国强""伟强""丽珍""玉珍""秀英"等性别特征明显；70—80年代后，2字姓名又逐渐增多，至90年代再绝大多数是3字。2000年后，2字姓名又重新出现在使用数多的排行中。此外，50年代前的姓名性别特征明显，多使用"女""妹""好""金""苏"等字，与北京、上海不同。至80—90年代，"嘉欣""敏仪""俊杰"等名字大量出现，性别特征明显。

公安部作为全国户籍管理的官方机构，所掌握的资料和发布的报告与民间专家的前述研究结果相比，具有大致相同的结论，其在2007、2019年两次发布的统计结果也有互补性。从中不难看出，我国人名的使用现状具有鲜明特点，尤其是同姓名问题突出、趋同心理严重、人名同质化现象增多等，都应在给宝宝起名时引起足够注意。

六、人名与姓氏的关系

谈到起名，不能不让人想到名字与姓氏的关系。因为姓氏不仅是家族的标记，而且还是姓名中的另外一个组成部分。在日常生活中离不开姓名，每个人都有自己的姓名，每天也都在想到或称呼别人的姓名；同样，自己的姓名也在被别人想着或叫着。可以说，姓名实际上是每个人的标志，而姓氏又与名字密切相关。要了解起名知识，离不开对姓氏的了解。

1. 姓氏与姓、氏

我们现在所说的姓氏，与古代的含义并不完全相同，姓和氏本来也不是一回事情。我们常把按姓名笔画多少排列的人名称为"以姓氏笔画为序"，这里姓氏并称，表示同一个概念。但在上古时期，姓与氏所指完全不同，其中，姓表示一个人的血统来源，氏则是姓的分支和发展。《通鉴外纪》说："姓者，统其祖考之所自出；氏者，别其子孙之所自分。"段玉裁《说文解字》注："姓者，统于上者也；氏者，别于下者也。"这是说，一个人的"姓"是就他的血统来源而言的，"氏"则是指他子孙的血统来源而言的。

"姓"，在我国早期文字中又写作"生"，《尚书·舜典》中所谓"帝厘下土，方设居方，别生分类"，其中的"生"就是"姓"。所以，唐人孔颖达解释说："生，姓也。别其姓族，分其类，使相从。"至于"姓"字，古人更下过不少定义。如《左传·隐公元年》说："天子建德，因生以赐姓，胙之土而名之字。"《说文解字》说："姓，人所生也。古之神圣，母感天而生子，故称天子。从女从生，生亦声。"《春秋传》说："天子因生以赐姓。"《绎史》引《三坟》也说："男女媾精，以女生为姓。"意思都是说，"姓"的含义最早与女性生子有关。无数个女性繁衍后代，其后子又生子，世代繁衍，为了把从同一个老祖母传下来的人加以区别，便产生了姓。另外，早期文字中还可以见到"生"与"自"一起组成的上下结构的文字，其中"自"是"鼻"字的本字，古时有"初""始"之意。如《方言》释"鼻"说："梁益之间，谓鼻为初。"《尔雅·释诂》也说："初，始也。"这里把"生""自"合为一字，共同表示"姓"字的含义，与"女""生"二字所组成"姓"字的含义基本相同。

在我国先秦时期，姓与氏的区别相当严格，当时的实际情况或如《通志·氏族略》所说的那样"男子称氏，妇人称姓"，或为了区别贵贱而贵族有"氏"、平民无"氏"，或为了遵守"同姓不婚"的惯例而严守"姓""氏"之别。只是到了春秋末年以后，由于礼崩乐坏和战乱的影响，姓与氏之间的界线才慢慢变得模糊不清，出现了姓氏合一的趋势。秦朝统一天下以后，"废封建，虽公族亦无议贵之律，匹夫编户，知有氏不知有姓久矣"，"氏"几乎取代了"姓"的地位，或者已经无法区分彼此。此后的人们有时称姓，有时称氏，有时姓氏并称，完全没有了以前的界限。于是，姓氏在秦汉时期

姓氏，也被称为百家姓

合而为一。

我国在秦汉时期合一的姓氏，在当时还有重要意义。每个宗族有了固定的姓氏，子子孙孙永久使用，就形成了许多一脉相传的家族，血统源流的线索也开始清晰。以至后人在探讨姓氏历史时，很容易找到血缘所出。

2. 姓氏的来源和演变

我国历史悠久，姓氏的起源也很早。生活在远古时期的原始人，由于血缘关系的不同，会分为一个个部落；各个部落为了相互区别，也会有各自的名称，这种名称无疑就是姓的雏形。但那时还不曾出现文字，部落的名称只能靠口头传说下来。经历了无数世代以后，开始有了文字记载，人们才能把这些最早的姓氏（部落名称）记录下来。这些被记录下来的姓氏，见于商代甲骨文中的有帚秦、帚楚、帚杞、帚周、帚庞等，其中"帚"即后来的"妇"字，"帚秦"即"妇秦"，指来自"秦"等部族的妇人。上述秦、楚、杞、周、庞等，也都被认为是我国早期姓氏中的一些，至今还都在被当作姓氏使用。

我国在夏代以前，曾有许多部落或部落联盟活动在广袤的国土之上。这些部落各有不同的始祖，他们是各部落的开创者，被后人奉为神圣，当作半人半神的英雄。如我国传说时期的炎帝、黄帝、唐尧、虞舜等人，曾为开创各自的部落作出过突出贡献，不仅被本部落的人当作神明看待，而且名字也被用来当作部落的代号，这些代号无疑都是最原始的"姓"。后来各个部落又进一步繁衍为许多支族，这些支族同样以与本支族有关的人或物命名，这些名称显然也就是最早的"氏"。

商周以后，由于人口的增多和社会的发展，我国的姓氏渐渐多了起来。在漫长的历史发展中，这些姓氏经过进一步的发展分化、演变，就成为今天我们使用的姓氏。如果我们把这些姓氏逐一进行研究，就会发现，每个姓氏都有自己的来源和发展历史，不同的姓氏有不同的源流。不过，若把这些姓氏放在一起研究，也不难发现其中的一些是由国名演变而来的，有些是从官名、地名等发展而来的，有些则是历史上某些少数民族的称号或改姓，原因众多，情况不一。

如，今天常见的齐、鲁、秦、吴等姓，大都是由历史上的齐国、鲁国、秦国、吴国等国的皇室宗族或黎民百姓为纪念故国而以国名为姓。其中齐姓人源于两周时期的齐国，原是姜姓吕尚的后代，春秋战国时因齐国发生内乱，姜姓王朝被田姓王朝取代，于是，这些亡国后的姜姓人便纷纷以国名为姓氏，姓齐。至于鲁、秦、吴等姓，情况也大抵如此。

在我国姓氏的来源中，有些姓氏是由祖先的官爵谥号而来的。如周代有人做管理粮仓的官，当时把露天的粮仓称为"庾"，有房顶的粮仓称为"廪"，此后，粮官的后裔便以庾、廪为姓；西周春秋时期，诸侯之子称公子，公子之子称公孙，后来便有人以公子、公孙为姓；春秋时，宋国有位国王名子和，去世后被谥为"穆"，他的后人除继承王位者继续姓子外，其余便都以穆为姓。此外，这类的例子还有周文王之后姓文，卫康叔之后姓康，宋武公之后姓武，等等，不胜枚举。

除上述以外，我国有些姓氏的来源与某些家族的崇拜物（图腾）及居住地、祖先的名字或职业有关。如某些氏族崇奉青牛、白象，其后便姓青牛、白象；鲁庆公之子公子遂居住在鲁国都城东门，号东门襄仲，子孙便以东门为姓。此外，如巫、卜、匠、陶等姓，也大都与各自祖先原来从事的职业有关。

当然，我国的姓氏在出现以后，还有一个发展演变的过程。在这一过程中，许多古老的姓氏被废止、绝灭，同时又有许多新姓氏诞生出来。在这些新姓氏中，有些属于为避开某位皇帝的名讳而改，有些是因读音相近而变为别的姓氏，有些是因避乱避祸等自行改姓，有些是因政治原因而改姓，有些是从少数民族或外国人中改姓而来，等等，情况复杂，不一而足。根据汉代应劭《风俗通·姓氏篇》和王符《潜夫论·志氏姓》的分类方法，姓氏的来源包括氏于号、氏于爵、氏于居、氏于谥、氏于官、氏于国、氏于事、氏于序、氏于职等9大类。宋代郑樵更在《通志·氏族略》中把姓氏来源分为32类，其中主要有以国为氏、以邑为氏、以乡为氏、以亭为氏、以地为氏、以姓为氏、以名为氏、以字为氏、以次为氏、以族为氏、以官为氏、以爵为氏、以德为氏、以技为氏、以事为氏、以谥为氏等。当然，郑樵的分法显得有些繁琐，如把以国为氏分为以国为氏、以郡国为氏、以国系为氏，把以爵为氏分为以爵为氏、以国爵为氏、以邑爵为氏、以爵系为氏，把以德为氏分为以凶德为氏、以吉德为氏，等等，实际上得姓原因都很近似，完全可以合并在一起。因此，根据宋代以后的研究成果和近来大多数人的观点，笔者在《中国的百家姓》一书里把姓氏来源分为13类，即来源于图腾、部落或国家名称、居住地、官职、职业、山川名称、先辈名字、父祖名号、行第、某种事物、皇帝所赐、避难改姓、少数民族改姓。上述分法，大抵包括了我国古今姓氏来源的主要方面。

总而言之，我国姓氏发展和演变经历了一个漫长的历史过程。要全部梳理各种姓氏发展和演变的线索，显然不是三言两语所能说清的，还有待于进一步的探讨和研究。

《中国的百家姓》"话题四'百家姓来源'"把姓氏来源分为13类

3. 我国姓氏知多少

由于姓氏是不断发展而来的，在数量上也经历了一个由少到多的过程。有些姓氏在发展中被摒弃不用，而有些人出于不同的原因制造了新的姓氏。这些被摒弃的或者正在使用的、新出现的姓氏无疑都应包括在中国姓氏总数之内。

事实上，在历代编写的姓氏著作中，都有当时姓氏数量的大致记载。如先秦时期的姓氏书籍《世本》收入18姓875氏，尽管其中有些姓氏没有流传下来，但绝大部分都使用至今。又如汉代的姓氏书《急就篇》收入130姓，其中单姓127个，复姓3个。由于这本书是按韵律编写的儿童识字课本，不可否认其作者在编写过程中曾避弃过一些难写难读、无法入韵的姓氏。因此，这130姓并非汉代姓氏的全部。另外，东汉人应劭在《风俗通·姓氏篇》中列了古代姓氏500个，尽管这些姓氏中的一些已经不在汉代使用，但也可以从另外一个方面说明当时的姓氏数量要多于《急就篇》的数字。

两汉以后，我国的姓氏不断增加，一些新的姓氏和由少数民族改姓而来的姓氏大量涌现，大大丰富了我国姓氏的数量。仅在北魏孝文帝时，一次就把144个鲜卑姓氏改为汉姓，其中有皇姓拓跋改为元，贵族姓丘穆陵改为穆、普六茹改为杨、步六孤改为陆，等等。到唐代，唐初编修的《大唐氏族志》收录293姓，唐代中叶林宝编的《元和姓纂》收入姓氏1233个，在数量上比过去增加很多。宋代，北宋人邵思编《姓解》，收录姓氏2568个；南宋人郑樵编《通志》，也在其中的《氏族略》中收录姓氏2255个；当时还有人模仿汉代的《急就篇》编写儿童读物《百家姓》，收录姓氏438个，也像《急就篇》一样仅是收录部分姓氏。此后，元朝人马端临编《文献通考》，收录3736个姓氏；明朝陈士元所著《姓觿》一书，收录姓氏3625个；王圻撰《续文献通考》，收录姓氏4657个；清朝人张澍编《姓氏寻源》，收录姓氏5129个。当代，收录姓氏著作及其收录姓氏个数主要为：《中国姓氏大全》收录5600个，《中国姓氏汇编》收录5730个，《中国姓符》收录6363个，《中华姓氏大典》收录7000多个,《姓氏辞典》收录8000多个，《中国少数民族姓氏》收录9761个，《中华姓氏大辞典》收录11969个，《中华古今姓氏大辞典》收录12000多个，《中国姓氏大辞典》收录23813个，《中华姓氏源流大辞典》收录31684个，《中华姓氏书法大辞典》收录40376个，后者是我国目前收录姓氏数量最多的辞典。现在社会上常说我国有姓氏4万多个，依据的便是这部辞典。

《中华姓氏书法大辞典》收录姓氏40376个，是我国目前收录姓氏数量最多的辞典

从上述这些专门的姓氏著作中所收姓氏数量不难看出，我国的姓氏是在不断发展变化的，并且呈现了越来越多的趋势。正是由于姓氏本身在不断发

展变化，任何一种姓氏书都无法也不可能毫无遗漏地把我国所有的姓氏都收录进去。

另外，尽管我们可以根据不同时期的姓氏著作推知当时的姓氏数量，但这些数量也并非当时的实际使用数量。公安部治安管理局在2019年春节前公布了其户政管理研究中心编写的《二〇一八年全国姓名报告》，其中提到全国正在使用的姓氏是6150个，远远低于4万多个见于记载的姓氏数量，便属于这种情况。

4. 我国姓氏的基本特征

我国姓氏作为社会发展进化的产物，与社会、文化、历史、宗教、民族、语言等息息相关，其形成、发展和演变几乎贯穿了历史的全过程，以其为核心而形成的姓氏文化也是中华民族传统文化的组成部分。同时，如果把我国的姓氏与世界上其他国家的姓氏进行比较，还会发现我国的姓氏具有更为鲜明的特征。这些特征如果加以归纳，大致可以分为以下六点。

第一，简单明快。据研究，我国古往今来使用过4万个姓氏，尽管在世界上并不是最多的，但这些姓氏绝大多数都是1个字或2个字，与外国姓氏的繁复相比显得简单明快，也便于使用。在最有影响的古代《百家姓》里，收录姓氏438个，其中408个都是单姓，仅有30个是复姓。后来经过增订，收录姓氏达到506个，其中单姓446个，复姓60个，仍是单姓占绝大多数。公安部2019年公布的正在使用的6150个姓氏中前100个大姓都是单姓，简单明快特点依然突出。

第二，内涵丰富。我国的姓氏虽然看上去简简单单，实际上包含了异常丰富的内容。笔者在过去主编的一套"中国大姓寻根与取名"丛书里，曾把姓氏内涵进行过大致分类，认为包括3大类、8个方面的基本内容。3大类即姓氏源流、姓氏文化、历代名人，8个方面是在3大类中进一步区分，即姓氏源流又包括得姓传说、历史演变、主要分布，姓氏文化又包括郡望堂号、家乘谱牒、文化遗迹、轶闻趣事、取名技巧，历代名人又分为政治名人、军事名人、文化名人、海外名人，或帝王篇、将相篇、先贤篇、名士篇、港台篇、海外篇等。而在家乘谱牒中，又可包括家法族规、字辈派语、宗祠楹联等，可见其文化内涵异常丰富而厚重。

第三，历史悠久。我国是世界文明古国之一，姓氏使用的历史也十分久远，从传说时期的伏羲姓风、炎帝姓姜、黄帝姓姬开始，我国的姓氏从形成、发展到分化离合，其中不少古老的姓氏还一直使用到今天。这种悠久的使用历史，是世界上许多国家都无法相比的。

第四，人口众多。根据公安部户政管理研究中心2018年的研究报告，我国现在使用的姓氏仅有6150个，85%的人只使用100个姓氏，而其中23个姓氏的户籍人口数量都超过了1000万。尤其是王姓和李姓，人口数量都超过了1亿。这一数字，几乎相当于目前我国人口第一大省河南省全省的人口总数，同时也超过了埃及、越南等国的人口数，接近了菲律宾全国的人口。一个姓氏的人口数量竟有如此之多，在世界上是独一无二的。

第五，稳定性强。我国一向有"行不更名，坐不改姓"的说法，意思是说从老祖宗那里传下来的姓氏是神圣的，除非是遇到特殊原因，不能轻易更改，如果改了就是叛祖离宗，大逆不道，所以必须世代相传，超强稳定。也正因如此，我国传说时期的许多姓氏如风、姜、姬等都一直使用到今天。

第六，凝聚力大。我国具有尊祖敬宗、祖先崇拜的传统，表现在姓氏上是认定有共同的祖先炎帝、黄帝、蚩尤等，而每个姓氏一般也只有一个祖先，表现了高度的向心力。相传现在常见的姓氏许、高、谢等都出自炎帝，张、王、李、赵、刘、陈、杨、黄、周、吴等出自黄帝，邹、屠、黎、蚩等出自蚩尤。尽管事实上的姓氏来源有多种途径，今天使用同一姓氏的人历史上不一定同宗同姓，但民间在心理上仍广泛认同有同一个祖先。这种认同实际上是一种文化认同，是一种向心力，也在一定程度上是中华民族赖以生存和发展的内在动力。

总之，我国姓氏具有多种突出的文化特征，实际上是宝贵的文化财富，加上它与每个人都息息相关，其重要程度自不待言。

5. 我国的姓氏现状

关于我国目前的姓氏，主要依据出自公安部相关部门公布的相关数据，以及社会上相关调查的结果。在对我国户籍人口数据数字化的过程中，公安部治安管理局及其全国公民身份证号码查询服务中心、户政管理研究中心等先后于2007和2019年对全国户籍人口数据中的姓氏使用情况进行了分析统计，并先后向社会公布了相关结果。

2007年公布的针对全国户籍人口的一项统计分析表明，王、李、张姓是我国三大姓，其中王姓是第一大姓，有9288.1万人，占全国人口总数的7.25%；李姓是第二大姓，有9207.4万人，占全国人口总数的7.19%；张姓是第三大姓，有8750.2万人，占全国人口总数的6.83%。三姓人口有27245.7万人，占全国人口总数的21.27%，即在平均每5个人中就有一人姓这三个姓氏中的一个。此外，还有姓氏人口总数超过2000万的姓氏10个，除三大姓外还有：刘、陈、杨、黄、赵、吴、周；少于2000万多于1000万人的姓氏有12个，即徐、孙、马、朱、胡、郭、何、高、林、罗、郑、梁。上述22个姓氏，加上其他78个姓氏，即：谢、宋、唐、许、韩、冯、邓、曹、彭、曾、肖、田、董、袁、潘、于、蒋、蔡、余、杜、叶、程、苏、魏、吕、丁、任、沈、姚、卢、姜、崔、钟、谭、陆、汪、范、金、石、廖、贾、夏、韦、付、方、白、邹、孟、熊、秦、邱、江、尹、薛、闫、段、雷、侯、龙、史、陶、黎、贺、顾、毛、郝、龚、邵、万、钱、严、覃、武、戴、莫、孔、向、汤，组成人口最多的100个姓氏，总人口占全国人口总数的84.77%。

到2019年，公安部户政管理研究中心公布的《二〇一八年全国姓名报告》显示，我国三大姓仍是王、李、张，但人口数量依次为1.015、1.009、0.954亿人，不仅王姓、李姓人口都超过了1亿，而且两个姓氏之间的人口数量差距进一步缩小。同时，全国人口超过1000万的姓氏数量由22个增加到23个，排名比例稍有变化。其中除三大姓外，还有：刘、陈、杨、黄、赵、吴、周、徐、孙、马、朱、胡、郭、何、林、高、罗、郑、梁、谢。至于包括这些姓氏在内的人口最多的100个姓氏，还有：宋、唐、许、邓、韩、冯、曹、彭、曾、肖、田、董、潘、袁、蔡、蒋、余、于、杜、叶、程、魏、苏、吕、丁、任、卢、姚、沈、钟、姜、崔、谭、陆、汪、范、廖、石、金、韦、贾、夏、付、方、邹、熊、白、孟、秦、邱、侯、江、尹、薛、闫、雷、龙、黎、史、陶、贺、毛、段、郝、顾、龚、邵、覃、武、钱、戴、严、莫、孔、向、常、汤，总人口仍是将近占全国人口的85%。上述数据加上全国有6150个姓氏的数据，是目前关于我国姓氏现状的基本说法。

除公安部的相关数据外，我国社会上一直流传着一些关于姓氏数量、人口排名、100大姓的不同说法，有些还被广泛引用，其实都是由抽样调查而来的。早在1978年，就有研究者对北京、上海等城市的姓氏使用情况做过调查，发现北京市人口使用的姓氏有2225个，上海1640个，沈阳

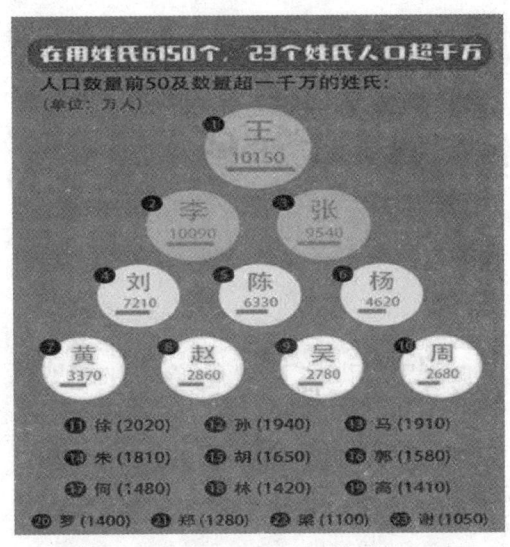

《二〇一八年全国姓名报告》中公布的姓氏数据

1270个，武汉1574个，重庆1245个，成都1631个。把这些城市姓氏放在一起，共有2694个。1982年，我国进行了第三次人口普查，有关部门把其中537429个汉族人口的抽样调查资料与1970年《台湾地区人口之姓氏分布》一起分析，发现汉族姓氏1066个，其中有19个姓氏（李、王、张、刘、陈、杨、赵、黄、周、吴、徐、孙、胡、朱、高、林、何、郭、马）的人口超过抽样人口总数的1%，占总人口数的55.6%。尤其是李、王、张、刘、陈5个姓氏，人口比例都在4%以上，而李、王、张3姓的人口比例又分别高达7.9%、7.4%和7.1%，据以推测这5个姓氏在全国（包括台湾地区）的人口分别有8700万、8000万、7800万、6000万、5000万人，总人口3.5亿多。此外，其结论还说，包括这些姓氏在内的100个姓氏人口占全国总人口的87%，而90%左右的人口使用姓氏有120个，96%的人口使用姓氏有200个。上述抽样调查结果后来还被公布在《人民日报》上，在社会上产生了广泛影响。但与公安部相关部门根据户籍人口资料的统计而得出的相关结论相比，这种抽样调查结果明显存在误差，仅可作为一定时期的参考而已。

社会上对我国姓氏使用情况的抽样调查，有影响的还有中国文字改革委员会汉字处（1985年更名为国家语言文字工作委员会）在1984年对全国174900人抽样调查、国家语言文字工作委员会汉字处在1989年利用1982年

的人口普查资料对全国 6 大方言区 570822 人的抽样调查等。近年，还有研究者对所掌握的我国人口数据进行综合分析统计，发现使用人数在 100 以上的姓氏有 2400 多个，占全国总人口的 97.93%；使用人数在 1000 以上的姓氏有 1421 个，占全国总人口的 97.90%；使用人数在 1 万人以上的姓氏有 717 个，占全国总人口的 97.71%；使用人数在 10 万人以上的姓氏有 374 个，占全国总人口的 96.80%；使用人数在 100 万人以上的姓氏有 153 个，占全国总人口的 90.67%；使用人数在 1000 万人以上的姓氏有 23 个，占全国总人口的 56.61%。其中，王姓 9520 多万，李姓 9340 多万，张姓 8960 万，是人口最多的三大姓氏，总数约占全国总人口的 21%。除三大姓外，人数超过百万的其他 150 个姓氏为：刘、陈、杨、黄、吴、赵、周、徐、孙、马、朱、胡、林、郭、何、高、罗、郑、梁、谢、宋、唐、许、邓、冯、韩、曹、曾、彭、萧、蔡、潘、田、董、袁、于、余、叶、蒋、杜、苏、魏、程、吕、丁、沈、任、姚、卢、傅、钟、姜、崔、谭、廖、范、汪、陆、金、石、戴、贾、韦、夏、邱、方、侯、邹、熊、孟、秦、白、江、阎、薛、尹、段、雷、黎、史、龙、陶、贺、顾、毛、郝、龚、邵、万、钱、严、赖、覃、洪、武、莫、孔、汤、向、常、温、康、施、文、牛、樊、葛、邢、安、齐、易、乔、伍、庞、颜、倪、庄、聂、章、鲁、岳、翟、殷、詹、申、欧、耿、关、兰、焦、俞、左、柳、甘、祝、包、宁、尚、符、舒、阮、柯、纪、梅、童、凌、毕、单、季、裴。这种研究结果与公安部相关部门公布的数据相近，与之前的某些抽样调查数据相比则有不小差距，说明之前的抽样调查数据误差较大，民间和官方的结论都在促进我国姓氏的使用情况逐渐接近于事实。

6. 我国的姓氏分布

尽管我国姓氏的数量已基本为人所知，但由于一些历史的原因，各个姓氏的具体分布情况还没有完全明了，仅有一些基本情况供人参考。从目前已知的研究结果看，我国姓氏的分布规律具有南北差异明显、地区和地区之间不平衡、地方特色突出等特点。在北方，王、李、张、刘都是大姓，人称"王李张刘遍神州"。或者再加上赵姓，基本与"张王李赵遍地刘"的民间说法一致。然而在南方，人数最多的姓氏都与北方不同。以公安部 2007 年的统计结果为例，在 4 个直辖市和各大省会城市、自治区首府中，福州人口使用姓氏数量排名前 4 位的是林、陈、黄、郑，都不是北方的传统大姓。同样，广州人口使用姓氏数量排名前 4 位的是陈、黄、李、梁，海口人口使用姓氏数量排名前 4 位的是陈、王、吴、林，南昌人口使用姓氏数量排名前 4 位的是熊、李、胡、万，南宁人口使用姓氏数量排名前 4 位的是黄、李、梁、韦，其中虽不乏北方大姓，但排列顺序和人口多寡并不相同，说明南北方城市的姓氏分布的确存在着显著差异。南北各地农村的姓氏分布情况也大抵如此。另外在我国台湾，根据 1938 年和 1958 年两次抽样调查统计，人口数量都占全地区人口总数的 12% 以上。而在其 1978 年的人口普查结果中，人口数位居前 10 名的姓氏依次是陈、林、黄、张、李、王、吴、刘、蔡、杨，这一结果也与北方不同。

  关于姓氏分布的地方差异，有时还反映在其他方面。比如，福建和台湾的情况比较接近，都流传着一些关于大姓的俗语，如"陈林半天下，黄郑排满街"，或者"陈林满街流，黄郑遍地走"，意思都是说当地的 4 个大姓是陈、林、黄、郑，这便是地方特色。同样，在上海市，张、王、陈这 3 姓人口最多，这是其地方特色。另外，即使是同一些姓氏，由于所在地区不同，所表现出的特点也不一样。其中如李姓，虽在南北方都是大姓，但在南方使用的人口数仅为北方的 1/2。同样，北方张姓的人口也是南方的 2 倍。而作为广东第一大姓的陈姓，占当地总人口的 10% 还多，在黑龙江则不到 3%。又如，北方的赵、孙、马、刘等姓的人口比例都比南方高，而南方的林、黄、朱、吴等姓人口比例则比北方高。至于具体到不同省份，姓氏分布特点也不尽相同，不少省份都拥有仅在本省才最为集中的特殊姓氏。其中如广东的梁、罗、赖姓，福建的陈、林、郑姓，山东的孔姓，江苏的徐、朱姓，浙江的毛、沈姓，广东的黄、韦、覃姓，云南的李、徐、杨姓，四川的何、邓姓，甘肃的高、马姓，以及河南的程姓、河北的张姓、山西的郭姓、内蒙古的王姓、安徽的汪姓、江西的胡姓、湖南的谭姓、陕西的赵姓、贵州的吴姓，等等，莫不如此。又如，安徽淮南市有一姓，江苏徐州市有拾姓，江苏邗江有睢姓，江苏江都有佴姓，江苏泰州有连姓，江苏武进有莳姓，重庆北碚区有百姓，河南郑州市有千姓，北京有万姓，陕西泾阳县有第五姓，江苏浦口有庆姓，广西东兴有鸡姓，湖南桃源县有璩姓，辽宁沈阳有皓姓，浙江余姚有众姓，陕西彬县有叱干姓，甘肃张掖有恚姓，这些姓氏在其他地方都不曾见到。而在湖南澧水流域的慈利、大庸、澧县等地，生活着16000余名庹姓人，在其他地区很少能见到这一姓氏。再如在河南，近年曾评出10大罕见姓氏，分别是歹、岁、伽、怯、耍、湾、揣、漫、遵、豁。这些姓氏也许在其他省市可以见到，或者不再是罕见姓氏，但对大多数人来说，特别是在河南，其人口较少或分布面较窄显然是事实。不过，有一个较为特殊，那就是周姓，无论在南方还是北方的分布都较为均衡。

另外，一些专家根据各地对语言的使用情况不同，把全国划分为7大方言区，即北方（又分为北方、西北、西南和江淮4个次方言区）、吴、赣、湘、客家、闽、粤方言区，进而对各方言区的姓氏情况进行研究，得出了另一种研究结果。他们认为，北方方言区中北方、西北和西南3个次方言区基本相似，都以李、王、张、刘、杨等姓人口最多；吴方言区与江淮次方言区相似，都以王、张、陈、李这4姓人口最多；赣、湘方言区比较相似，都以李姓为第一；粤、闽、客家方言区则以陈姓占第一位。这种研究结果如果与前述统计成果进行比较，可以发现基本接近，也说明我国姓氏的分布的确有一定规律可寻。

除上述以外，一些专家在研究姓氏分布规律的同时，还发现那些历史悠久的地区与发展较晚的地区姓氏使用情况相比要相对复杂一些。如陕西是我国文明的发源地之一，北京自辽代以来就一直是国都所在地，因此，两地人的姓氏数量相对较多，而发展较晚的广东、福建等省则相对较少。同时，他们还注意到了某些影响较小姓氏的地方分布特点，指出有些姓氏从全国范围来看可能是少见的，但在某一地区却可能比较集中，像北京的邢、东、靳、庚、郄、双，陕西的路、党、慕、郜、权、鱼、思，辽宁的曲、栾、初、矫、逯，四川的代、兰、熊、易、景、卿、阳、补、先，上海的奚、储、忻、火，广东的佘、麦、黎、苻、区、怖、招、越、佃，福建的洪、水，都有较为突出的地方特色，进一步印证了我国姓氏分布的不平衡性。

由上可见，尽管我国姓氏在分布上具有一定的规律性，但在地区和地区之间的不平衡性也非常明显，而造成这种分布状况的原因也是多方面的，如历史的、政治的、经济的、文化的、民族的原因等都不容忽视。由于我国疆域辽阔，几千年来又一直处于相对封闭的自然状态下，同一个姓氏往往在一个地区繁衍生息，进而形成某一地区某一姓氏特别多的局面，姓氏分布不平衡的状况也一直延续至今。尤其是一些仅在某些地区分布的特色大姓，形成原因更具地方色彩。如在西北地区有很多人姓马，马姓的一个著名郡望就在陕西扶风，曾经出过马援、马超、马谡、马融等著名人物。另外如韦姓，在广西人数较多。相传，当地韦姓人主要是汉代名将韩信的后代。韩信被吕后杀死后，对他有知遇之恩的萧何为了给他保留香火，把他的一个后代偷偷送给南越王赵佗抚养，让他从此在南方生息繁衍。后来，韩信的这个后代为了避免引起别人的猜疑，便把"韩"字右半边"韦"当作姓氏，从而成为韦姓人，并且迁到广西，成为当地韦姓人的祖先。再如河南的特色大姓程姓，据说与宋代的当地名人程颢、程颐有关。他们的子孙由于出自名门，家大业大，形成了地方势力，从而才能子孙繁衍、享誉一方，发展成为地方大姓。

七、人名的发展趋势

随着人口的增加和社会的发展，我国传统的起名风俗在新形势下也在不断发生变化。其总趋势是人们不再像过去那样重视名字的血缘意义，而是只把它作为彼此区别的符号。在这一总的趋势下，有些人起名时只考虑自己的爱好，而不再有让名字符合家族字辈、五行八卦及是否犯讳等的顾虑；有些人在随意制造新的名字；还有些人把欧美的起名习俗纳入到自己所起的名字之中；更有的人采用了双重姓氏加名字的起名手法。从上述这些现象中，我们不难看出我国人名的一些发展趋势。

现在人起名字，起单字名的习惯已在国家的干预下得到一定程度的改变，但起重叠字名的习惯还在延续。根据相关方面的统计，前些年的很多地方都以起单字名为时髦，如"李强""王刚""刘勇""张伟"等名字随处可见。其实，这种起名方式很不可取。我国的人口总数已经突破了14亿大关，常见姓氏的人口越来越多，如果无限制地允许使用单字名，就会导致重名问题越来越突出。这些年户籍登记部门限制登记单字名，公安部《二〇一八年全国姓名报告》中说2018年新生儿姓名用字中单字名仅占4.6%，远远低于双字名的92.9%，排名前20的名字或排名前10的男名女名中都没有单字名，便是有效遏制了因起单名而重名过多的现象。与此不同，一些地方和家庭还在延续为宝宝起重叠字名的习惯，所起出的名字如"郭圆圆""赵莎莎""于丹丹"等看上去还有些亲切可爱。其实，起这类的名字并不值得提倡。孩子在年幼时用这样的名字还显得亲切可爱，但随着年龄的增长，孩子会变成少年、青年、壮年甚至老年，到时候仍使用一个更适合儿时使用的重叠字名字，会让人感到不合时宜，所以也不提倡。

在公安部《二〇一八年全国姓名报告》中，还有一种用父姓加母姓合在一起起名的现象，这样而来的姓氏又被称为组合姓或复合姓，而起出的名字为单字名或双字名都有，与姓氏合在一起组成3个或4个字的姓名。其中仅4个字的姓名，在该报告里就占新生儿总数的1.7%，比例不可谓低，是值得注意的一种现象。当然，4个字姓名中的前两个字不都是父姓加母姓这样的格式，有些还是其他文字，与父姓或母姓几乎没有关系，纯粹是起名多样化的表现。倒是在父姓加母姓这样的格式中，更多地集中于一些大姓。上述报告统计出的前20个这种情况，常见的姓氏是张、王、李、杨、刘、陈、周等，常见的组合姓有张杨、李杨、刘杨、王杨、张李等。其中，张杨有7160人，李杨5315人，刘杨4430人，王杨4025人，张李3057人，王李2984人，刘李2741人，陈杨2441人，张陈2416人，王陈2394人，李陈2290人，陈李2244人，周杨2199人，张王2119人，李王2058人，杨李1873人，刘陈1816人，王张1763人，李张1630人，杨陈1628人。这类情况，有些是为了减少大姓宝宝起名重名，有些是历史上本来就是复合姓，情况并不完全相同。而通过这样的姓氏起出的名字，组成了3个或4个字的姓名，与近代以来的姓名在性质上有所不同。仅就其中的4字姓名而言，其在近代以来已有所见，起名的基本方法是在原来的姓名前加上别的姓氏，或者在通常的名字后缀以辅助词。

我国目前正处在一个高速发展时期，一些新情况和新问题在不断出现，与之相应的是起名方式和起名手段的复杂化、多样化。除上述几点外，还有人在随意制造新姓氏和起新名字。其中，最有代表性的例子是前些年苏州一户人家生下孩子后，不用父姓也不用母姓，而是以"点"字为姓报了户口。孩子的外祖父解释这一原因说，"点"字是与孩子有关的血缘关系和承属关系的组合字，其上部的"占"字表示孩子为父母和祖父母、外祖父母共同"占有"，下部的"灬"中四个点则分别代表父和祖父姓、母和外祖父姓以及祖母姓、外祖母姓等4个姓氏。这种既不用父姓也不用母姓的做法无疑是一件新鲜事，所起出的名字虽有些与众不同但并不违背公序良俗，户籍管理部门当然也没理由不给登记户口。倒是由此而来的"点"姓使我国的百家姓中增加了一个新姓氏，传统的姓氏文化面临了新问题。

近年来，由于社会发展速度加快，传统观念对人们思想的束缚正在不断减弱，与人名有关的新现象也不断涌现，起名、改名、冠名权、姓名权等问题都不断被提起，但这些在我国都不是很随意的事情。在《民法通则》中，第99条明确涉及公民的姓名权问题，规定"公民享有姓名权，有权决定、使用和依照规定改变自己的姓名，禁止他人干涉、盗用、假冒"。在这里，所谓的姓名权包含三个基本内容，即公民的自我命名权，对姓名的专有使用权以及姓名变更的权利。姓名权属于人身权的范畴，任何人无权干涉。但尽管如此，如果要真正去改名换姓，仍然没有想象得那样简单。比如，我国的户籍管理机关基于管理的原因另外制定了一个《户口登记条例》，其中规定16周岁以上的公民需要变更姓名时，由本人向户口登记机关申请变更登记，从程序上严格控制改名。而如果没有特殊情况，户口登记部门不能随便更改公民的名字，这主要是为了便于对人口进行管理。因为，如果不对更名权进行严格控制，轻则使户籍管理工作任务大大加重，影响民警的办案效率和质量，重则导致社会治安的混乱。有些公民要求改的是外国名，有些人改的名字生僻怪异，甚至在电脑上无法输入，还有些人要求改的名字粗俗低级，有违社会公德。对于这些改名要求就不能一概允许。另外，对成年公民来说，改名牵涉的不仅是身份证项目的更改，更多是对原有社会关系的影响，比如婚姻家庭关系、人事档案、银行账户、信用证存储信息、房屋产权等，都要随之更改。更严重的是，如果一些违法的人为了逃避法律制裁改变姓名，就会给公安机关的侦查工作设置障碍。同样，在其他一些特殊时期，也可能会出现相同的情况。比如，在已经被法院立案的诉讼案件中，还没有审理完时却遇到了被告改名字，法庭上法官叫被告原来的名字张三，被告便可以否认，说自己不是张三，而是李四，甚至可以以传票的名字与自己不符为由拒绝到庭。到这时，法院就必须重新调查取证，无形中增加了工作量。因此，为了保持姓名的相对稳定性，减少某些不必要的混乱，我国有关部门对改名换姓作出适当限制，显然也是有必要的。

总之，人名是人类社会发展到一定阶段的产物，随着社会的发展而出现新情况、新问题、新趋势在所难免。相信，随着社会的不断进步和人类文化的进一步发展，我国人的名字及其姓名观念也会出现更多的新变化。

第二讲

宝宝起名文化

"文化"一词，原指人类的文化现象，举凡人类精神生活的各种形式都属于这一范畴。早在我国先秦时期的典籍《周易》里，就有"观乎人文，以化成天下"的说法，汉代人刘向《说苑》也说"凡武之兴，为不服也；文化不改，然后加诛"，表明"文化"一词在我国早有使用。但是，我国古代的"文化"主要是指文治教化，与我们今天所说的"文化"含义不同。况且，"文化"在我们的日常生活中还是一个被广泛使用的概念，经常可以听到各种各样关于文化的说法，诸如民族文化、大众文化、精英文化、传媒文化、希腊文化、中国文化等，甚至学生到学校去读书，也被称为去学文化，这就从一个侧面说明了文化含义的复杂性。不过，就其一般意义而言，文化有广义和狭义之分，狭义的文化一般指人类社会产生的精神成果，广义的文化则是指人类区别于动物所产生的物质成果和精神成果。从这一概念出发，可知起名也是一种文化现象，是人类文化的一部分，可被称为起名文化。同时，这种文化又由来已久，还与其他文化现象发生联系，并且互为交叉、互为补充、互相完善。于是，在起名文化中便又包括了许多相关的内容，值得我们在为宝宝起名时了解和参考，进而起出理想的名字。

一、人名与网名

　　网名，是随着互联网的发展而形成的新现象。它作为网民上网进行沟通时所使用的代号、称呼，实际上是一种网络虚拟的人称符号，或者说是一种用来标记、辨认网民网络身份、特定群体在特定环境下使用的一种文化符号。而仅从人名的角度看，它是一种近似于笔名和诨号的人名，所不同的是，网名比笔名的用途更广泛,也不像诨号那样由别人所起,而基本都是自己起名。另据相关部门公布的信息,我国目前上网的人数已超过8亿,可以说绝大部分人上网时是习惯使用网名的。

在我国,人们历来重视自己的名字,起名更不是随心所欲、信手拈来。何况名字还往往代表着一定的价值取向或理想信念,起名时还会因为性别、姓氏、辈分排序等因素而受到限制,能够传递的个性化信息并不多,个人意图不能或不完全能够体现。即使有人费尽周折改了名字,所改的名字也同样带有局限性。由于已有的名字无从改变,只有通过其他方式加以解决,传统社会里的号、字、笔名等便是由此而来的。而在虚拟的网络世界里,无论是男还是女,是国家元首还是平民百姓,是八旬老人还是青春少年,都可以按照自己的喜好给自己起一个网名。在此情况下,真实世界中的人名规则完全被打破,其形式和起名时的自由度都远远超过真实的人名。

从时间上看,网名是随着互联网在20世纪80年代的到来而出现的,短短的几十年时间发展迅速。如今,网络早已成为人们生活中不可或缺的一部分,而网名也几乎成了人们在网络世界的通行证。拥有一个时尚、个性的网名,基本成了进入网络的必备条件,各种各样的网名也随着上网人数的增加不断涌现。同时,网名还作为当代人名系统中的重要组成部分,与传统人名相比同样具有指称、识别人的身份的基本功能,以及具有隐匿性、随意性、复杂性、丰富性、创造性、社群性和不稳定性等多个特点。大多数网名都是因个人的文化层次、兴趣爱好、生活环境、性格特征、某一时刻的心情和感慨等而起的,借以展现不同的审美心理、文化心理,从中反映内心的真实情感、道德水准、习俗信仰、价值观念。特别是由于在现实生活中所处环境、所受教育等的不同,人们往往采用不同的网名来标明自己,借以表达、释放心情,从而使网名带有现实生活中情感诉求等因素。例如,有人生活快乐、事业有成,给自己起的网名便比较张扬、富有激情,所起的网名有"神采飞扬""幸福的阿牛""快乐的女人""心情愉快爱咋咋地我高兴我愿意"等;有些人在生活、情感等方面面临问题又无法解决,有压力而不能释放,就给自己起一个明显带有伤感、失落等特征的网名,如"悲惨世界""路边的野草"等。此外,又如网名"温·雅""倚楼听风雨",所体现的是宁静温和的性格品质；"策马啸西风""逍遥剑客"，体现的是潇洒乐观的心态；"国民小仙女""梦想屿"，体现的是童心未泯、阳光向上的个性特征。再者，还有人追求清新淡雅，便以"月影疏桐""凤落幽篁""山南水北"等作为网名；有人崇尚自然，所起的网名有"清晨露珠""小熊猫""木棉"等，表达了对质朴、纯真、恬淡、闲适的向往与追求；还有人喜欢古典文化，把诗词名句等作为网名，如"落红不是无情物"出自龚自珍的《己亥杂诗》，"落霞孤鹜齐飞""秋水长天一色"出自王勃的《滕王阁序》，"雨霖铃""苏幕遮"等则直接采用了词牌名。此外，还有人崇拜名人、向往西方，或注重自我、喜欢与众不同，也起了相应的网名，情况不一，种类繁多。

从康芸英、李琳、黄广芳等专家对网名的系统研究中，可知网名具有多种多样的特征和类型，也可以从多种角度进行研究。如在形式上，网名便分为纯汉字形式和非汉字形式两种。其中，以纯汉字组成的网名是网名中数量最多的，依照所属性质不同，又可进一步分为主谓式网名、重叠式网名、联合式网名、述宾式网名、偏正式网名、述补式网名和其他不规则形式的网名。如"迷失之路""披着羊皮的狼""沉默的羔羊"是偏正式网名，"狼来了""你懂得""我什么都不知道"是主谓式网名，"迷迷糊糊""轰轰烈烈"是重叠式网名，"云淡风轻""意乱情迷""行侠仗义"是联合式网名，"一切一切""蟑螂小强""爱咋滴就咋滴"是不规则式网名，此外还有述宾式网名"喜欢下雪吹牛"、述补式网名"将爱情进行到底"等。在音节上，既有单音节的网名也有多音节的网名。单音节的网名多是用自己姓名中的某一个单字作为网名，双音节或三音节的网名则更常见，三音节以上的网名也有不少，如"逍遥""风信子""快乐天使""拒绝游泳的鱼""姓马名蜂窝""一脸的美人痣""半睡半醒的状态""我的心太乱""我是一只小小鸟""下雨天带砖不带伞"等网名，基本都属于上述情况。在用字上，除少量的单字网名外，大多是2～5个字的网名，5字以上的网名也有所见，有些网名甚至多达几十个字。如"用刘德华的声音唱张学友的歌""没有车会在凌晨一点带你离开""男名牌本科体健貌端无不良嗜好有房有车年薪百万""烟酰胺腺嘌呤二核苷酸磷酸氧化还原酶辅酶""我实在不想起这么长的名字实在是因为我已经不会起名字我还想顺便看看这个网站到底允许我起多长的名字"，都是字数较多的网名中有代表性的一些。

至于非汉字形式的网名，则主要包括数字网名、字母网名、外语网名和多种符号组成的网名等。其中，数字形式的网名通常是由个人的生日、电话号码、幸运数字或个人所在城市区号、所住房间号等组成，也有用这些数字的截取部分或随意选取的情况，或利用数字的谐音起网名，如：587129955（我不求与你朝朝暮暮）、76868（去溜达溜达）、5201314（我爱你一生一世）、1798（一起走吧）。字母形式的网名也是网名中常见的一种形式，主要包括把自己本名拼音化或随意选取字母等情况。外语网名又称洋网名，最常见的是英、日、韩等国家的文字网名，也有多种语言的杂合形式。此外，还有由多种符号组成的网名，往往是汉字、数字、字母、外语甚至是不规则符号任意组合而成的，形式复杂，几乎没有规律可循。其中如"吥洅乂错过""こべ爱伱一辈孑"等，都是由多种符号组成的网名。

如果从所表达内容的语义角度研究网名，也可以发现网名可以分为情感意义的网名、社会意义的网名和联想意义的网名等多种情况。其中，情感意义的网名最为常见，有些表达爱情，有些表达对人、事、物的情感，有些表达人生态度，有些表达现状，情况并非相同。如"幸福依旧""假发飞扬""可知心几颗""真心失忆""学会孤单""假装很潇洒""从雪中驶来""把帅交出来""喜欢下雨的天""只有风在诉说往事""等你到没有永远"都属于情感意义的网名。而在社会意义的网名中，通常使用时下流行的网络新词。至于联想意义的网名，即看到网名就容易让人产生联想，如"别拿83年的XO糊弄我，来瓶今年的"则容易让人想到为人豪爽而又喜欢喝酒的彪形大汉。同样，"霹雳女侠"往往能让人联想到是一位个性勇敢、鲜明的女性。

再者，从修辞的角度看，网名又可分为比喻式网名、谐音式网名、拟人式网名、仿词式网名、引用式网名、夸张式网名、借代式网名、象征式网名、联想式网名、移情式网名等。仅在比喻式网名中，又可进一步分为明喻网名、暗喻网名、隐喻网名、借喻网名等多种类型，如"风一样的男子""人比黄花瘦""我是一只特立独行的猪"便都是比喻式网名。谐音式网名是利用汉字同音或近音的特点，用同音或近音字来代替本字，起出诸如"杯具""洗具""负二代"等网名。拟人式网名是把物拟作人，并赋予人的外表、个性或情感，如"足球上篮""月亮沉默""往事在流浪"都属于此类。仿词式网名是通过更换现成词语的某个语素或部分词语，而起出让人印象深刻的网名，如"米生花""章无计（武侠人物张无忌）""武大娘（武大郎）"都是如此。引用式网名是指通过引经据典来表达自己的思想情感，或说明新问题、新见解、新道理，如网名"向晚"便是来自李商隐的诗歌《登乐游原》中的"向晚意不适，驱车登古原"。夸张式网名是有目的地放大或缩小客观事物的形象特征，以便增强表达效果，借以更加突出本人的个性特点和情感，更容易引起他人的联想。如"我等得花儿也谢了""挨踢工程师"等网名便是如此。至于借代式网名、象征式网名、联想式网名、移情式网名等，也大抵各有特点，无不使网名显得包罗万象、多姿多彩。

　　不难看出，网名具有丰富性、复杂性、创造性和不稳定性等多种特点，可以满足起名者追求时髦、彰显个性的心理需求，所起出的名字也远比传统人名更加生动形象、栩栩如生。加上生活中的一切几乎都可以用来起名，起名原因和手段多种多样，所包含内容也更加丰富。当然，由于网络本身是一个充满流变性、自由性和隐蔽性的虚拟世界，究竟使用什么网名并不受约束，使用网名的人完全可以根据自身意愿随时任意更改，从而使网名充满随意性和不稳定性，这与现实生活中要改名换姓难上加难相比完全不能同日而语。

　　另外，要提及的是，网名在现实社会中的作用并不都是积极向上、值得肯定的，有相当一部分网名还因其格调低下、晦涩怪诞、血腥粗俗、音节过多等产生了负面影响。因此，就需要努力提高人们的素质及审美水平，积极、及时引导人们起好自己的网名，以便净化网络，促进网络文化的健康发展。

　　总之，网名是人们在网络世界中虚拟身份的重要符号，也是一道文化景观。在网络盛行的今天，富有现代文明色彩的网名在某种程度上是对传统文化的弘扬及对生活、情感等压力的释放，代表了人们的某种身份或处事风格、当下观念，一定程度上满足了人们身份转换、潜藏本我的欲望，从而也成为网络世界中一道亮丽的风景线。同时，网名还作为人名的一种特殊形式和必要补充，继承、弘扬和创新发展传统人名，也像曾经流行的笔名或诨号一样影响着我们的生活。相信，随着网络的继续发展，网名也必将以更多形式出现在社会各层面，呈现出更加丰富多彩的外在形式和表现内容。

二、人名与地名

我国采用地名作为人名或姓氏的情况起源很早。尤其是作为姓氏，还被认为是姓氏的一个重要方面的来源。根据历代研究者的划分标准，以地名为姓氏的情况又包括以国名为姓氏、以采邑为姓氏、以乡里为姓氏、以村亭为姓氏、以居住地为姓氏等。其中，以国名为姓氏的情况最早可以追溯到周代。西周初年大封同姓和异姓为诸侯，建立方国，后来，这些方国的名称大都演变成了姓氏。如周武王封第三弟鲜叔于管（今河南郑州），封次子虞叔于唐（今山西翼城），周成王封周公长子伯禽于鲁（今山东曲阜），封周公三子伯龄于蒋（今河南潢川），这些人的后代在后来都分别以管、唐、鲁、蒋等为姓氏。据统计，周朝初年共分封48个同姓国和60个异姓国，这108个封国名称在后来几乎都演变为姓氏。尤其是其中的鲁、晋、蔡、曹、郑、吴、魏、韩、何、郭、于、贾、蒋、胡、宋、陈、赵、田、许、朱、邓、梁、萧、沈、徐、罗、黄、江、谢、吕等国的国名，还都发展成为今天的大姓。此外，又如由采邑名称而来的刘、冯、白、卢、范等姓，由乡里名称而来的温、苏、毛、甘、陆、郝等姓，由村亭而来的欧阳，由居住地而来的傅、关等姓，直到今天也都是拥有较多人数的姓氏。

除上述以外，我国历代都有用地名作人名的情况。其中，有人以出生时的州、郡、乡、党、亭、里的名称起名，也有人以所在的山、水、桥、榭起名。如西周初年鲜叔封管、虞叔封唐，他们后来都被称为管叔或唐叔。显然，二人所封的国名又都演变成了他们的名字。又如北宋著名政治家司马光，其父兄和他本人都是以地名起名的。他的父亲因生在池州（今越南谅山），便起名司马池；堂兄生于乡下，起名司马里；胞兄生于父亲的宣城太守任上，起名司马宣；他本人生于父亲的光州太守任上，起名司马光。再如现代名人陈独秀，生于安徽省怀宁县绿水乡独秀峰下，便以"独秀"为名字。至于现在一些人生于北京起名"京生"，生于上海起名"沪生"（上海简称"沪"），生于西安起名"长安"（西安的旧称），等等，则更是屡见不鲜。

在过去，我国还有用所任职的地名称呼当官的人的习惯，这种称呼延续下来，也几乎成为人名的一部分。如汉代的贾谊又称"贾长沙"，南朝谢朓又称"谢宣城"，唐代柳宗元又称"柳柳州"，韦应物又称"韦苏州"，宋代苏轼又称"苏徐州"，等等，就是因为他们曾分别在长沙、宣城、柳州、苏州、徐州等地任职。此外，还有人喜欢用自己所在的地名为自己起名号。宋代大文豪苏轼被贬谪黄州后筑室于东坡，其后便以"东坡居士"自号；明初文学家陶宗仪隐居于松江南村，也以"南村"自号；清代著名画家郑燮家于江苏兴化县城东南的板桥旁，因此又以"板桥"为号；当代画家齐纯芝故乡原有一座名为白石铺的驿站，他后来便以"白石山人"为艺名，其后，"齐白石"这一名号的影响甚至远远超过了他的本名。

还有一种与上述各种情况正好相反的现象，即我国民间还习惯于用人名作地名或山名、县名、街道名，并且自古就有，常有所见。属于这种情况的地名，有些是上古传说人物的名字，有些是历史人物或影响重大的志士仁人的名字。如相传神农氏炎帝曾在今湖北西部一带的原始森林中尝百草，为百姓治病，后人为了纪念，便称这里为"神农架"。又相传黄帝去世后葬在今陕西境内的桥山脚下，后人便称当地为"黄帝陵""黄陵县"。又如四川德阳市罗江镇白马关有一个地名叫"落凤坡"，相传也是因三国时与诸葛亮齐名的"凤雏"庞统兵败于此而得名的。至于浙江绍兴一带有曹娥江、曹娥场、曹娥车站，则是由东汉孝女曹娥之名命名，河南虞城有伊尹车站、木兰车站，是由当地历史上的著名人物伊尹、花木兰之名命名的。再如现在的陕西省有子长县、志丹县，山西有左权县，北京有张自忠路，重庆有邹容路，全国各大中城市都有"中山路""中山街"，这些也都是由近现代的著名仁人志士的名字命名的。

由上可见，姓名与地名的关系颇为密切，但情况也很复杂，以上所举仅是其最为常见的现象。总的说来，一方面地名可以作为人的姓名，另一方面人的姓名又可以作为地名使用，两者之间是相辅相成、密不可分的关系。

三、人名与人生

在人类生活中,人名除作为个人代号外,其实还有多方面的作用,甚至能与人生经历联系在一起。在从古到今的我国历史上,便有不少因名得福或因名得祸的人。

其实,早在人们起名字的时候,心中就已把名字与命运联系起来,都想通过名字带来好运气,没有人愿意起一个感觉倒霉的名字。此外,在人的一生中,一个理想的名字往往会给当事人一种心理愉悦感,一个感觉不理想的名字则可能会带来心理上的压力。因此,上述这些虽然不能认为姓名已经与命运联系起来,但在多数情况下,人们还是把姓名与命运联系在一起的。

至于人名与祸福之间的关系,则属于另外一种情况。在这种情况下,祸福大多是人为地与人名联系在一起的,亦即由人名而引起的。如我国最后一名科举考试状元刘春霖在科考时本是第二名,因在皇帝确定名次时正赶上天旱,而他的名字又有春雨霖霖之义,于是便被点为状元。像他这样因名得福的情况,他本人当初也未必能料到。

我国历史上因名得福的例子还有很多。相传宋太祖赵匡胤正要率兵出战,忽然一个叫宋捷的人前来送信,他认为这个人的名字有"宋朝军队出师大捷"之义,便厚待了他。大书法家米芾有洁癖,在挑选女婿时发现有人名拂字去尘,认为肯定干净无比,就把女儿嫁给了他。明朝嘉靖皇帝点状元前夜,做梦听见雷声,醒来后便点一个叫"秦梦雷"的人做状元。他后来以"重治本事"为指导思想选拔官吏,又从报上来的人名中选了张治、李本二人为官。同样,慈禧太后在七十岁大寿时点状元,见到一个叫"王寿朋"的名字,有"我王长寿无比"之义,也把他从名单靠后的位置前移为状元。此外,据有关书籍记载,清朝旗人端方字午桥,又称端午桥,有次突然升迁了一个叫重阳谷的人的官职,同僚不解其意。后来仔细一想,才知两人的名字刚好是一副对子。

当然,我国历史上发生的因名得祸的事情也很多。如宋朝司空宋郊,早年在宋仁宗身边做官时被一位叫李淑的人诬陷,说他的姓与大宋国号相同,名与"交"字谐音,"宋郊"即"宋交",意思有诅咒宋朝亡国之义。尽管宋仁宗不把李淑的话看得很重,但仍让宋郊改名宋庠以避嫌。又如《十驾斋养心录》载,宋徽宗时,江西浮梁县丞陆元佐上书说,江西乐平县有人叫"孙权",浮梁县有人叫"刘项",都与古代帝王同名,有图谋不轨之义,因此请求皇上以"寓意僭窃"的罪名处罚他们。这件事的结局虽然不得而知,但有一位叫"龙凤祥"的人确实因为名字起得太出格而被发配到新疆伊犁。再如宋高宗刚刚定都杭州(古称钱塘、临安)时,见宰相举荐上来一个叫"钱唐休"的人,认为此人的名字充满晦气,坚决不同意他担任官职。同样,明朝举人孙日恭、徐鏛虽然才学出众,但终因名字重新组合后如"暴""金(今)害",双双遭人指控。此外,清朝参加科考的范鸣琼和王国钧因姓名分别与"万民穷""亡国君"谐音,也遭受了与孙日恭等人一样的结局。另如清朝乾隆时有位考生因为姓"酆",使主考官联想到鬼城酆都(即今重庆丰都),因此也遭嫌恶打击。上述这些虽然都是别人无事生非,但也无不由名字而引起,完全都是因名得祸。

四、人名与应用

人名除作为人际间交往时彼此区别的符号外,有时还被赋予了其他方面的功能,甚至被作为一种符号应用在日常生活中,或被当作编故事、讲笑话、猜谜语、行酒令、做游戏、写小说、作诗词、制对联、唱歌曲等的重要素材。从中,不难发现我国的人名有更多方面的用途。

1. 人名与笑话

我们中华民族是一个不乏幽默的民族,与人名有关的笑话也为数众多,特色独具,并且大多短小隽永、充满智慧,能够让人开颜解颐,或当作茶余饭后的谈资,起到调节生活气氛、改善人际关系等作用。如相传在南朝刘宋孝武帝时,有位在宫中听差办事的人姓皇名太子,因为常常被误认为是皇帝的儿子而沾沾自喜。后来,事情传到孝武帝那里。孝武帝心中不悦,但又不想就此把他治罪，最后心生一计，只把他名中"太"字下面的一点移到右上边。这样，"太"字就成了"犬"字，"皇太子"变成"皇犬子"，效果比治罪还明显，而孝武帝也因此成了一个用人名制造冷幽默的皇帝。后来，唐玄宗时有个叫贺知章的人官做得很大，传说他晚年告老还乡时请玄宗为自己的儿子赐名，以示要玄宗对他的儿子多多照顾。玄宗本是个多才多艺的人，平时与贺知章多有诗文交往，这时也为就要失去这样一位老臣而感到惋惜，但也不满他这样向自己暗示，便想趁机教训他一下，于是故作认真地说："我现在为你的儿子赐名。我听说古代圣贤把讲究信用当成做人的最高原则，'孚'字的意思也是'大信'，就给你的儿子赐名'贺孚'吧。"贺知章听了若有所思，最后还是谢恩而去。原来，在贺知章家乡江浙一带，把"孚"字直解为"爪下为子"，意即从母鸡爪下孵出小鸡。玄宗为他的儿子赐名"孚"，显然也是把他们父子比作老鸡和小鸡。贺知章知道这是玄宗有意在跟自己开玩笑，也不以为意，索性为儿子起名"贺孚"。

贺知章（字季真）画像

用人名制造笑话，从古到今当然不只皇帝，还有达官显贵、社会名流、科场举子、乡绅财主、闺房夫妻、黎民百姓等。相传在清朝年间，有位在国子监读书的监生爱看《水浒》，但识字不多，经常闹出笑话。一次，他的一个朋友来拜访他，见他正看《水浒》，便随口问道："老兄正在读什么书？"监生回答："《木许》。"朋友听了，知道他又读错了字，故意接着说："古今著作汗牛充栋，但《木许》一书却从未听过，不知书中都有些什么人物？"监生又一本正经地说："书中有个人物'季達'（'達'为'达'的繁体字，此人物实为李逵）。"朋友听了更加装作不懂，问道："这就更奇了，古今著作中的人名多得不可计数，但从来也没听说有一个叫'季達'的人。请问这个季達是个什么样的人呢？"监生不知是在故意出他洋相，又比手划脚地说："他手使两把大爹（实为'斧'），有万夫不当之男（实为'勇'）。"朋友听到这里再也忍不住，不禁哈哈大笑起来。

封建时代，科举考试时都要出题写文章，相传清朝末年有一次考官出了个"项羽拿破仑合论"的题目，要考生把这两位中外名人加以比较。有位考生根本不知道拿破仑是谁，误以为拿破仑就是手拿破车轮，便写道："项羽力能拔山举鼎，焉有遇破轮而不拿者乎？"成为科场一大笑话。还有人说，有一次科举考试出了个"李广程不识治军宽严论"题目，要考生把汉代名将李广和程不识两人不同的治军方法加以比较。考生中仍有孤陋寡闻的人，把题目理解为李广程这个人不懂得治军方法，并据此胡乱解释一通，同样给后人留下了笑柄。

又相传，从前有一个财主，肚子里墨水不多，却喜欢装出很有学问的样子，并对很多事都有忌讳。有次他的新居落成，为了讨个吉利，就要仆人去找几个人来贺他乔迁，说几句吉利话。仆人遵命而去，不一会儿找来4个人向他交差。财主连忙迎上前去，向第一个人说："这位先生贵姓？""姓赵（'赵'的繁体字）。""莫非是'吉星高照'的'照'吗？""不是，是'消灭'的'消'去掉三点水，再加上'逃走'的'走'字。"财主听了，心里很不高兴。又问第二人："先生贵姓？""姓常。""可是'源远流长'的'长'吗？""不是，是當（'当'的繁体字）铺的'当'字头，下边再加个'吊死鬼'的'吊'字。"财主听了更不高兴。又问第三人，回答说姓屈。财主忙问："可是'高歌一曲颂太平'的'曲'字？""不是。我是'尸'字底下加个'出殡'的'出'字。"财主一听，脸都沉了下来。又问第四人，这人自称姓姜。财主听了一喜，连忙问道："莫非是'万寿无疆'的'疆'字吗？""不对。我姓姜，'王八'两个字倒着写，底下再加'男盗女娼'的'女'字。"财主没想到来的4个人竟然都这么"口不择言"，气得暴跳如雷，大骂仆人不会办事。仆人听了也很委屈，说出话来更是火上浇油，撇着嘴说："他们一个个都像死了爹娘奔丧一样，我能挡得住吗？"

近代有个著名诗人陈衍，他的夫人萧道安也做得一手好诗，曾就他名中"衍"字作《命名说》一篇，其中写道："君名衍，喜谈天，似邹衍；好饮酒，似公孙衍；无宦情，恶铜臭，似王衍；对孺人，弄稚子，似冯衍；恶杀生，似萧衍；无妾媵，似崔衍；喜《汉书》，似杜衍；能作俚词，似蜀王衍；喜篆刻，似吾邱衍；喜《通鉴》，似严衍；喜古今文《尚书》《墨子》，似孙星衍；

特未知与元祐党人碑中之宦者陈衍，何所似耳？"全文幽默别致，是陈衍的事业小传，也几乎是古今带"衍"的名人谱，他的生平志趣也都通过对比而反映出来，是相当精辟且十分细腻的。

上述例子，有些确有其事，有些则属"贾雨村言"。但无论如何，作为与人名有关的幽默故事，依然是各有其价值的。

2. 人名与谜语

谜语是我国流传很广的文化形式，猜谜语也是民间喜闻乐见的娱乐项目之一，其中一种谜语便是人名谜语。谜语中的人名大都是人们熟悉的，按身份划分主要有古今中外历史人物、作家、艺术家、影视明星、体育明星或古典名著中的文学形象。要想正确猜对这类谜语，必须具备丰富的知识，了解中外有关名人的姓、名、字、号、身份、经历等。

事实上，用人名猜谜古已有之。北宋时流传一则谜语："长空雪霁见虹霓，行尽天涯遇帝畿，天子手中执玉简，秀才不肯著麻衣。"这则谜语的每句依次指当时的宰相韩绛（寒降）、冯京（逢京）、王珪、曾布4人，也是我国早期人名谜语的佳作。

人名谜是灯谜的重要组成部分，关于此还有专门的书籍

就谜语的编写技巧及猜射方法看，许多人名谜语还有明谜、暗谜之分。如同样是在北宋，流传的另一则谜语是："人人皆戴子瞻帽，君实新来转一官。门状送还王介甫，潞公身上不曾寒。"这则谜语虽然同样是4句话，但每句都有明谜、暗谜之分，4句话共指8位名人。其中，第一句的"子瞻"即苏轼，子瞻帽是一种长筒高帽子，此句又暗指汉代名人仲长统。第二句的"君实"即司马光，全句暗指汉代史学家司马迁。第三句的"王介甫"即王安石，全句暗指东晋宰相谢安（字安石）。第四句的"潞公"即文彦博，全句暗指唐代名臣温彦博。像这样把人名作为谜语中猜射对象的做法，一方面增加了谜语的内容和情趣，另一方面则使人名有了新的用处，实际上收到了两两

兼得的效果。

当然，在我国古今的谜语中，还有另外一种情况，那就是有些谜语看似人名谜语，实际上另有所指。如"包丞相铁面无情，穆桂英对面扎营，樊梨花穿堂而过，伍子胥落在后营"，看上去尽管每句都有一个人名，但由于谜底另有所指（为"轧棉花"），其性质与前述那些谜底是人名的谜语并不相同。

3. 人名与酒令

酒令是饮酒时的一种游戏，从古到今一直在民间广为流传。古代的王侯将相、豪门贵族、文人学士等在饮酒时，一般要行风流文雅、睿智隽永的"雅令"或"筹令"，平民百姓则行俗令或划拳猜酒。因为酒令有佐饮助兴、烘喧气氛、促成宾主和家人尽欢的作用，所以流传很广。

在酒令中，也有一些与人名相关。其中的一种被称为姓名职业令，就是让酒席宴上的人依次说出一个从事某种职业的人名，这个人名的几个字合起来，可以组成他所从事职业的第一个字，如牧童牛文（牛、文合为"牧"字）、禁卒林小二（林、小、二合为"禁"字）、皂役白七（白、七合为"皂"字）等，如果说不出就要罚酒。还有一种被称为捉曹操令，也是一种酒筹令，与《三国演义》中的人名有关，要求参与的人13个以上。在正式开始以前，要制酒筹12枚，分别写上诸葛亮、关羽、张飞、马超、赵云、黄忠、许褚、典韦、张辽、夏侯惇、夏侯渊和曹操这12人的名字，由行令官让在座的人各抽酒筹1枚，抽得诸葛亮酒筹者设计捉曹操，其余人把酒筹折起，秘而不宣。第一次捉到曹操，曹操应饮5杯酒，第二次减1杯，第三次以后都饮3杯，而诸葛亮也要同时饮酒1杯庆功。若遇到曹将，诸葛亮应与他猜拳3次，才能通过；遇到五虎将则可由五虎将帮助猜拳饮酒。每次猜拳都以3次为限。可见，这是一种用三国人物的名字和相互关系行酒令的游戏。

4. 人名与文字游戏

如前所述，人的名字除了被口头称呼以外，在很多情况下都是被书写的，大多数汉字都由几个独立的部分组成，这些独立的部分本身就可以是一个汉字，合起来又是另一个汉字。当这些汉字作为人名使用时，大多采用几个汉字组合起来的字义。但在有些情况下，如果把它们重新分开，便又产生了新的字义。于是，利用汉字的这一特点对人名分分合合，便是一种有趣的文字游戏。

利用人名进行文字游戏，大多是利用名字的字形、笔画、排列方式、阅读习惯等特点，把名字与汉字的趣味性结合在一起，使之产生新的效果。事实上，这样用人名做文字游戏的情况无论古今都有很多，方式也颇为复杂。有些人利用字形相近的文字起名，或者把姓氏添笔、减笔、分离、合并，起出的名字就有些近似于文字游戏。如商代宰相伊尹、宋代学生领袖陈东、清代名儒阮元、现代音乐家聂耳等人的名字，都是姓氏的减笔；西汉大将军王匡、近代国民政府主席林森、著名作家李季等人的名字，都是姓氏的添笔；当代剧作家万家宝又名曹禺，作家老舍又名舒舍予，电影演员胡诗学又名古月，他们的名字都是姓氏的分离（其中曹禺是"艹禺"的谐音，二者合在一起组成"万"的繁体字"萬"）。另外一种情况是，有些人把名字分解开来，组成自己的字或号。如明朝人徐渭号水田月道人，其字号就是由名字"渭"分解而来的。又如清人胡珏号古月老人，徐舫字方舟，刘侗字同人，郑重字千里，毛奇龄字大可，林泉字白水，等等，也都属于这种情况。

属于文字游戏的人名还有其他情况。如有些人的名字可以正读也可以倒读，有些人的字号可以连读也可以分读，读法不同，含义有别。如近代影星王人美，名字倒读便是美人王；著名学者闻多（又名闻一多），倒读为多闻。两人的名字中，前者以电影为职业，最重视自己的形象，名字无论正读或倒读，其意都妙不可言；后者从事文化事业，职业的要求是见多识广，因此，名字"闻多"或"多闻"，寓意都同样深刻。又如近代小说家吴沃尧号我佛山人，清代陈文枢号花对山房，他们的字号也颇有讲究。按照通常的读法，他们的字号可能与其他人的字号区别不大，但是，这两个字号的实际含义是："我佛山人"即"我是佛山（今属广东）人"，"花对山房"即"房前种花面对山"。可见，他们在起名号时，故意玩了一把文字游戏。

此外，还有一些人的名字是出于政治上的考虑而玩了文字游戏的。如明太祖第17子宁献王朱权的后裔中有朱耷、朱石慧兄弟，在明朝灭亡后为逃避清廷追杀，分别取"朱"字的下半部或上半部为姓氏，称"八大山人""牛石慧"。两人在清朝初年都是著名画家，每当有画作问世，两人在题款上都要下一番功夫。如朱耷题款"八大山人"总是上下连在一起，看上去既像"哭之"又像"笑之"；朱石慧落款"牛石慧"，上下连写时又像"生不拜君"。

当然，人名与文字之间还有其他一些关系。如在过去的传统社会里为了给皇帝、名人、祖宗避讳，就不准书写他们的名字，遇到必须写的时候也要用添笔、减笔或以别的字取代，实际上近似于文字游戏。此外，还有人故意把名字添笔省笔，以增加情趣。如有人把书房叫作"虫二之斋"，初看上去有些让人莫名其妙，但若知道"虫二"二字是"風（繁体'风'字）月"二字的简写，"虫二之斋"意即"无边风月之斋"，就会不得不佩服其玩文字游戏之巧妙了。

5. 人名与小说

小说是文学作品中的一种，无论是何种题材的作品都涉及人名。像《三国演义》《水浒传》《东周列国志》《杨家将》这样的历史题材小说，因为叙述的基本故事是历史上确实发生过的事情，其中涉及的人物如诸葛亮、宋江、姜子牙、杨延昭等在历史上也确有其人。当然，小说又不同于历史书籍，没有必要完全按照历史上的真实情况去创作，而是可以夸张、虚构。其虚构部分不仅包括各种根据需要而添加的故事，而且也包括一些在历史上并不存在的人名。如《西游记》叙述唐玄奘取经的来龙去脉和取经路线大抵与史实相符，但所描写的取经途中经过了九九八十一难、特别是又招收孙悟空、猪八戒、沙和尚三位弟子一同西行则纯属虚构。另外，《水浒传》中叙述梁山好汉有108将，其中的36位是天罡星，72位是地煞星。而实际上，这108将除前36位大体有些历史踪影外，其余72人从名字到事迹都是作者虚构的。当然，这种虚构大多是作者精心创作的。因此，小说中的人名大都能让人与其身份、地位及性格、品质、志趣等联系在一起，人名也因此蕴含了丰富的信息量，能够充分表达人物的个性，从而也能充分体现作者的创作意图和思想情感。

在有些小说中，不少人名都具有明显的类型化特征，带有鲜明的个性，或含有影射、暗寓意味。《红楼梦》中算命先生的名字叫刘铁嘴、王半仙，巫

清代著名小说《红楼梦》，作者曹雪芹是为书中人物起名的高手

婆名叫马道婆，农村老太太称刘姥姥，这些人名的类型化特征都很明显。当然，也有人说《红楼梦》中主要人物的名字都有深刻的寓意，如书中的宝玉暗寓传国大印，黛玉则代表明朝；宝玉爱吃女孩子的胭脂，与大印要用朱砂一般相似；黛玉前身是绛红仙草，也是红色；因为红色又称朱色，而明朝皇帝姓朱，因此无论是宝、黛，都与朱明王朝有关；书中的另一位主要人物薛宝钗则代表清朝，她的名字"钗"拆开来像"又金"，而清王朝原名"后金"，"又"与"后"的意思十分接近；《红楼梦》作者在书中所安排的"钗黛相争""金玉结缘"等情节，也正符合明清相争、清朝获胜的历史事实。上述这些说法，是否符合作者当年的原意暂且可以不论，但《红楼梦》中许多人物的名字都很有特点也是实情。当然，书中还有一些寓意浅显的名字，如"葫芦僧贾雨村"谐音为"糊涂僧贾愚蠢"，"秦钟"谐音为"情种"，"卜世仁"谐音为"不是人"，"詹光"谐音为"沾光"，应是作者的不经意之作。

  小说中的人名除以上所举者外，传统小说如《金瓶梅》《孽海花》，作者如金庸、琼瑶、张爱玲、鲁迅，所创作的人物名字也大都有高超的艺术性。其中如金庸的武侠小说家喻户晓，书中的人名许多都是名如其人，钟灵、孟述圣、辛双清、褚万里、傅思归、崔百泉、王语嫣、邓百川、包不同、乔峰、薛慕华、阮星竹、公冶乾、康广陵、李秋水等名字都让人有清新之感。又如在琼瑶的言情小说中，女性名字如沈佩容、任卓文、江绣怡、李晓蓉、许馥云、江雁容、周雅安、程心雯、魏若兰、李美嘉、柳静言、柳逸云、柳静文、章念绮、李若悟等，或清新玉洁，或文雅高贵，无不名如其人。其他小说或作者作品中的人名也大抵如此。

6. 人名与诗词

  诗词是我国典型的一种文学形式，与人名也有密切关系。甚至还因此专门形成了一种文体，称为姓名诗或人名诗。

关于姓名诗或人名诗，一般分为姓名诗、人名诗和姓氏诗三类，习惯上统称为姓名诗，共同特点是把人的姓氏或名字镶嵌在诗词中。早在东汉末年，孔融就写了《离合作郡姓名字诗》，其中有"以去为姓，得衣乃成；厥名有米，覆之以庚。禹来东征，死葬其疆。不直自斥，托类自明""邦贤以口为姓，丞之以天；楚相屈原，与之同名"，实际上是把会稽袁康、吴平的姓名、籍贯以拆字的形式巧妙隐含在诗中，被认为是早期姓名诗的代表作。此后，这类姓名诗在汉魏时便流行开来，到南朝时又发展为用集字与镶嵌方式结合产生的姓名诗。常被提到的姓名诗，包括陆慧晓的姓名诗、沈约《和陆慧晓百姓名诗》以及梁元帝萧绎的《姓名诗》等。其中，沈约的姓名诗是："建都望淮海，树阙表衡稽。井干风云出，柏梁星汉齐。皇王临万余，惠化覃黔黎。吉士服仁义，宿昔秉华圭。庸贤起幽谷，钦言非象犀。端委康国步，偃息召邦携。举政方分策，易纪粲金泥。伊余沐嘉幸，由是别园畦。曾微涓露答，光景遂云西。方随炼丹子，薄暮矫行迷。"全诗从表面上看是一首歌颂梁朝都城的气势、国家的兴盛以及表达诗人自己归隐慕仙求道心志的诗篇，但都是用当时的姓名串联起来，写作技巧相当高超。此后，唐朝人权德舆也写过一首著名的姓名诗，即："藩宣秉戎寄，衡石崇势位。年纪信不留，驰张良自愧。樵苏则为慊，瓜李斯可畏。不顾荣官尊，每陈农亩利。家林类岩巘，负郭躬敛积。忌满宠生嫌，养蒙恬胜智。疏钟皓月晓，晚景丹霞异。涧谷永不谖，山梁冀无累。颇符生肇学，得展禽尚志。从此直不疑，支离疏世事。"诗中除最后两句外，每句的第二、三个字都是一个古人姓名，最后两句则包含了"直不疑""支离疏"两个人的姓名。

南朝名臣沈约（字休文）像，他也是写姓名诗的高手

如果对姓名诗进行深入研究，还可发现它仅在表现手法上就可分为直嵌

姓名诗、暗嵌姓名诗、嵌字姓名诗、离合姓名诗、谜语姓名诗、谐音姓名诗等，在诗体上可分为五言古诗、七言绝句、七言古诗、散曲等。其表现手法大多是通过重新组合或借助谐音、意象借代，辅以字号等手段把姓名镶入诗中，往往蕴含一定寓意，藉以表达作者志向、追求、讽喻、幽默、难言之隐等。如著名作家老舍的姓名诗："天翼高长虹，田间潘子农。佩弦卢冀野，望道吴云峰。万籁鸣秋苇，独清徐转蓬。霞光王统照，常任侠何容。"诗中每句都由两位作家姓名组成，有些有姓有名，有些仅有人名，表现形式不一，反映了作者过人的文学才能。至于综合应用多种技巧所写的姓名诗，在《红楼梦》中有多处可见。如在第二回提到的"护官符"，"上面皆是本地大族名宦之家的谚语口碑"，即："贾不假，白玉为堂金作马。阿房宫，三百里，住不下金陵一个史。东海缺少白玉床，龙王来请金陵王。丰年好大雪，珍珠如土金如铁。"又如书中的金陵十二钗正册、副册、又副册、判词，也都是预示她们生命历程的姓名诗。这些姓名诗一经曹雪芹的天成妙手，便染上了一层神秘而又深刻的戏剧色彩，被誉为姓名诗的代表作。

至于把人名写入词中的例子，如宋代无名氏的《六臣词》："臣飞死，臣俊喜，臣俊无言世忠靡；臣桧夜报四太子，臣构称臣自此始。"词中分别引用了岳飞、张俊（浚）、韩世忠、秦桧、完颜晟（四太子）、赵构6人的名字，也有一定代表性。

总之，姓名诗作为我国诗词宝库中的一种，无不把人的姓名巧妙地写入诗词中，表达了作者的创作意图，所造成的诗趣、理趣也更加生动而隽永。

7. 人名与对联

对联也称对子，是一种由诗词发展而来的文体形式，也与人名有密切关系。在所能够见到的对联中，有些是直接以人名作对的，在联语的制作上只讲求一字对一字，而不大注重是否五言、七言等形式。属于这种情况的例子如"西门豹"对"南宫牛"，"韩擒虎"对"李攀龙"，"张九思"对"胡三省"，"郑虾蟆"对"王鹦鹉"，"孙行者"对"祖冲之"，等等，都有一定的代表性。还有一种情况是，把姓名嵌入对联中，构成藏头联或藏尾联。如著名京剧演员"盖叫天"本名张英杰，去世时有人为他作了一副藏头挽联，即

"英名盖世三岔口，杰作惊人十字坡"，联中各取第一字便是他的本名。又如章太炎为讽刺康有为，写过一副藏尾联，即"国之将亡必有，老而不死是为"，联中各取最后一字即是"有为"，对联以隐字"妖孽""贼"抨击康有为。

在人名与对联的关系中，还有第三种情况，是把两人或两人以上的名字嵌入对联。如酒联"刘伶借问谁家好，李白还言此处佳"，便是嵌入了刘伶、李白两个名字。又如近代曾流传过一副长联，据说是梁启超答张之洞的对联，即："左舜生姓左不左，易君左名左不左，二君胡适，其于右任乎？梅兰芳伶梅之梅，陈玉梅影梅之梅，双玉徐来，是言菊朋也。"联中嵌入了当时文化界、文艺界8位名人的名字，即左舜生、易君左、胡适、于右任、梅兰芳、陈玉梅、徐来、言菊朋，被认为是绝妙佳对。

此外，在人名与对联中，还有些对联是利用其他一些文字技巧而编写的。如"两船并行橹速不如帆快，八音齐奏笛清难比箫和"是副谐音联，要表达的意思是"鲁肃不如樊哙，狄青难比萧何"，联中隐含了鲁肃、樊哙、狄青、萧何4个人名。又如"有水有田方有米，添人添口便添丁"是副祝贺潘、何两家联姻的拆字联，"寿比萧伯纳，功追高尔基"是副寿联，等等。这些也都是常被人提起的人名联。

8. 人名与歌曲

歌曲在形式上兼有文学和艺术的双重性，与人名也有密切关系。仅就其中的歌词而言，明代风流才子唐伯虎曾作过一首《把酒对月歌》，歌中以李白对月饮酒为素材，自比李白，并多次提到李白的名字。其歌词是："李白前时原有月，惟有李白诗能说。李白如今已仙去，月在青天几圆缺？今人犹歌李白诗，明月还如李白时。我学李白对明月，白与明月安能知！李白能诗复能酒，我今百杯复千首。我愧虽无李白才，料应月不嫌我丑。我也不登天子船，我也不上长安眠。姑苏城外一茅屋，万树梅花月满天。"又如元朝无名氏所作《十二月过尧民歌·相思》歌曲中，部分歌词是："看见的相思病成，怕见的是八扇帏屏。一扇儿双渐小卿，一扇儿君瑞莺莺；一扇儿月娘背灯，一扇儿煮海张生……一扇儿桃源仙子遇刘晨，一扇儿崔怀宝逢着薛琼琼；一扇儿谢天香改嫁柳耆卿，一扇儿刘盼盼昧杀八官人。哎，天公，天公！教他对对成，偏俺合孤零。"歌中以一位佳人观看屏风上人物图案想心事为题,通过佳人之口,一下子引出了14位历史人物和元代杂剧中的人物,手法新颖,形象生动,被认为是唱词中包含人名的佳作。

9. 人名及其他

人名在应用的过程中,所产生的含义有时还可以被分解为许多方面,或者由此而产生出新的含义。如"阿斗"本是三国蜀汉后主刘禅的幼名,后来人们联系到他的人生经历,又为之赋予了懦弱无能、碌碌无为、自甘沉沦、徒具虚名、曲膝投降、沉湎声色等含义,而如果把这些含义综合在一起,正是一个惟妙惟肖的阿斗形象。由此,人们进一步分解出"扶不起的阿斗""乐不思蜀"等新含义。同样,《红楼梦》中的人物林黛玉,由于其艺术形象丰满而又完整,名字也被引申出许多新的含义。有时,人们根据她娇弱的特征而借指娇美女子,有时又根据她养尊处优的环境而借指贵族小姐,或者根据她孤芳自赏的性格借指孤高自许的女子,或根据她多愁善感的个性借指感情缠绵的女子。这种由一个人名而产生出的许多新含义,完全是人名应用所带来的后果,也从一个侧面反映了人名的多种价值。

当然,像上述这样能够被广泛应用的名字并不很多,它必须具备知名度高和典型性突出等基本特征,才能不断被人们提起或引用。另外,从人名本身看,具备这些条件的人名中有些是真实的,有些则是虚拟或杜撰的;有些是单一人名,有些是集体代号,情况并非完全相同。其中,较有代表性的人名还有:张三、李四、王小二、王老五、王婆、冯妇、徐娘、红娘、月下老人、嫦娥、西施、东施、貂蝉、卓文君、孟姜女、武则天、杨贵妃、穆桂英、潘安、江郎、张生、牛郎、织女、柳下惠、董永、唐伯虎、张飞、赵子龙、曹操、刘备、周瑜、马谡、唐僧、孙悟空、白骨精、猪八戒、花木兰、包公、海瑞、陈世美、秦香莲、西门庆、潘金莲、李逵、林冲、鲁智深、武大郎、武松、梁山伯、杜康、大禹、殷纣王、姜太公、鲁班、孔夫子、屈原、叶公、愚公、毛遂、东郭先生、南郭先生、楚霸王、萧何、韩信、司马昭、秦叔宝、魏征、程咬金、岳飞、秦桧、慈禧、贾宝玉、刘姥姥、王熙凤、如来佛、观音、法海、济公、孔乙己、刘三姐、雷锋、马大哈、阿Q、阿凡提,等等。

第三讲 宝宝起名原则

关于名字及其重要性，民间一直有不少习惯说法，如"人过留名，雁过留声""行不更名，坐不改姓""名不正则言顺，言不顺则事不成""赐子千金，不如赐子一名"，等等。这些都是说，名字作为人与人之间相互区别的符号，在日常生活中具有不可或缺的作用，一旦有了名字，就应该尊重它的客观性和延续性，因为除非特殊原因，人的名字将与自己相伴终生。加上在现代社会中，"望子成龙，望女成凤"是普遍心理，越来越多的父母还都关注名字的寓意性，想通过起名来表达对孩子的期望。正是在上述多种因素的影响下，为孩子起名越来越受重视，许多父母不仅从一怀上宝宝就开始琢磨他的名字，甚至动用一切能利用的关系帮助宝宝起名，或者不惜花钱找专业人士起名。上述这些都说明了人们对名字的重视，但在事实上，无论通过什么方式起名，起名都有它的基本规则。正如各行各业都有一定的成规一样，起名也是"无规矩不成方圆"。毕竟起名是人生的一件大事，我国自古就有一定的规矩或原则。在我们为宝宝起名前系统了解这些原则，会有助于您为宝宝起个满意的名字。

一、确定合适人选

对年轻的父母来说，宝宝一生下来，首先遇到的问题就是怎样为他起个名字，因为他出世后就成了这个世界上的一员，需要有个名字作为标记，而且还要带着名字到派出所登记户口。根据我国目前的规定，孩子出生后一个月内要去报户口，报户口时所用的名字，必须是十分正规的名字。加上我国还规定不准随意更改名字，所以孩子报户口时的名字往往要使用一辈子。因此，不能不加以重视。

有些年轻人在刚结婚的时候，或者在怀上宝宝以后，就已经开始为宝宝构思名字了。等到宝宝呱呱落地，就有现成的名字可用。像这样的情况当然好，但据笔者所知，上述情况毕竟不多见。绝大多数情况是，许多将要做父母的人虽然也想过事先为宝宝准备个名字，但直到宝宝出生时还没有想好。可以说，绝大多数人都面临为宝宝起名字的问题。那么，谁最适合为宝宝起名呢？

在我国古代，富贵人家的宝宝生下来，都要先到祖庙里去烧香告祭祖先，称为"告庙"，然后由保姆和宝宝的母亲一起，抱着宝宝去见宝宝的父亲。父亲详细询问了有关情况后，就拉着宝宝的右手，为宝宝起名。宝宝的母亲把名字记下，回去后把宝宝交给老师，并让老师把宝宝的名字告知女客人和家里的妇女。而宝宝的父亲则把宝宝的名字报告给族长，然后由族长告诉同族的人，并连同出生年月日一起告知当地主管部门。主管部门则填写两份相关表格，并把其中一份交给更高一级的政府存查，另一份自己保存。这样，宝宝便有了名字和户口，正式成为合法公民。

当然，可为宝宝起名的人不止宝宝的父亲一个。大多数情况是："告庙"以后，除由宝宝父亲起名外，有时也由宝宝的祖父起名，或者由族长或族内的饱学之士根据宝宝所在的支派和字辈起名。至于平民家庭，为宝宝起名的过程没有这么复杂。

当代人给宝宝起名字，最有资格和最合适的应是宝宝的父母。因为自己生的宝宝由自己起名，意义较大。如果父母确实不能胜任，可以考虑由宝宝的祖父母、外祖父母及其他的亲戚起名，这样起出的名字也有一种血缘上的亲近感。假如上述这些人都无法给宝宝起出一个理想的名字，才可以考虑由其他人起名。这些人可以是邻里朋友、社会贤达，也可以是党政干部、教师、医生、警察，抑或各界文化人、大学生或专业起名人士等，这样起出的名字也都会有不同的意义。

现在各地都出现了专门的起名公司。无可否认，这些起名公司的确为不少孩子起了很多新颖雅致的好名字，解决了许多父母的燃眉之急，但也无可讳言，起名公司收费起名，毕竟是一种商业经营行为，为了维护自己业务的日常运转，往往采取一些特殊的经营手段，比如引导前来起名的人去关注宝宝的生辰八字，随意运用八卦六爻、五格剖象、笔画数术等充满神秘色彩的说法，故意把名字与孩子的命运结合在一起，使本来很单纯的名字变得复杂化，在起名者似懂非懂之中大赚其钱。甚至有的公司故意拔高从业人员身份，编造机构、头衔，目的就是向客户索要天价起名费。

　　有这样一个例子，曾有一位有心人以替自己新生的儿子起名为名跑了三家起名公司，结果让人大跌眼镜。他所到的第一家是一个在门外挂着"起名""改名"招牌的小店，推门进去却是一个水果店，店主声称起名人现在不在，说着便拿出一张表，表上所列的项目有"父亲名""母亲名""孩子的出生年月日""性别"等，要他填表交押金，约好第二天上午9点来取。等他第二天上午按约定准时前来时，该店主拿出一张纸，上面写了十多个名字，并转达起名者的意见说："你的儿子是'火命'，不缺'金'，需要补'火'与'木'。火能炼金，越炼越好。所以建议你的儿子使用第二个名字，即王炳程，这个名字的第二个字里有'火'，第三个字里有'木'，很吉利。"由于他曾提出希望儿子能在科技教育界发展，店主还特意说"王炳程"这个名字在医学界属于"大吉"，"将来他会是一个很有名的医生"。带着这样的结果，他又到了第二家起名公司，起名者是一位戴着花镜的老先生。这位有心人说明来意："我的儿子这些天晚上总是一宿一宿地哭闹，有人告诉我，可能是我儿子的名字有问题。我儿子叫王炳程。"老先生把这几个字写在纸上，眯着眼看了半天说："你算来对了，这名字还真是有问题。"他把身边厚厚一摞书翻来翻去，过了半天才说："你儿子是'金命'，而且是'白蜡金'。"又说这个"王"姓从祖上传下来时不缺"土"，从孩子的生辰八字上看命里缺水，应该补"水"。老先生很重视笔画，算来算去用了很长的时间，最后起出了新名字"王渤天"，还认真从"总象""天象""人象""地象"等方面解析一条条从书上抄下来的吉利话，最后十分满意地说："这个名字好啊！大气，有气魄，将来你儿子肯定是个将相之才。"最后，这位有心人带着结果又到了第三家，得到一位自称是"省周易学会"的"李老师"接待。当这位有心人出示了"王渤天"的名字后，"李老师"一副不屑的样子说："现在这个名字根本不行，你的儿子是'火命'，命不好，终身劳碌，体绝形亡。名字就是运，所以一定要从

'运'上去补，补上'水'与'土'。"他像前面那个老先生一样查了半天书，最终改名为"王一瀚"，还得意地说："这个'瀚'字好，比天还大，更有气魄。"当这位有心人提出疑议说"一瀚"与"遗憾"谐音时，他尴尬地挠头说重起一个，最后把名字敲定为"王一达"，解释说："'王'字底下加一横，四平八稳。'达'就是能够达到，很吉利。"与三家起名公司打完交道以后，这位有心人很感慨，总结出这些起名公司的一些共同的特点：起名时通常先否定掉你拿来的那个名字，以显示他自己的高明，然后再引经据典自圆其说；他们从各种各样的典籍里引用的东西，有一些是共同的，只要具备一定的常识就可以推算出来；收费价格随意性很强，察言观色，根据顾客的经济实力来随口要价。

　　其实，名字只是一个人的代号，通过起一个好听好记的名字来寄托良好愿望本无可厚非，但如果神化名字的作用，硬是说它与人的命运有关，"名字决定命运"，改了名字就可以改变命运，就显得过于武断和唯心了。因为在事实上，决定一个人一生成败的因素很多，先天素质、后天经历、性格因素、家庭环境、社会环境、受教育程度等，都对一个人的命运和前途有着影响，而人的名字与人的命运几乎没有关系，至少在目前还没有科学证据能够证明它对命运起决定作用，人改了名字也不大可能就此改变命运。现实中，有些起名者喜欢故弄玄虚，根据人的生辰八字来测算名字，但我国平均每个时辰（两小时）就会有2000多人出生，按照起名公司的人说法，这2000多人属于同年、同月、同日、同时出生的，无论男孩还是女孩，生辰八字完全一样，按照这些起名者的逻辑，如果起了相同的名字，他们的命运也会完全一样。而我们每个人都知道一个基本常识，在这个世界上绝对不会有命运完全相同的两个人。再者，几乎所有起名的人都会把名人的名字作为好名字的实例，把坏人或那些不得善终的人的名字作为坏名字的实例。又如有些起名公司喜欢用生肖起名，其做法同样经不起推敲。因为我国每年出生的人约有1500多万，这些人都是同样的生肖，其中难免有人起一样的名字，这种同生肖的同名人也不可能有一样的命运。还有，某些起名公司为人起名喜欢用计算笔画数的办法，认为不同的笔画数有不同的命运。其实，这种所说的笔画数只有81种情况，也就是说他们认为人类只有81种命运，其荒谬性更不值得一驳。

总之，为宝宝起名毕竟是一个家庭的大事，为了让起出的名字更有意义，确定合适的起名人选是不应忽视的一大原则。

二、遵守国家规定

根据我国的《民法通则》和《户口登记条例》，孩子出生后要办理相关的出生证明并登记户口。根据这些规定，凡在我国境内出生的人口，应统一使用依法制发的、按照栏目要求填写并加盖"出生医学证明专用章"的《出生医学证明》。新生儿父母或监护人凭《出生医学证明》和其他相关证明，到新生儿常住户口登记机关申报出生登记。另外，还可根据随父随母自愿的原则，在新生儿父亲或母亲常住户口所在地的户口登记机关申报常住户口。其申报登记常住户口的性质，都依据其随父或随母的户口性质而确定。另外，对于那些登记了户口而又要求改名的孩子，有关方面也有相应的规定。具体说来，这些规定大致包括以下几类。

1. 办理新生儿户口登记的一般规定

（1）第一胎新生儿出生一个月内，新生儿父母或监护人带着新生儿出生医院签发的《出生医学证明》，以及所在居委会开据的"新生儿入户通知单"，新生儿父母双方户口本、身份证、结婚证、生育服务证、入户申请表，到新生儿常住地户口登记机关申报出生登记；

（2）第二胎及二胎以上新生儿落户，要携带《生育证》《出生医学证明》；

（3）办理计划外生育的新生儿落户，须持《出生医学证明》《社会抚养费终结证》；

（4）非婚生婴儿，可以在其母常住户口所在地申报户口；

（5）父母户口不在婴儿出生地的婴儿，可回到常住户口所在地申报户口，或按相关规定进行申报。

2. 办理新生儿户口登记的特殊规定

（1）民政部门抚养的弃婴、孤儿，由该单位向户口登记机关申报出生登记；

（2）婴儿出生后，在申报出生登记前死亡的，应当同时申报出生死亡两项登记。如果生下来即已死亡，不申报出生、死亡登记。

3. 关于更改姓名的规定

根据我国《户口登记条例》第18条和公安部三局关于执行户口登记条例的初步意见第九条的规定，公民申请更改姓名按如下规定办理：

（1）凡因户口登记部门工作失误造成公民姓名差错的，由造成差错的派出所出具证明，经现户口登记地派出所所长批准后，给予更正；

（2）未满18周岁的公民要求变更姓名的，由本人或监护人写出书面申请，在校学生由学校出具证明，经派出所所长批准后，给予变更。被收养或被认领的人，年龄较大的需征得本人同意；

（3）满18周岁的公民申请更改姓名，需填写《居民变更身份申请表》，经本人所在单位人事部门审核签署意见后，持户口本等到各县、市公安局户证处审批办理。无单位的公民申请更改姓名的，由父母一方所在单位签署意见后审批办理。父母无工作单位的，由所在居委会签署意见后审批办理。

（4）原冠夫姓的妇女申请去掉夫姓，或称氏改为姓名的，以及僧、道、尼由法名改为俗名的，经派出所所长批准后，给予变更。

4. 尚待完善的相关规定

为更好地保护每个公民的姓名权，同时也使起名变得有法可依，国家相关部门一直在研究制订《姓名登记条例》。该条例所说的姓名登记是公民户口登记的重要内容，也是我国关于姓名的专门条例。尽管在过去，我国的《户口登记条例》《婚姻法》《民法通则》等法律法规对姓名的有关问题曾作出规定，对规范公民设定和变更姓名等行为、保护公民的合法权益起到了积极作用，但近年来随着经济社会的快速发展，人们的思想观念发生了很大变化，在姓名登记上出现了诸如公民随意设定姓氏、取名用字不规范、频繁变更姓名、恶意变更姓名以规避法律惩罚等新情况、新问题，有必要制订专门的条例加以解决。同时，相关条例的制订和颁布对确认公民身份，方便公民正确行使宪法、法律赋予的各项权利和承担相应义务，促进社会管理和公共服务，保障社会正常秩序，也会具有重要的法律意义。

相关部门研究制订《姓名登记条例》，基本思路是在立法原则上坚持尊重和保护民族风俗的原则，坚持个人权利与社会秩序相协调的原则。在内容结构上，明确规定姓名设定、姓名变更、登记程序、法律责任等基本制度。在立法形式上，建议制订姓名登记单行法规，由国务院公布施行。在这种思路下，有关部门在充分调查研究和广泛征求意见的基础上，初步完成了条例草案。该草案共包括总则、姓名设定、姓名变更、登记程序、法律责任和附则等6章、42条，其中与起名有关的内容主要围绕起名用字，旨在解决用字的随意性和不规范性问题，减少其给个人生活、工作带来的不便，更好地保护其个人权益，为姓名登记工作的规范化和信息化提供客观保障。其相关规定有以下几条。

（1）为了维护国家、社会公共利益，尊重和保护民族习惯，抵制封建文化和殖民文化的侵蚀和影响，起名不得含有下列内容：损害国家或者民族尊严；违背民族风俗；容易引起公众不良反应或者误解；

（2）姓名登记应当使用规范的汉字和少数民族文字，起名用字国家标准由国务院语言文字工作部门或国务院标准化行政主管部门制订；

（3）起名不得使用或者含有下列文字、字母、数字、符号：已简化的繁体字，已淘汰的异体字，自造字，外国文字，汉语拼音字母，阿拉伯数字，★、△、※、⊙、♂、♀等符号，其他超出规范的汉字和少数民族文字范围以外的字样；

（4）除依照规定使用少数民族文字或者书写、译写汉字的外，起名用字数量应当在一个汉字以上、五个汉字以下。

当然，由于姓名条例是与姓名登记有关的综合性法规条文，其所涉及的内容并非仅有起名一项，还有其他方面的规定。其中如对改名的规定就十分具体，规定为了保障公民权利、义务关系的持续、稳定，维护社会秩序，公民无正当理由不得变更姓名，确需变更时必须首先提出申请，经户口登记机关审核批准。其中申请变更名字的，应符合以下条件：同时在同一单位工作或者在同一学校学习姓名相同；与社会知名人士姓名相同；与声名狼藉人员姓名相同；与被通缉的犯罪嫌疑人姓名相同；名字粗俗、怪异；名字难认、难写；名字可能造成性别混淆或误解；公民出家或者出家人还俗，变更为法名、道名或者原姓名；其他特殊原因。不予办理姓名变更的情形：因故意犯罪或违法行为曾经被处以有期徒刑以上刑事处罚或劳动教养；正在服刑或被执行劳动教养；正在接受刑事案件或治安案件调查；民事案件尚未审结或者尚未执行完毕；行政案件尚未审结或行政处罚尚未执行完结；个人信用有严重不良记录；公民担任法定代表人时因故意行为造成单位信用有严重不良记录；户口登记机关认定不宜变更的其他情形。

此外，为了防止滥用姓名权，频繁变更名字，《姓名登记条例》还规定年满18周岁的公民申请办理名字变更登记以1次为限，其一般程序是：已满18周岁的公民和以自己的劳动收入为主要生活来源的16周岁以上不满18周岁的公民，在申请办理姓名变更登记时应出具本人的居民户口簿、居民身份证、本人签字的《姓名变更登记申请表》、户口登记机关要求提交的其他证明材料；未满18周岁的公民申请办理姓名变更登记时，应当由父母或者其他监护人代为办理，并应出具本人的居民户口簿、居民身份证、父母或其他监护人的身份证件或者证明材料、父母或其他监护人协商同意变更子女姓名的证明等；父母一方亡故另一方再婚后要求变更未成年子女姓名的，应当区别不同情形，准予当事人及其监护人凭上款要求出具的证件和证明材料办理姓名变更手续。已满18周岁的公民申请办理姓名变更登记被核准的，应当自接到批准通知后的7日内，在指定的报刊上发布姓名变更公告。自公告发布后的30日内，申请人应当持公告到户口登记机关办理姓名变更登记手续。逾期不发布公告或者发布公告后逾期未办理姓名变更登记手续的，视为自动放弃姓名变更登记权利。由于姓名变更后，户籍档案资料需作相应变更，增加了管理成本，公民办理姓名变更登记应当交纳手续费，收费标准由国务院价格主管部门会同国务院财政部门规定。此外，为了遏制、减少不按规定办理姓名登记、骗取姓名登记和变更登记等行为，姓名登记机关对那些不按规定申请姓名登记或者姓名变更登记的有权不予受理，对于出具虚假证明材料申请办理姓名登记或者姓名变更登记的可以给予警告并处以罚款，对于骗取姓名登记或者姓名变更登记的有权撤销姓名登记或者姓名变更登记。

由上可见，我国相关部门研究制订《姓名登记条例》，实际上是针对我国一直以来存在的没有专门的姓名法律法规问题，要用立法形式加以解决的。由于我国人口众多，能够被用作起名的资源十分有限，从而造成了目前姓氏使用过于集中和大量重名两种后果。特别是由于重名的人太多，不仅给当事人自己带来麻烦，而且还在户籍管理、社会治安、邮电通信、银行储蓄、医疗保险等方面引起相应的问题，已经越来越引起人们的重视，甚至被一些专家称为"同名成灾"。为了解决重名带来的问题，从管理的角度进行规范并制订相关法规，确有必要。而研究制订《姓名登记条例》，事实上是在《民法通则》《婚姻法》等法规相关原则的指导下，把《户口登记条例》中的有关内容单独析出所制订的一种专门条例。对于其中的大部分内容，尤其是涉及管理层面和关于起名方法的内容，如提倡使用规范字、适当限制姓名字数、细化成人改名标准等，都有其必要性。

在我国台湾，1953年已经制订并颁布实施了《姓名条例》，1985年发布了《修正姓名条例实施细则》，1955年发布了《侨民申请更改姓名办法》，已做到了有法可依。

三、符合用字规范

一个人的名字，并不仅仅是为了在口头上使用，大多数情况下是用于书写和称呼的。由于名字具备书写和称呼两个基本功能，因此就要求起名者在为宝宝起名时一要考虑使所起的名字便于书写，二要考虑使所起的名字便于别人称呼。但无论是书写还是称呼都与汉字有关，因此，让起出的名字符合汉字的使用规范，也是起名时必须遵守的基本原则。

所谓的汉字使用规范，就目前的情况而言，最简单的说就是起名要用规范汉字。只有实现了起名用字的规范化，人名信息的传递才能方便、准确、迅速，才能便于使用。那么，究竟什么是规范汉字呢？概括而言，规范汉字是符合国家规范的标准字，包括经过整理简化的字和未整理简化的字两部分。其中经过整理简化的字是指经国务院或国家主管部门批准，以字表等形式正式颁布的现代规范汉字，其字表主要包括国家语言文字改革委员会发布的《简化汉字总表》（1986年）、《第一批异体字整理表》（1955年）、《现代汉语常用字表》（1988年）、《现代汉语通用字表》（1988年）等。未整理简化的字是指历史上沿用至今但未经整理简化或不需要整理简化的传承字，如：人、山、川、日、水、火。与此相反，那些已被简化的繁体字、已经被废除的异体字、已经被废弃的"二简字"（指1977年公布的第二批简化汉字）和乱造的简体字、错别字等都是不规范字。

规范字不仅是汉字的主体，也是负载中华文化的主体。对此，我国从2001年1月1日开始实施的《中华人民共和国国家通用语言文字法》从立法角度规范了汉字的使用办法，明确规定"国家通用语言文字是普通话和规范汉字""国家推广普通话，推行规范汉字"，指出每个公民都"有学习和使用国家通用语言文字的权利"，要遵循社会用字规范。使用规范字还有利于维护国家主权和民族尊严，有利于国家统一和民族团结，有利于社会主义物质文明建设和精神文明建设。只有使用规范字，国家的通用语言文字才能实现规范化、标准化和健康发展，在社会生活中才能更好地发挥作用，各民族、各地区经济文化交流才能借以得到促进。

其实，为汉字的应用确定标准，实现汉字使用的规范化，是文字发展的规律和社会交际的需要。把那些符合文字发展规律的新成分、新用法固定下来，加以推广；对不符合文字发展规律和没有必要存在的歧异成分及用法妥善加以处理，使汉字更好地为社会交际和现代化建设服务，不仅是社会发展为我们提出的要求，也是我国历朝历代的传统做法。在过去，有些朝代通过整理文字来进行文字规范化工作，进而订出标准字体，推出规范教本，并用此进行识字教学。如秦始皇统一全国后，首先对文字进行了一番整理，订出了标准字体，保存至今的《仓颉篇》《爱历篇》《博学篇》3种规范字书就是当时的产物。再者，有些朝代还通过刊刻石经、刊正经书字体来进行字体规范，其中东汉灵帝熹平四年（175年）所刻的《诗经》《尚书》《仪礼》《易经》

《春秋》《公羊传》《论语》7种经书，不仅是我国最早的石经，而且由于还有便于传写、校正经书文字的功能，也起到了规范字形的作用。此外，还有一些朝代通过编写字书、整理异体、辨别俗伪、订正经典中的文字等方式进行汉字的规范化，其中如明朝梅膺祚的《字汇》就是一本规范字形的书。通过上述不同的方式，汉字的标准化不断得到完善。

当然，过去这种汉字的标准化与今天相比还有不同，今天的汉字标准化是指在对汉字进行全面、系统、科学整理的基础上，做到现行汉字的定量、定形、定音和定序。其中，定量就是确定现代汉语常用、通用汉字的数量，即对现代汉语用字作一个全面、精确的统计，确定数量，并使之合法化；定形就是规定汉字使用的统一字形，即对每一个汉字定形，做到一字一形，不能一字多形；定音就是规定每一个现行汉字规范化的标准读音；定序就是确定现行汉字的排列顺序，规定标准的检字法。正是本着上述"四定"原则，新中国成立以来做了许多汉字规范化的工作，并相继取得了一系列的成果，成为《国家通用语言文字法》颁布的基础。早在1955年，国家文字改革委员会发布了《第一批异体字整理表》，实际淘汰了1027个异体字。1977年，国家文字改革委员会和标准计量局联合发布了《关于部分计量单位名称统一用字的通知》，淘汰了旧译名中的20个复音字、生僻字。1986年，经国务院批准的《简化字总表》重新发布，共收简化字2235个。1988年，国家语言文字工作委员会和新闻出版署联合发布了《现代汉语通用字表》，共收字7000个，成为汉字字形规范化的依据。

《通用规范汉字表使用手册》，指导正确使用通用字

在起名时用字不规范的表现主要有：使用不规范的简化字，使用被废止的"二简字"，使用已淘汰的异体字，滥用繁体字，等等。还有一些经常使用电脑的人慢慢"陌生"了原本熟悉的汉字，要手写的时候总是出错，写字

的功能逐渐退化，写错或读错别人名字的次数大大增多。上述这些起名用字的不规范，都是由于对汉字的使用不够认真，对古老的汉字文化缺乏责任感。热爱汉字语言文化、自觉遵守汉字使用规范、不忘自己优秀的民族文化传统，应是每个人的责任。毕竟，汉字历史上的铁划金钩、龙章凤篆都曾给人带来艺术享受，颜筋柳骨、二王真迹也为世人所拥趸，其中蕴含着丰富的文化，每个人都有义务让它一代一代传承下去。

为了让人们起名的用字符合规范，有章可循，减少可能带来的麻烦，我国教育部、国家语言文字工作委员会、公安部等部门一直在进行起名规范化的研究，计划在条件成熟时推出人名用字规范，以及少数民族人名汉字音译转写规范、少数民族罗马字母音译转写规范、中国姓名排序规范、外国人名汉字音译转写规范、中国人名汉语拼音拼写规范等。尤其是人名用字规范，将对起名用字的规范化起到重要作用。因为我国汉字的数量很大，但实际通用的并不很多，常用的只不过3500个，覆盖率达到99.48%。不常用但又让人见到的大多是人名和地名。过去受社会发展条件的制约，起名用字的规范意识淡薄，少数有文化、有地位的人一心求雅，起名字爱用生僻字，有时还故意使用新造字。如清代著名画家八大山人朱耷，谱名叫统鐢（quàn）。近代国学大师章太炎给女儿起名字，叫章叕（zhuó）、章㠭（zhǎn）、章㗊（jí）。鐢、叕、㠭、㗊，这4个字没有多少人知道该怎么读，一般字典也查不到。同样的情况，在前些年国家有关部门进行的起名用字抽样调查中也有发现，还有人使用不规范的简化字或异体字、繁体字等。其中，使用不规范简化字如把"萧"写成"肖"，把"橘"写成"桔"，把"建"写成"砫"；使用繁体字如"幹（干）""硃（朱）""華（华）""軍（军）"；使用异体字如"撝（挥）""峯（峰）""寔（实）""濬（浚）""韻（韵）""崐（昆）""堃（坤）"。由于长期以来无法可依，起名用字毫无节制，致使字量无限扩大，尤其是使用生僻字、启用不规范字，甚至自造汉字的现象愈演愈烈，带来至少三个方面的弊病：一是让别人难以称呼，影响人名功能的发挥，给别人和自己增加烦恼。二是因为起名用字不规范，在使用时让人查找困难，会耽误很多宝贵时间，影响工作效率；三是给户籍管理、人事、银行、保险、交通等行业的工作和计算机终端处理带来很多不必要的麻烦。因此，在广泛考察已有人名用字状况的基础上，根据人名用字规律制订人名用字规范，确定合适的人名用字数量，实现人名用字定形、定音、定量、定序，确有必要。当然，人名用字规范涉及语言文字学、社会学、民俗学等多个学科，需要公安、民政、信息处理等部门的大力配合，更要考虑到广大老百姓的实际情况，工作难度很大，它的实现必须得到全社会的理解和支持。

谈到起名用字规范，还有一个问题是，规范的起名用字究竟是哪些，有多少？对此，有关专家曾对我国魏晋至清代的各种文字进行抽样，共抽出5744000多字，发现其中一种的适用字有12760个。据此，根据大多数专家的观点，用12000多个字起名字，应该是比较合适的数量。更何况，我国汉字的数量虽然很大，但实际通用的并不很多。古代童蒙识字课本《三字经》《百家姓》《千字文》，不重复的字只有1462个。宋代通行的"四书"《大学》《中庸》《论语》《孟子》，总字数56764个，不重复的字也只有2320个。宋诗18000多首，用字4520个。字数较多的《十三经》，单字也超不过6000个。1988年国家公布的《现代汉语常用字表》收字3500个，《现代汉语通用字表》收字7000个。2013年国家公布的《通用规范汉字表》，收录汉字8105个。这些字包括了现在用字的绝大多数。当然，这些字中的有些字并不适合起名，有些适合起名的字又不包括在这些字中，从这些通用字中选出可以用来起名的字，另外再补充一些可以用来起名的非常用字，合在一起的数量就是12000多个。这12000多个字不包括现行规范字所对应的繁体、异体、旧字形，数量超出《信息交换用汉字编码字符集·基本集》(GB 2312—80) 6763的收字范围，也超过1998年修订版《新华字典》10000个的收字量，仅低于国家标准《信息处理用GB 13000.1字符集汉字部件规范》的20902字和《信息交换用汉字编码字符集基本集的扩充》(GB 18030—2000) 的27484字的收字量。这是由于上述两个标准的收字主要是根据古代的字、辞典，其中包括大量的繁体字、异体字，以及俗字、讹字、隶定字等。而要制订的人名用字规范的收字完全是建立在当代实用的基础上，经过科学研究，排除不规范字，从而形成形、音、序、量明确的字集。

当然，国家有关部门制订起名用字规范，并不是说不许那些已经用了不规范汉字的人再使用原来的名字，必须改名；而是说从规范发布之日起，新生儿都要用规范的汉字起名。原来的名字已经是一个社会现实，受法律保护，仍然要保留，强迫他人改名也是侵犯姓名权的行为。

四、考虑使用方便

汉字是记录汉语的文字，也是世界上使用人口最多的一种文字，它具有字形优美、表义性强等优点，但也有数量多、笔画繁复、难认、难写、难记的不足。据统计，汉字的平均笔画是12画，以7～18画的字最多，占到了总字数的80%左右。有些字的繁体笔画更多，甚至超过20画、有的更是超过了30画，确实给学习和使用带来不少难题。如"龙"字的繁体字"龍"就有16画，"和"的异体字"龢"22画，"郁"字的繁体字"鬱"更是多达29画。因此，如何在汉字的局限之下起出使用相对方便的名字，也是我们起名时必须考虑的一个问题。

我们今天使用的汉字，主要是由商代的甲骨文发展而来的。从目前公布的考古资料看，我们目前已知的甲骨文字有4600多个，其中能被辨识的大约占总数的1/3。商代以后，我国的文字数量不断增加，如今已超过11万个。这些汉字绝大多数都是不常用的古字、废弃字和生僻字，较常用的汉字还不到1万。正因经常使用的汉字数量不是很多，目前常见的工具书所收汉字也都在1万字上下，其中如2015年版的《辞源》收单字14120个，2010年版的《辞海》收单字17914个，2011年版的《新华字典》收单字10998个，2016年的第7版《现代汉语词典》收单字13000多个。但无论是哪一种标准或工具书、字典，只有其中的六七千个汉字才是我们的日常用字。

在我国目前常用的六七千个汉字中，并非个个都适合用作人名。早在1982年，有人曾对175000人的起名用字情况进行抽样调查，结果发现起名用字十分集中，只有3356个，其中频率最高的6个字覆盖了人名用字的10%，而前409个字的覆盖率达90%。当时还把男名用字和女名用字进行了区分，其中男名用字频率最高的前30个字是：明、国、文、华、德、建、志、永、林、成、军、平、福、荣、生、海、金、忠、伟、玉、兴、祥、强、清、春、庆、宝、新、东、光，女名用字频率最高的前 30 个是：英、秀、玉、华、珍、兰、芳、丽、淑、桂、凤、素、梅、美、玲、红、春、云、琴、惠、霞、金、萍、荣、清、燕、小、艳、文、娟。1989 年，有关专家又对 570822 人进行抽样调查，发现双字名用字 3986 个，最常用的有 628 个；单字名用字 2069 个，最常用的有 843 个。也就是说，虽然我国目前有六七千个常用汉字，但其中只有不到四千个被用来起名，还有两三千个不作为人名用字。

在近年关于起名用字的抽样调查中，还有一种结论值得注意，也就是单字名用字要少于双字名用字。由于起名用字过于集中，其结果

《姓氏人名用字分析统计》，是一本与姓氏人名相关的著作

就是造成大量的重名现象。尤其是单名重名的比例更为惊人。为了解决重名问题，各地的户籍登记机关都在限制登记单名，有人对此不理解，认为起名是个人的自由，规范和限制起名是对个人自由的侵犯，不符合我国的宪法和《民法通则》，其实，从人名的性质上看，具有个人和社会的两重性，它的社会性才是它最本质的属性。当人名作为个人代号时具有个人性，但它毕竟与人一样都具有社会性，要在社会上使用，供别人称呼，否则就没有多少意义。正因如此，个人起名实际上不再是一个人的私事，而是要与社会联系在一起，服从社会习惯、民族习惯，既要考虑个人使用的方便，更要考虑社会使用的方便。就这种意义而言，一个人叫什么名字、用哪个字，只有相对的自由，没有绝对的自由。为了社会使用的方便，起名必须符合社会规范。

五、构思新颖别致

名字作为人际间相互区别的符号，应该以有突出的个性为鲜明特征。如果每个人都叫张三、李四、王五、赵六这样的名字，人名也就失去了它的特

色，变得可有可无了。因此，把名字起得新颖别致，使其具有典型性，也是一个重要原则。

据统计，我国古今使用的姓氏已超过4万个，可用于起名的汉字不过三四千个。而我国的人口在清朝前期就已经达到了4亿，如今的人口也已突破14亿大关。要在这么多的人口中使用有限的汉字起名，并让名字与姓氏搭配在一起时又不与别人重名，还要新颖别致，的确不是一件容易的事情。

在过去，也有不少新颖别致的名字，但也有过于追求新颖别致而从一个极端走向另一个极端的典型。如唐朝女皇武则天，登基后为自己改名"曌"，所用的字便是她发明的。后来，五代时南汉国君名刘䶮，明朝穆宗名朱载垕，清代文宗名奕詝，所起的也都是过于古怪的名字。周朝还规定了王公百官起名的"五则六避"，不得任意选取文字起名。

我们所说的起名应当新颖别致，当然不是要每个人都起一些像上述帝王那样奇怪的名字，而是希望避免雷同，突出个性。当然，造成名字不新颖别致的原因可能是多方面的。如有些人在为宝宝起名时不肯动心思，想起什么便起什么名字，甚至随便用生活中遇到的东西给孩子取名，让孩子一生都叫一个平庸、简陋的名字，十分不妥。有些人在为宝宝起名时的确费了不少心思，但由于所动心思只是跟在别人后面转，缺乏创见，以至所起的名字毫无特色，只不过是为同名的人中增加了新的一员而已。如人们都希望子女成龙成凤、健康漂亮，名中带有"龙""凤""健""康""美""俊""英""勇"等字的人特别多。加上有些父母带有强烈的追求时尚的心理，在什么时代就起什么样的名字，把名字的典型性这一特点完全抛在脑后，导致一个时代同名者众多。虽然共同的欣赏习惯和文化心态使这种情况难以避免，但同中求异还是应该的。

那么，怎样才能使名字新颖别致呢？要做到这点其实并不难。比如，我们可以从自己熟悉的汉字或习惯用语中去发掘，或者进行反向思考，如我国一向忌讳含有贬义和不吉利的字作名字，但事实上，如果把贬义词拿来变通一下作为名字，起出的名字也别具一格。在我国古代人名中，就有霍去病、辛弃疾、李苦禅、张恨水等，其中虽然使用了让人忌讳的"病""疾""苦""恨"等字，但处理手法新颖独到，不仅一扫这些字本身所带的晦气意义，而且还收到了较好的艺术效果。再如，我国习惯上不以数目字和大小多少等词入名，因为这些字过于平常。但如果把数量词与名字的关系处理好了，也会收到独特的效果。如张三、李四、孙小二等名字显然俗气，但如果起名钱如一、任二北、巫宝三、赵四海、陈五常、李六如、冯斗七、杨八闽、王九思、高红十、牛百岁、程千帆、徐万年、张大用、苏小曼、刘保多、孙少卿，等等，则不仅都以一、二、三、四、五、六、七、八、九、十、百、千、万等数目字和大、小、多、少等形容词入名，还避免了单调俗气，给人以别具一格的感觉。此外，在一些习惯用语中也有不少可以入名的素材，如果把这些素材巧妙地加以利用，也会起出一些令人赏心悦目的名字。如利用这些素材所起的何其芳、马识途、牛得草、石成金、常香玉、梅兰芳、江南春、白如雪、冷如冰、关山月、易水寒、凌云志、金石声、何许人、莫非仙、何逊男、黄河清、万山红、秦汉唐、宋元明等名字，无不意味深长、妙趣天成。

总之，起新颖别致的名字，素材处处有，就看怎样去发掘了。

六、用字简明易懂

用字简明易懂，是起名的一个重要原则，主要目的是便于书写。所谓便于书写，主要包括两个方面的含义，即便于本人书写和便于别人书写。通常情况下，在孩子开始认字的时候，首先要认识和学写的往往是他自己的名字。在这时候，一个笔画简单而又容易记住的名字显然会对他产生较强的吸引力，他也许学习三两遍便可掌握。相反，如果他的名字笔画较多且不易记住，也就无形中给他增加了困难。他也许会在多次练写自己的名字而无法掌握之后对学习和自己失去信心，认为不会写名字是一种无能。殊不知，这正是父母或其他为他起名的人给他造成的麻烦。同样，当孩子长大后走向社会的时候，他的名字要经常在社会上使用和书写，一个写来简单、读来方便的名字也许会为他在社会上的立足带来许多好机会。相反，书写麻烦而又难称呼的名字则可能使他失去某些机会。因此，我们说名字仅仅是一个代号，一个笔画简单易记的名字有助于这一代号的使用。

如前所述，我国古今已经使用过逾11万个汉字，但经常使用的只不过几千个。这些常用汉字，并非个个都适合起名。因此，有些人在起名时为了显示自己学识渊博，往往选用一些笔画较多且不易让人认识的字作名字。如近代南方有位较有名气的文人，给自己起名爨鱻麤，号齾齾麤，名和号加在一起的6个字共有176个笔画，创造了历代人名笔画之最。其实，这一名字说穿了也很简单，其中除"爨"（cuān）是一个较为复杂的罕见姓氏外，"鱻麤"都是早已被废弃的"鲜粗"二字的异体字，纯属是玩弄文字游戏。前述近代较有影响的文化名人章太炎，在学界、政界、思想界的地位已为世人所公认，但他为3个女儿起名用的都是生僻字，同样有故弄玄虚之嫌，因此也获讥于世。当然，上述这些例子都属于特例，但如果起名如此，让人既不易写又无法称呼，其名字的社会功能实际上也就降低了。

在现实生活中，也有一些起名者出发点较好，但所起名字效果并不很好。如我国有位著名京剧演员关肃霜，原来的名字是关鹔鹴，是由师傅起的，意思是希望她像鹔鹴鸟那样出人头地。由于她的名字笔画太多，许多人不认识。后来，经周恩来总理提议，她改名为关肃霜，较原名方便很多。另如我国电视连续剧《西游记》中猪八戒的扮演者马德华，原名马芮，因为许多人不认识"芮"字，常常误读为"马内""马丙"，甚至有人读作"马肉"，等他演出《西游记》时，怕再被读错，于是改名马德华。

由上可见，人名作为人际间交往的符号，应该是让人一看就明白、一写就会的。一个好的名字既与己方便，也与人方便。为了这种与人与己的方便，起名时应尽量避免使用笔画较多、常人不识的字。特别是使用常人不识的字，让人见了不认识，该称呼时不称呼不行，称呼了又出差错，无形中是在给别人制造难堪，是应该加以避免的。

七、字形赏心悦目

汉字作为我们中国人的杰作，是形、音、意三者完美的结合体，起名时也要考虑这三大特征，让起出的名字具有三者完美结合的特点，具有审美与实用价值。毕竟，"爱美之心，人皆有之"，名字写出来是让人看的，一个看上去让人赏心悦目的名字会给人一种良好的视觉美感，而笔画繁简不一、多寡相差很大的名字则有可能使人在审美上造成倾斜，破坏人名应有的整体协调性。那么，怎样在起名时实现三者的完美结合呢？为了达到这种结合，究竟要遵循什么原则呢？

就字形而言，汉字作为汉语书写的最基本单元，历史上先后经历了甲骨文、大篆、小篆、隶书、楷书、草书、行书等多种书体的变化，今天的汉字从字形上看都是方块字，也是世界上一种独特的方块字，而且数量繁多，结构复杂。仅就其结构看，主要包括独体字和合体字两种基本字体。其中，独体字是不能再继续分割的文字，如"文""中"等，其数量占全部汉字的10%左右，其余都是合体字。合体字由基础部件组合构成，又可以进一步分为上下结构、上中下结构、左右结构、左中右结构、上合下分结构、上分下合结构、全包围结构、半包围结构、品字型结构等多种情况。上下结构的字如"笑""尖"，左右结构的字如"词""科"，半包围结构的字如"同""趋"，全包围结构的字如"团""回"，复合结构的字如"赢""斑"，等等。在起名选字时，尽管字形在汉字的形、音、意三要素中的作用不如读音和字意那么重要，但作为组成名字的基本元素之一，如果在起名时不注意字形，特别是不注意所选用的几个汉字之间的搭配，也会使名字缺乏美感，算不得是一个完美的名字。

在起名选字时，有些人喜欢选用笔画较多的字和怪异的生僻字，以此来显示身份和学问，殊不知这两点都是不可取的。选用笔画较多的字除了写出来后看着比较饱满以外，给人的印象只会是繁琐。使用怪异的字则大大降低了名字的社会功能。因此，起名时应根据具体情况，以起出的名字在字形搭配上完美和谐为前提，该简则简，该繁则繁，才会收到完美的视觉效果。

为了使起出的名字好看，不仅要注意尽量不用笔画太多的字，也要注意字体的结构肥瘦长短、强弱虚实，特别是几个字搭配在一起时尽量避免部首、偏旁雷同，让其富于变化，充满动感。如果选用的字笔画太多，就有可能在与其他字搭配时显得过于笨重，同时还会为名字的书写增加麻烦。如果一位小学生从一开始上学便要他写几十画的名字，实在是一种负担。成年人在社会交往中也要常常书写姓名，如果笔画太多，同样让人让己感到头痛，甚至有以别字代替的可能，无形中被改了名字。至于在字形搭配中体现肥瘦长短、强弱虚实之分，也是有不少事例可寻的。其中如"施""圆""丰""赐""态""备"等字看上去就因为过"肥"而显得笨重，"七""小""干""卜""子""于""卡""千"等字则因为"瘦"小而显得微弱。同样，"早""芥""申""奇""年""平""芽""被""辛""竹"等字显得过"长"，"四""丑""土""正""也""企""山""丘""生""女"等字显得过"短"，"奋""成""泰""戚""兴""飞""武""猛"等字显得过"强"，"穿""亢""己""门""口""空"等字显得过"弱"，"国""福""昌""室""宜""风""凰""尊"等字显得过"实"，也都是在起名时要慎重选用的。此外，有些字单独看起来不存在任何问题，但当与姓氏或名字中的其他字搭配在一起时，会让人感到单调、重复。如王玉璋、何伯偃、汪汝淮、冯河清、江波澜、何信侠等名字中的每一个字都是字形、含义很好的字，但合在一起后就会发现部首、偏旁相同，缺乏变化，给人以单调呆板之感，就属于这种问题。因此，起名时除要注意字形笔画多少的搭配外，还要留意字与字之间偏旁部首的搭配，使姓名在整体上显得多样，充满变化。

在起名用字的搭配中，还要注意名字用字与姓氏之间的搭配。像汉字的基本结构一样，姓氏用字的结构也可以进一步分为独体字、合体字及其左右结构、左中右结构、上下结构、上中下结构、全包围结构、半包围结构、品字型结构等几种类型。其中，独体字有"万""方""王""马"等姓氏，左右结构的有"刘""杨""何""林"等姓氏，左中右结构的有"谢""树""濮"等姓氏，上下结构的有"李""吴""罗""金"等姓氏，上中下结构的有"莫""冀""黄"等姓氏，全包围结构的有"国""园"等姓氏，半包围结构的有"包""巨"等姓氏，品字型结构的有"聂"姓。另外，姓氏也同样有笔画繁简、肥瘦、虚实之分，起名时也要考虑到这些特点，注意与姓氏用字形体搭配上的和谐、平稳。

具体说来，起名时应尽量选取一些笔画与姓氏字相当的字。姓氏笔画较少的人，如姓丁的人起名丁玉川、丁日昌，要比起名丁鹤年、丁德裕在视觉上让人舒服一些。姓于的人起名于仲文、于成龙，看上去要比于荫霖、于嗣祖更美观。姓王的人起名王一凡、王元正，也比王嘉福、王熙震的视觉效果好。至于姓氏笔画较多的人，尤其更要注意姓氏与名字笔画的搭配。假如名字的笔画较少，会使人感到头重脚轻。如姓戴的人起名戴立、戴川，姓魏的人起名魏仁、魏乐，远不如起名戴麟、戴飙或魏源、魏斌效果好。

　　无论是笔画较多的姓氏还是笔画较少的姓氏，在我国长达几千年的起名实践中，都基本形成了一套较为固定的规律，即在起单字名时，笔画较少的姓氏一般不用笔画较多的字起名，以免视觉上形成反差，造成尾大不掉的视觉效果。同样，笔画较多的姓氏也尽量避免用笔画较少的字起名，以防因头重脚轻而显得不美观。为了减少因姓氏笔画不同而给起名造成的麻烦，人们逐渐发现起双字名可以减少视觉上的偏差。因为在双字名中，无论是最后一个字的笔画多么复杂，只要在它之前加上一个笔画较少的字，一切问题都可以解决。如起名丰恺、龚飞、王德、蒋龙等虽然名字的含义不错，但从字形的搭配上看总有些美中不足。如果分别改为双字名，变成丰子恺、龚一飞、王玉德、蒋子龙，在视觉上的反差就不那么突出了，同时也使名字显得更美观、协调、匀称。

　　姓氏笔画较多的人起名时，并不一定要选用笔画较多的字与之搭配。因为笔画多了，就会让名字使用者本人和别人感到麻烦。解决这一问题的最有效办法仍是起双字名，并在双字名中尽量使用笔画较少的字。如姓钱的人起名钱一，写出来并不美观，但若在姓名之间加上"如"字，变成钱如一，就显得雅致多了。

　　总之，我国的汉字客观上存在着笔画繁简不一的差别，少者三两画，多者几十画，起名时要照顾汉字的这种客观规律，注意所用的几个字之间的笔画数相对均等，对笔画较少的姓应尽量选取一些笔画较少的名字与之搭配，笔画较多的字也要想办法变通。同时，还要注意所用各种形体的字要有所变化，注意姓氏与名字的搭配平稳。只有做到了这些，所起出的名字看上去才显得整体和谐、美观，才会获得视觉上的美感。

八、读音铿锵洪亮

一个人起了名字，首先是被称呼的，其次才是被书写记录。正如此前所述，名字的"名"从"夕"从"口"，意思是晚上两人相见，天黑谁也看不见谁，只有互相通报姓名才能区分彼此。同样，在白天，在距离较远、声音嘈杂、人群熙攘的场合，也需要通过呼喊或通报名字来进行联系。因此，在名字通过声音进行交流时，具有音节响亮、清脆悦耳等特点无疑是重要的。

我国被用作人名的汉字，是多种方言的共同书写体系，每个字代表一个音节，在读音上有声、韵、调三个基本要素。其中"声"即读音，其标准读音是普通话的读音，音节由一个声母、一个韵母及声调确定，共有1300多个音节。由于汉字数量庞大，同音字现象突出，一字多音的情况（多音字）也很普遍。在起名使用时，由于人名多是两个字或三个字的组合，就会有不同的整体音韵效果，牵涉到音节之间的相互搭配问题。现实生活中有人名字不好听，其根本原因就在于音韵搭配的不合理。想要避免这种情况，就要求注意起名用字的整体音韵效果，遵守相关的起名用字读音原则，学会用汉字的音韵起名。

谈到汉字的音韵及字与字之间的搭配，其实是一门大学问。同样的几个字如果按音韵的节律搭配起来就会很好听，反之就可能不好听。以唐诗宋词为例，很多人都会觉得读起来是一种优美的享受，实际上就是因为在作者当初作诗填词时注意了声韵和节律，从而使诗词富有音乐性和节奏感。给宝宝起名也是一样，要学会字与字之间的音节搭配，使起出的名字响亮明朗，富有乐感，让人称呼起来琅琅上口，听起来抑扬顿挫、清楚明白。否则，名字的交往功能就不能很好地得到体现。试想有这么两个人的名字，一个让人读起来声韵哑仄，另一个声韵响亮，如果在不认识这两人的情况下要你对他们的外表特征、精神状态等作出判断，那么，可以肯定的是一定不一样：那个读来哑仄、听来模糊的名字会使人联想到名字的主人同样消沉、颓唐，无精打采，疲沓困顿，甚至让人联想到他身体瘦弱、个头矮小；相反，那个读来响亮、听来清晰的名字会使人联想到这个名字的人目光炯炯有神，举止自信有力，性格刚毅，胸襟开阔，无论魁梧高大还是短小精悍都是浑身充满朝气。

如姚天力和赵向强这样的名字，读起来会觉得前一个顺口而后一个拗口，原因在于后者名字的3个字声调重复，韵母也相同或相近，所以读起来既单调又拗口。可见，要想让所起的名字称呼起来琅琅上口，必须注意音韵的搭配。

起名时要注意声调的搭配，就要尽量避免使用声调相同的字，以免呆板平直，缺乏动感。在名字中使用不同声调的字，让它们错杂相间，就可以产生抑扬顿挫、悦耳动听的艺术效果。汉字字音本来就是由声母和韵母拼在一起发出的声音，在汉语音韵学中，我国古汉语的读音讲究平仄声调，现代汉语也有阴平、阳平、上声、去声之别。给宝宝所起的名字字音是否响亮、悦耳，起主要作用的就是声调。旧体诗词之所以显得抑扬顿挫，音韵有致，一个突出的特点就是声调的和谐。根据这一特点，在给宝宝起名时也必须注意声调效果，当把起名所用的几个字组合在一起时，读起来或听起来要有节奏感和音乐性。如果声调缺乏变化，把同声调的字放在一起，当然也就没有音乐性和节奏感可言，起出来的名字也就不响亮、不好听。这种情况在单字名中表现得还不突出，如赵昭、钱坚，无论怎么叫还不显得多么别扭；但到双字名中，如果起名柳景选、胡武青、张书襄、纪仲宪、颜延年、孟子居、荀庆卿，读起来就不那么顺口了。"柳景选"3个字全是上声，读起来很绕口，远不如"柳敬光"好听。"胡武青"3个字中有2个是阳平，就没有"胡竟堂"好听。"张书襄"都是平声，便不如"张叔向"好听。"纪仲宪"都是去声，不如"纪忠贤"好听。其他几个名字，读音上同样也有类似的缺陷。

事实上，这种声调上的变化，早已成为取名文化中约定俗成的内容。根据专家对北京市姓名使用情况的调查，发现大多数姓名都符合声调变化的规律，只有极少数人起了声调完全相同的名字。这种调查是从北京市抽取988个姓名，根据声调搭配情况分作平调型、相邻两字同调型、一二字同调型和三字异调型等4种情况，其中平调型的名字读起来感觉费力而单调，相邻两字同调型的名字因为前两字或后两字同调，另一个字或两个字的声调有变化，属于部分抑扬型的名字，读起来感觉较好。而一二字同调型和三字异调型都属于抑扬型的名字，名字听起来起伏跌宕，读着也顺口。由此可见，起名时让声调富于变化，是人们默认要遵守的一种起名原则。

在起名时注意用字读音声调的同时，还要注意声母和韵母的搭配。声母是指汉字音节开头的辅音，韵母是指一个汉字除声母外的音节。如果把几个声母发音部位相同的字放在一起，读起来就不响亮，而且别扭。如果同时韵母也相同，读起来就更让人感到绕口。我国民间常见的"绕口令"，就是根据这个道理编出来的。如果名字的声母、韵母搭配不当，读起来就是"绕口令"的效果。如"李莉"的声母都是"l"，"王武"的声母都是"w"，犯了同样的毛病，读起来都不好听，远不如"李萍""王阳"这样让人称呼着顺口。同样的情况在历史上也有所见。早在汉代时，有个谋士的名字是郦食其（音 lì yì jī），又有位将军名叫金日磾（音 jīn mì dī），两人的名字读起来都很拗口。再如一位叫"林英琴"的女性，名中的"林""英"两字在读音上十分接近，因此读起来也显拗口，远不如起名"林月琴"爽快。又如"颜一烟"这一名字，名中的"颜"与"烟"读音相同，仅是声调不同，尽管两字之间有"一"隔开，读起来仍不顺口。像上述这样的名字，还有：白宝平、白邦波、邓丹婷、兰丽莲、南乃兰、耿可贺、揭洁清、詹春成、蔡纯宗、于蕴玉、包宝茅、邓腾登、李尼莉、柯克、孙存春、汪文威、詹占山、俞玉竿、殷莹莹，都因声母相同而让人读起来感到费力。要避免这种情况，就要求在选字时不选同一组声母的字，如果实在不好找，也尽量要用韵母不同的字。比如"兰丽莲"就比"南乃兰"好称呼些，"詹占山"就比"孙存春"好称呼些。而像"南乃兰""李尼莉""蔡纯宗""孙存春""俞玉竿""殷莹莹"等名字，真有点像绕口令了。至于韵母，如果几个字的都一样，也会读起来不响亮。例如，"张广旺"的韵母都是"ang"，"于玉秋"的韵母都是"ü"，韵母相同，也就是字音相近，读起来便会拗口。同样的名字，还有"黄广宽""姚朝涛"等。当然，这里说起名时要注意声母、韵母的配合，并不是说名字中有声母相同或韵母相同的字就不是好名字。如果名字在声、韵问题上处理得好，也是能起出好名字的。如"马国光""陈真"等名字，有些是声母相同，有些是韵母相同，但读起来并不让人有拗口之感，说明其处理好了声与韵之间的关系。一般说来，起这类的名字往往需要有较高的文字修养，掌握高超的文字技巧。如果不具备这些条件，起出的名字并不会收到预期的效果。

在读音上要注意的另一个问题，是要避免名字和姓氏的声母、韵母以及声调相同。如"汪"（wāng）是由"乌"（w）"昂"（ang）拼写而成的，起名时就不宜叫"汪文威"（音 wāng wén wēi），因为其中三字声母相同，两字声调相同，读起来就不顺口。同样，如果起名为"包伯邦"，显然也是犯了同样毛病。

起名时，在读音上还要避免名字与不雅的词读音相同或相近。如从字面上看，"倪始""韩渊""史诗""杜子腾"等名字不仅看不出任何问题，而且字义都很文雅，但如果读在口里，就容易与"你死""喊冤""死尸""肚子疼"等音近，让人联想到音近字所表示的含义，引起误解。可见，这类的名字都算不得好的名字。

再者，起名时还要注意最末一个字的读音。如果想让一个名字响亮动听，就要在最末一个字上作文章，把读音响亮的字尽量放在末字上。根据汉字的基本规律，决定一个字读音的是韵母，是否响亮的关键也在韵母。从汉字学的角度看，韵母又分为鼻音韵母和非鼻音韵母两种情况，而鼻音韵母根据韵腹（主要元音）和韵尾的不同，又包括前鼻音韵母、后鼻音韵母两类，不同类型的韵母都有一些读音比较响亮的字。如在前鼻音韵母中，这类的字有"安""南""山""善""坚""建""健""元""娟""泉""珍""斌""民""信""文""春""云""军"等，后鼻音韵母中有"邦""方""芳""昌""良""亮""强""光""凤""英""平""明""宁""玲""晶""青""东""龙""中""永""勇""雄"等，但如果把上述两类的字进行比较，便不难发现后鼻音韵母的字读起来更响亮一些。另外，在非鼻音韵母中，韵腹开口度大的响亮程度较高，同时还受声调的影响。汉字声调的一、二、三、四声，分别为阴平、阳平、上声、去声四个声调，一般来说，上声即现代汉语中的三声字因为是曲折调，所以响亮程度与非上声字相比要差一些。如"民"与"敏"、"光"与"广"、"莹"与"颖"这3对字，前面的字都是非上声字，后面的是上声字，前面的字声调都比后面的字响亮一些。同样，又如"乃""雅""晓""宝"是上声字，"发""达""霞""笑""帅""华""滔"是非上声字，两者读起来仍是非上声字更为响亮一些。由于韵母的读音有这样的区别，就要求在起名时多关注最末一个字的读音，尽量选取那些后鼻音韵母中的非上声字。

当然，名字的读音也是个复杂的问题，并无教条可言，好听、响亮是总的原则。

九、寓意明朗典雅

现实生活中，每个人都不是作为独立的个体而存在的，要受很多因素的影响或制约，为宝宝起名也是如此。因为人名不仅仅是人际间相互区别的符号，早在一个个具体名字被起出的时候，就被赋予了不同内容，其中寓意性便是较为突出的一种。

所谓人名的寓意性，是指人名本身所包含的意义以及在起名时所被赋予的功能。由于受中国文化固有特点的制约，我国人在起名时向来重视字义和寓意。在习惯上，当人们选定某些字作为名字时，首先考虑的是这些字本身是什么含义，作为名字以后又可以赋予什么含义。如在我国传统社会里，人们较为重视尊祖敬宗、子孙繁衍，因此在起名时多选用"祖""宗""敬""绍""广""嗣""先"等字，起一些诸如"绍先""敬祖""广宗""延嗣""余庆""荫孙"等名字。其中，用"绍先""敬祖"作名字，有缅怀祖先功业、继承先辈遗志之意，是起名人"承先"期望的反映；用"广宗""延嗣"作名字，有希望子孙发扬光大自己的事业、宗族昌盛之意，是起名人"启后""兴宗"愿望的反映；用"余庆""荫孙"作名字，是希望自己的福禄能荫庇子孙，也是起名人"启后"愿望的反映。可见，无论起名用什么字，这些字的含义都很重要。

起名时要考虑人名的寓意性，其原因当然也是受汉字本身特点的制约。因为汉字有比字母文字更高的信息密度，是一种表意性很强的文字，不仅每一个字都具有多种含义和很强的组词能力，而且大多可以独立成词。上述这些特点，都导致汉字具有极高的使用效率和阅读效率。根据相关专家研究，在我国98%以上的书报杂志等读物中，最常用字只有2000个左右。平均起来，同样内容的中文表达比其他任何字母语言的文字都短。同时，汉语中表意的最小单位——语素相当于英语的词汇，绝大多数汉字可以独立构成语素，两个或两个以上的汉字构成词语。由于汉字使用的高效率，几千个常用字就可以轻松组成数十万词语，其中仅常用词汇就有几万条。我们日常生活中虽然难以完全掌握这些词汇，但可以了解其基本特点。因此，仅从起名的角度看，让起出的名字充满寓意性，给人一种明朗雅致的亲切感，既是我国的一种传统，也是汉字使用本身给我们提出的一种要求。

起名用字的含义要明朗，通俗易懂，让人一看便知是什么含义，但不能是粗俗不堪的俚言俚语。如我们为孩子起名"志坚"，意思是希望他将来的意志要坚强，做一个有主见、有魄力的人。为孩子起名"秀丽"，也是希望孩子长得清秀美丽，将来成为一个端庄高雅的人。这些都是较好的名字。如果为孩子起名"发财""暴富""洋气""花俏"，虽然也有一定的意义，但是有失文雅，不体面。

唐代著名诗人白居易的名字寓意深刻，出自《礼记·中庸》"君子居易以俟命"

我国古今的一些名人，不仅都不同程度地为国家和民族作出过贡献，其名字也大多简单明快、寓意深刻。如李白、杜甫、白居易、岳飞、王安石、文天祥、史可法、孙中山，无不如此。我国第一位驻外女大使的名字是丁雪松，看上去便很典雅，也很有意义。

人是有感情的动物，一个好的名字会给人增加愉悦感和好的印象，一个俗气和乏味的名字无疑会在无形中使个人形象减分。有人就讲过这样一个故事：在美国，有人做过一个试验，把30位年轻姑娘的照片拿去让男大学生们作评语，然后在照片上标上名字，再拿去让这些大学生重新作评语。结果，那些名字动听的姑娘的评语好上加好，原来评价不错的姑娘因名字不好而评价有所降低。同样，我国的年轻人在被人介绍对象时，假如有这么两男两女，名字分别叫张华健、王保栓和李薇薇、赵秋菊，并且各方面的条件都基本相同，让他们根据名字挑选对象，那么，其结果肯定是男性首先被选中的是张华健，女性是李薇薇。这其中的原因，当然是他们的名字更为典雅的缘故。

起名时多考虑名字的寓意，以便起出让人赏心悦目的名字，其实一直都是许多人努力在做的事情。当然也不可否认，生活中确实有人起名过于随意，以致所起的名字寓意不佳，甚至粗俗不堪。上述这种情况大多出现在双字名中。单字名由于用字只有一个，与双字名相比本身就缺乏丰富性，加之重名太多，很难看到其个性色彩。千篇一律的名字容易使名字本身成为一个符号，从而丧失它寄寓希望的作用。究其原因，有些可能是受文化水平所限，即使想起典雅一些的名字也力不从心，无法把深层的思想或希望用文字准确表达出来；又或者是从众心理作怪，或者是为了紧跟形势。再者，从语言学的角度看，双音节词（两个字的词）起出的名字大多含义单一，如"胜利""健康""美丽"起名时应尽量减少使用，而应多选用单音节词。如在宋代著名词人辛弃疾的名字中，"弃"的意思是"抛弃""拒绝"，"疾"的意思是"疾病"，两个单音节词一起组成一个词组，意思是健健康康、远离疾病，用在名字中是表示父母希望他一生平安之意。这样的名字不仅看上去别致，读起来响亮，而且庄重大方，含义丰富，也完全符合起名使用单音节词的惯例。

　　起名时讲究名字的含义，其实是古今中外的普遍做法。世界上大多数国家也都讲究名字的含义，只是当这些名字被翻译成中文时，由于大多按照读音来翻译，也就无法把名字的含义翻译出来。如美国著名作家肖洛姆·拉比诺维奇曾有一个肖洛姆·阿莱汉姆的笔名，其中"阿莱汉姆"的意思是"愿你平安"；另一位美国作家马可·吐温的名字含义是"船工号子"，阿根廷作家荣凯的名字含义是"硬汉"。但当被翻译时只能是同音转译，使这些本来含义明朗的名字变成乏味的文字堆砌，同时也为记住这些名字造成不少困难。这些例子也从另外一个方面说明，究竟起什么名字并不是一件简单的事情，在为宝宝起名时除要考虑其他原则外，其含义是什么也同样重要。

　　总之，人的名字是要被人称呼、被人看的，能做到看着好看、听着好听、含义优美很重要，如果能让人过目不忘、过耳不忘就更理想了。事实上，能够符合上述要求的好名字往往都是那些比较文雅、富有意义的名字。如"刘畅"用了"流畅"的谐音，"韩霄"用了"含笑"的谐音，所表达的含义都清新明快；"唐前燕"出自"旧时王谢堂前燕"诗句，用谐音表达相近的意义；"华而实"出自成语"华而不实"，表示相反的意义；"李如白"借用了大诗人李白的名字，表达了"如李白"之意。这些名字既含义典雅又容易让人记住，也都符合"寓意明朗雅致"的起名原则。

十、姓名搭配和谐

人名作为个人代号的一部分，尽管也可以单独使用，但通常的情况下是与家族的名称"姓"放在一起的，并与之组成"姓名"这一固定形式。因此，在为宝宝起名时，所要考虑的不仅仅只是名字，而且还要关注它与姓氏的关系，以便起出一个与姓氏搭配恰当的名字。

在姓名搭配中的同名问题，在我国其实出现很早。在上古时期，汉字还不如现在这么多，特别是可用作人名的汉字较少，因此在人口不断增加的情况下不可避免出现同名现象。以汉字"衡"为例，它的本意是指马车辕头上的横木，后来引申指秤杆、杆。由于具有衡量、平衡之义，因此也多被用作人名。据研究，我国自汉代以来使用"衡"字作人名的人很多，其中影响较大的名人也不少。如东汉时有科学家张衡和隐士卫衡，三国孙吴有大臣李衡，北魏有大臣崔衡，唐代有诗人杨衡，宋朝有大臣叶衡、元衡和学者黄衡、刘衡，明朝有文学家王衡、书画家夏衡和大臣孙衡、朱衡及学者殷衡、包衡、韩衡、陈衡，清代有诗人顾衡、文学家蒋衡、画家马衡，近现代仅文学界就有王衡（王鲁彦）、杜衡（戴克崇）、林学衡（林庚白）、俞铭衡（俞平伯）等人。至于其他领域和普通百姓中，用"衡"作名字的人更是不计其数。像"衡"一样常被用作名字的汉字，还有"文""平""明""和""忠""昌""世""义""荣""康""德"等。

东汉科学家张衡，
名字中的"衡"字有很多人使用

由于我国古代人有名又有字，同字现象也不乏其例。古人的"字"大多是名的延伸，不少同名的人也同字。如明代的学者殷衡和陈衡都字"克平"。当然，也有一些同字不同名的现象，如北周大臣梁士彦和明朝书画家吴士冠、清代文学家何金兰、诗人马朴臣、钱琦等人都字"相如"，但他们的姓名都不相同。

除同名、同字外，还有一种情况是同号。由于"号"又分为别号、雅号、诨号、谥号等，这些"号"也都有相同现象。如就别号而言，自宋元以来就有以"一心"为别号的人近10个，即元朝的一宁，明朝的李延兴，清朝的吴楷、李慕龙、谢纯祚、岳震川、章桭、张俊峰等。当然，现代以来的人除偶尔有诨号外，不再使用别号，所以，同号的现象就变得较少了。

至于姓名完全相同的情况，古往今来也是史不绝书。仅据《古今同姓名大辞典》的统计，先秦至20世纪30年代以前就有56700人同姓名，数量之多实在惊人。其中，仅王姓就有王充2人、王丹3人、王元4人、王商5人、王安6人、王成7人、王立8人、王建9人、王质10人、王浩11人、王顺12人、王遇13人、王凤14人、王震15人、王褒16人、王正17人、王臣18人、王通19人、王清20人、王辅21人、王纶22人、王钦23人、王鉴24人、王达25人、王谦26人、王鼎27人、王纲28人、王信29人、王英31人、王俊40人、王佐71人。这些都是见于记载的人名，名不见经传的同名人无疑要比这些多得多。

同姓名现象不仅过去有，现在也很常见。尤其是在人口稠密的大城市，重名困扰着很多人。据报道，上海松江市的一位姓秦的先生在2002年12月初突然收到法院的传票，是一位姓胡的人起诉他借款2万元未还。秦某觉得莫名其妙，因为他根本不认识胡某这个人。开庭当日，秦某发现法官并没有准时开庭，而是在给原告办理撤诉申请。原来，在起诉前，胡某曾到当地派出所调取债务人的身份资料，因为只说了一个姓名，民警便为他抽取了秦某的资料。而胡某一时疏忽，见村名和姓名没错，就调取了秦某的"常住人口登记表"并提交法院。后来他发现告错了对象，向他借钱的人和秦某同名同姓，又正巧住在同一个村里。秦某当场向法官提出，要求胡某予以赔偿。法官当即和胡某进行协调，最终胡某作出了适当补偿。另外还有报道说，一个叫李伟的人在离家很远的某市犯了案，然后又逃回原籍。后来，当地公安机关根据群众举报和掌握的线索知道了他的名字和所在的城市，派人到他所在的地方进一步了解线索，并打算在证据确凿时将他捉拿归案。但当负责办案的民警到他所在城市的公安局人口管理处户籍科调查时，发现该市有上千个

"李伟"，顿时傻了眼，只得把情况向领导汇报，最后费了九牛二虎之力才找到他。上述两个事例都是意想不到的麻烦，当我们在生活中遇到两个一模一样的名字时可能还不以为然，但如果你是上述事例中的办案民警，面对上千个与逃犯相同的名字时，那感觉一定是触目惊心的。其实，生活中重名的人何止"李伟"一个？以同名人数最多的名字为例，过去习惯上说人数最多的名字是"王涛"，后来又流传说是"刘波"，其实根据笔者2007年所作的全国户籍人口的资料调查，发现人数最多的姓名是"王伟"，全国有26万多人，其次是王芳、王秀英、李秀英、张秀英、刘伟、张敏、李静、王静、张丽等。在调查中，还发现叫王涛、刘波的人都不到10万，排在人数最多姓名的30位以后，在他们之前还有李强、王丽、张静、王勇、李伟、张勇、李军、刘洋、王军、李杰、张伟、张军、王刚、刘勇、李刚、王玉兰、王丹、陈秀英、张英等名字。其中，超过20万人的名字有王伟、王芳、王秀英、李秀英、张秀英、刘伟、张敏、李静、王静、张丽、李强、王丽、张静等，超过10万人的名字还有王勇、李伟、张勇、李军、刘洋、王军、李杰、张伟、张军、王刚、刘勇、李刚、王玉兰、王丹、陈秀英、张英等。在这些名字中，排在前10位的依次是：

第一名：王伟，全国有262379人，每1万人中有2.26人；

第二名：王芳，全国有252109人，每1万人中有2.17人；

第三名：王秀英，全国有231054人，每1万人中有1.99人；

第四名：李秀英，全国有225534人，每1万人中有1.94人；

第五名：张秀英，全国有221479人，每1万人中有1.90人；

第六名：刘伟，全国有220207人，每1万人中有1.89人；

第七名：张敏，全国有218945人，每1万人中有1.88人；

第八名：李静，全国有217006人，每1万人中有1.87人；

第九名：王静，全国有216984人，每1万人中有1.87人；

第十名：张丽，全国有214940人，每1万人中有1.85人。

总之，由姓名搭配引起的同姓名问题自古就有，要在姓氏不变的情况下做到个性化且搭配和谐，便要多在起名上下功夫。另外，要提及的是由于同姓名问题自古就有，对其关注也在很早以前就开始了。南朝时，梁元帝萧绎曾把他所搜集到的同姓名人编成《古今同姓名录》一书；至明代，余寅又编成《同姓名录》12卷；清朝，汪祖辉编《九史同姓名略》，李崇华编《历代同姓名录》，陈棻编《同姓名谱》；近代，彭作桢又在以前各书基础上编成《古今同姓名大辞典》。这些书都对当时的同姓名资料进行了搜集和研究，也代表了不同时期同姓名研究的水平。

第四讲 宝宝起名禁忌

名字是父母送给宝宝的重要礼物，但要起一个好名字其实并不容易，也不是什么都可以拿来起名。早在周朝时，为了便于天下人避讳，就规定了贵族起名的"七不准"，即不以国名为名、不以官职为名、不以日月为名、不以山川为名、不以牲畜为名、不以器帛为名、不以隐疾为名。至于黎民百姓，在什么时代可以用什么起名，不可以用什么起名，历史上也有一些成文或不成文的规定。如在习惯上，人们都不与亲人或尊贵的人同名，也不以贬义词、污物、疾病、害虫、败类等充满晦气的字眼入名，这些也都属于起名禁忌。此外，起名时避免粗俗雷同，不以生僻繁难的字入名等，也都是应注意的问题。上述这些虽是我国传统的起名禁忌，但其中的一些至今仍有现实意义。由于时代的发展和中外交流的频繁，近年在起名中又陆续出现一些新的问题。这些问题与上述传统禁忌合在一起，大致是给宝宝起名时所应避免的几个方面。

一、盲目跟风

由于名字要伴随宝宝的一生，起名的确不是一件很简单的事情，"起名难"也是许多父母共同有过的感慨。其实，不仅一般人有这样的感慨，即使是世所公认的大学问家、北京大学首任校长严复，当年也曾为起名所困，说过那句著名的"一名之立，旬月踟躇"的话。十天半月想不出一个好名字本属正常，许多年轻父母在怀宝宝前就开始为宝宝琢磨名字，到宝宝生出来后还没想好究竟叫什么名字，其所受的困扰一点也不比严复当年少。于是乎，有些父母为了省事，随手从流行的词语或常用的字中选出一个作为孩子的名字，以致起名随意，盲目跟风，从而落入了起名俗气的巢臼。

起名之所以要避免盲目跟风，一个重要原因是因跟风而起的名字往往让人觉得俗气，缺乏内涵，没有学问。即使叫这类名字的人实际上都学富五车，但其名字留给我们的习惯印象并非轻易能够改变。同样，如果起名彭友、高兴、钟国人、边防、申奥、李华夏、张严肃、谢天地、彭商人、孙黄山、邓罗汉、黄金贵、宋行长、毛铁桥、林森火等，同样让人觉得过于简单、直白，缺少让人回味的高雅情调。为此，有人曾把中外的名字进行过比较，发现那些最不雅的名字往往与起名者的知识水平有关，所谓的起名难实际上难在起名人的知识够不够渊博。起名不只要对汉字有研究，对方言、外文也都要有涉猎，否则就难免落入俗套。

当然，在不少被认为俗气的名字中，有些是各方面都不错的名字，只是使用同样名字的人实在太多，因而被认为俗气。诸如此类的名字在我国各地都不少见，在台湾地区，这类的名字还被笑称为"菜市场名"，意思是说，如果你到菜市场去叫这个名字，很多人都会回头答应。前些年网络上一度流传的"各国十大最俗名字"，其中一篇"中国十大最俗名字"的博客一周点击率达到45万次，被评为最热博文第一名，文中提到的"最俗"名字依序是：刘波、李刚、李海、张勇、王军、王勇、张伟、刘伟、王伟、李伟。文中还说第一名刘波在全国有130万个（实为网名使用人数），几乎相当于一个小国的人口。而在台湾地区，也有人统计出十大"最俗"的名字，依序是：陈怡君、林怡君、陈怡如、张雅婷、陈怡婷、张家豪、陈冠宇、陈怡伶、林佳蓉、陈建宏。如果仅就名字看，雅婷、怡君、怡婷、家豪、雅雯、宗翰、佩珊、佳蓉、欣怡、婉婷，音义都不算差，可以算是好名字。但因为同名的人太多，名字失去专指性，好名字也就变俗了。

本来很高雅的名字却变成了"菜市场名"，除有在共同的文化背景之下一样的审美标准和价值取向之外，有时还存在某些人为的因素。以台湾的上述名字为例，据分析主要是采用了日本人熊琦氏发明的笔画起名法以后所带来的后果。这种起名法认为人的名字与命运有关，名字的笔画不同则命运也不同，有些字的笔画是吉，有些则是凶。为了趋吉避凶，起名就要选用那些笔画吉利的字。这种说法实际上是一种文字游戏，根本经不起推敲。因为上述这些名字，每个名字的使用者都成千上万甚至上百万，他们不可能都是同样的命运。但由于有些人相信其说法，起名时被笔画限制住，要找算命师帮助起名；而算命师起名的方式都一样，从而使同名同姓的人越来越多，以致"菜市场名"充斥社会。这样的后果，可能是使用这些名字的人当初都没有料到的。而我们今天既然已经发现了其弊端，就应该设法加以避免。

被认为俗气的名字不仅我国有，世界上不少国家也很常见。如在与我国文化背景同源的日本和韩国，也都有所谓的"菜市场名"。其中，日本曾经最流行的"菜市场名"男女不同，女孩名字大多叫"阳菜"，男孩名字则含"翔"字，如"大翔""翔太"，用这些字起的名字都排在俗气名字的前十名。韩国人最俗气的名字是"志勋"或"智勋"，一些偶像级人物的名字都是如此。至于在英、美等国，同样有各自的"菜市场名"，并且名字的排名随时代不同而改变。如在1965年，男孩名前三名是Michael、John、David，女孩是Lisa、Mary、Karen，但后来人数最多的男孩名变成Jacob、Michael、Joshua，女孩名则是Emily、Emma。上述事实也从一个侧面告诉我们，起名时应该多思前想后、多动脑子，才会让起出的名字不落俗套，这也是每个父母必须承担的责任和义务。

二、标新立异

在我国目前的起名中，还有一种现象值得注意，就是有人因为担心起的名字与别人同名，也为了显得与众不同，从而起出自认为很特别的名字，五花八门，出人意料。特别是近几十年来，越来越多的人追求名字的个性化，起出的名字也更加千姿百态，几乎无奇不有，连"斯坦""丽丝"等类似西方人的名字也多了起来。更有甚者，前些年，一个北京市民找到户籍管理部门，非要把自己的名字改成@，还说只有这样才有特色，别人一听才会忘不了，自己听着也舒坦。另据报道，前些年美国总统是乔治·布什时，某地一家幼儿园有个男孩的名字也叫乔治·布什。原因是在这个男孩刚出生时，全家人都忙着给他起名字，列出的备选名字也将近100个，但折腾近一个月都决定不下来。最后，还是孩子的爷爷从电视里看到一则有关美国总统乔治·布什的新闻，忽然灵感大发，便起了这个名字。另外还有人说，他在生活中遇到过易朗光、马陆雅子等名字，其中易朗光让人想到"易拉罐"；马陆雅子之父姓马、母姓陆，名字很难不让人想到"马路牙子"。由于起的名字过于与众不同，以致有人担心，若是照此发展下去，重名问题固然可以解决，但名字中的文化品位很难不下降，称呼起来也未必好听。这种担心不是没有道理的。事实上，这样的起名方式是从一个极端走向了另一个极端，触犯了故意标新立异的起名禁忌。

　　在近年发现的标新立异的名字中，有一类属于故意夸耀的名字。其实，名字好听与否不在于用词多么华美，只要恰到好处便可。但有人在起名时并不理会这些，给男孩子起名总喜欢选那些过于生猛的字，如"豪""强""猛""闯""刚"等，虽然看上去斩钉截铁，读起来孔武有力，有男子汉派头，但也容易使人联想到浑噩猛愣、放荡无检、使气任性、不拘礼法等莽夫性格，所以过去贵族士大夫之家都尽量避免用这些字起名。因为在他们看来，世人景仰的强健之士并非是那些喜怒形于词色、遇事拔刀而起的勇武之人，而是一些内蕴浩然之气，遇事不惊不怒、谈笑风生的伟丈夫。同样，有人给女孩子起名时总在春兰、秋菊、珍珍、艳艳之类的词里绕圈子，或使用"花""萍""艳""桃""柳"等字眼，觉得只有这样才有女孩子的阴柔之美。殊不知如果把这些名字放到一定的文化氛围中，就会使人产生飘浮的感觉，让人想象出一种画面：虽然俏丽明艳一时，独占秀色，出尽风头，但一场风雨过后就会零落成泥，碾作尘埃。桃花会令人引起红颜易衰的联想，浮萍是飘零和离别的象征物，柳也属于柔软脆弱之物，成语中的柳性杨花、残花败柳等都是对它的象征意味的情感评价。所以，起名时避开这些表面上明丽的字眼，不追求字面上的与众不同，应是给宝宝起名时需要遵循的一个原则。

　　过去的人起名时多遵循一定的规矩，并非什么名字都可以起。其中有些规矩是社会约定俗成的，有些是从属于自身的社会观念和审美意识，有些是因字义的限制而形成的名字"禁区"。比如，在起名用字上，某些表示秽物和不洁、疾病和不祥、辈分称谓字、人体部位和器官名、令人生厌的动物名、文艺作品典型人物的名字等一般都不宜用来起名，其禁忌实际上包罗万象，涉及政治、文化、习俗、心理等许多方面。由于有这些禁忌，以致形成相对固定的民族心态，如果与此相悖，过于标新立异，便难以被人接受。时代虽然在飞速进步，社会虽然也变得越来越宽容，但在我们这样一个历史悠久的文化大国里，如果有什么事都要改变传统，随心所欲，其实也是行不通的。

三、生僻难认

在目前发现的起名问题中，有一种是某些父母为了不让宝宝的名字与别人重名，或者为了彰显个性，喜欢使用一般人不认识的生僻字起名，走向了起名的另一个极端。

所谓生僻字，也叫疑难字，是指使用频率极低或已经不再使用的文字，其中又包括4种情况：一是音义不全的字，字典上面有形，但有音无义或有义无音，其形成的原因多半是字典收字时横向合并、历史传承时整理不彻底、转抄错讹造成的，有的字可能在哪个碑石或手抄书上偶然出现了一次，有的可能从来没用过，形同"死字"；二是指已经被现代楷书取代了的古文字隶定字形或者过渡字形，隶定字形是为了在说明古文字原形时对它进行描述的，过渡字形是一些字书为了讲解其他的字而设的，也几乎都没有被使用过，除专家之外几乎没人知道它们的音和义；三是不通行的异构字和异写字，异构字是指与规范字的音义全同但结构不同的字，异写字是指与规范字的音义全同但写法不同的字，它们都有一个既通行又与它音义全同的字被认可；四是只适合某一种地方语言使用的方言字，一旦离开当地就很难被认识。上述4类生僻字都是已经被淘汰的字，合在一起的数量非常大，这些字绝大多数人不认识，用来起名固然可以解决部分重名问题，但也随之带来一些新的问题，难读、难认、难记、难写都是这类名字带有的共性问题。早在1989年，有关专家曾对我国起名用字情况进行过一次抽样调查，并把这些字与国家在1988年公布的《汉语常用字表》相对照，结果发现不在表内的生僻字在单名用字中占17.9%，双名用字中占6.2%，比例都相当高。另外，在我国进行第三次全国人口普查时，有关专家也在姓名资料中发现不少生僻字，如形容眼睛昏花的"眊（mào）"、表示遇的"俉（wù）"、表示"牛伴"的"牪（yàn）"，后两字在 27000 字的大字库中都没有收录，可见其生僻至极。又如在广东方言中形容矮小的"奀（ēn）"、福建方言中指示宝石的"磶（xiàn）"、表示引导之义的"焅（qǔ）"等也是在第三次人口普查时发现的起名用字，仅仅在某一地区使用，换了地方当然没人认识。此外，还有些甚至是在收录 56000 个汉字的《汉语大字典》里都找不到的音义不明的字，如"砺""垱""悢""灯""灶""姻""姻""宏"等，也都用于人名，其起名者的用意大约是不想让所有人认识了。

起名时追求新、奇、特，从而使用生僻字，这样的事例相当多。特别是近年来，越来越多的人为了追求个性化，把名字起得更加五花八门，结果使生僻字频频出现。据报道，成都泡桐树小学在某年秋季入学的 400 多名新生中，发现带生僻字的名字多达 1/10，有四十多个，如陈X遖、杜X夵、王X芏、林珩X、林X甗、周X遑等名字，以及"翳""薏"等字，不少人看到后都不认识。学校为了在电脑上打出这些名字，不得不请来电脑专家帮忙。班主任怕点名时读错名字，不得不提前几天查字典熟悉这些生僻名字。一位班主任说，不少学生的名字查《辞海》《辞源》，甚至还得请出《康熙字典》才能找到。一位记者最后从中抄写了 20 个生僻字，写在一张纸上，向两位大学中文系老师和一位中文系毕业的高中语文老师请教，在不查字典的情况下，他们中的汉语言文学教授只读正确了 11 个，古代汉语副教授辨认出 17 个，高中语文老师只认出 9 个，居然没有一位能全部认正确。另有一位中学语文老师说，每次新生入学时，他都会在班上发现五六个使用生僻字的名字，自己不知道该怎么叫，一般字典查不到，输入电脑时打不出来，逼得他有时希望这些同学改了名字再来上学。其中一位女学生的名字里有个"颛"字，自己说这个字是她的父亲抱着《康熙字典》辛辛苦苦查来的。从小学到初中，第一次见到她的同学或老师总是把这个字念作"凯"，为她带来了不少烦恼，不得已，她打算把这个字改成同音的"怡"。对于学生名字中的生僻字，有些老师在点名时为了避免难堪，通常是故意不点那个名字，最后才问"哪位同学的名字没点到"，让学生站起来说出自己名字，顺水推舟地躲过尴尬。当然，这不是学生的错，错就错在家长把教师都当成研究古文字的老学究，无意中给孩子带来了麻烦，家长起名难辞其咎。

由于起名用生僻字而带来麻烦，其影响可能是随时随地、防不胜防的。有姓马的兄弟俩，哥哥叫马骔（dú）骉（biāo），弟弟叫马骔骦（chéng），兄弟俩的名字加一起共有12匹马。对此，弟弟马骔骦说，哥俩的名字是由父亲起的，"骦"字是在《康熙字典》里查到的。由于字库里找不到，弟弟身份证上的"骦"字竟是手写的。这样的名字，办理各类身份证件时会遇到很大的麻烦，从而耽误自己的事情。有一对夫妇喜得贵子，两口子用近一个月时间翻字典给孩子起名，最后选中"偳"字，还卖弄学问地告诉别人说这个字的意思是"福"。但在上户口时，民警说计算机打不出这个字，建议他们改名，弄得两人很是扫兴。另有一个叫汪彧的人，名字中的"彧"音义都与"郁"字相通，《广雅疏证》说有文采之意，《论语》中的"郁郁乎文哉"也说文采有个性。但由于属于生僻字，很多人不认识，为他的生活和社交都带来不少难题。因为不堪一再向人解释读音、字义，最后每当介绍自己名字时，都主动说错误的音义："我叫汪彧，很好记的，就是'或者'的'或'啦。"说时完全是一副无可奈何的样子。

事实上，名字是供交际使用的，否则就失去了存在的价值。如果起名时使用生僻字，一般人不认识，必然影响人与人之间的交际，白白增加别人工作的难度、麻烦。有人曾举例说，当你去某个部门申请工作时，主管领导看了你的履历表后，如果认不出你的名字，那么对你的印象肯定也是很模糊的。如果他在称呼你时，把你的名字读错又经你纠正，这场面可能会尴尬，让他觉得没有面子，甚至还会因为窘迫而恼怒，你也可能会因为领导居然不认识你的名字而产生轻视之心。日后在上下级相处过程中，就可能发生一些龃龉或不协调不融洽的事情。可见，使用生僻字不仅影响形象，还妨碍交际，完全是得不偿失。

有些人起名喜欢使用生僻字，还有一个冠冕堂皇的理由是怕与别人重名，认为重名太多同样会带来很多问题。这种说法虽有一定道理，但其实并不全面。诚然，我国常用的汉字只不过三四千个，其中如"死""杀""奸""病"等字又不适合起名，从而使起名用字的数量变得很少，而其中常用的字更加集中。尽管如此，并不能以此作为用生僻字起名的理由，因为生僻字名字带来的不便和麻烦更大。

总之，名字作为每个人终生使用的识别符号，一向深受中国人重视。正像宋代大文豪苏东坡所说的那样，"世间唯名实不可欺"。既然名字这么重要，拥有一个好名字是每个人的愿望。生活中有不少人为"名"所累，受"名"所困，不是因为他们很有名，而是由于名字没有起好，用了很多人不认识、不知道怎么称呼、不知道怎么书写、电脑打不出来的生僻字。因为名字中有生僻字，身份证领不到，出国遇麻烦，存款存不了，汇款取不出，各种手续很难办，这些麻烦其实都可以避免，那就是不用生僻字起名。换句话说，能够做到不用生僻字起名，就是做到了既方便自己也方便别人。

四、洋味十足

人名作为人类的代号之一，生活在世界上的每一个人都要使用。由于种族和文化的不同，各国的起名习惯上也不一样。如果不考虑这种文化背景，中国人起个外国人的名字，或者外国人起个中国名字，除非在相应的环境中使用能有"入乡随俗"的作用，否则就有些不合时宜。

中国人要起中国人的名字，只有如此，中国的文化特征才能得到更好的体现。一位欧洲汉学家研究世界人名发现，我国人名的字义要比西方人名丰富得多，字音要优美得多，形式要简单得多，字形也美观得多，并且更加灵活多变。还有人在比较我国人名与西方人名之后说，我国人名更加具有专指性，体现了礼仪之邦的特征。如在名字中一般要避开祖先的名号，讲究辈分，显得长幼尊卑有别，也让人更容易区分各自的身份，而西方人的名字正好相反。如法国人的姓名通常为三段，即本名加母姓加父姓，远不如我国人的名字那样直接。

当名字作为身份代号在社会上使用时，当事人的目的无非有两个，即叫得响和让人记得住。假若起一个洋化的名字，由于不符合我国人的起名习惯，既叫不响，也难以让人记得住，其社会功能无疑大大降低。特别是洋化的名字大多是由字音而来的汉字组合，如乔治、汤姆、玛丽、安娜等，在字与字之间缺乏必然的内部联系，因此显得索然无味，不容易像我国人的名字那样容易让人根据字义在大脑中留下印象。如果一个人的名字在社会上使用时无法让人记住，那么名字也就失去了它应有的社会功能。

根据一些生理学家的研究，人们在记忆东西时往往会产生一些联想，习惯把这些东西与别的事情联系起来，从而达到记忆的目的。我国的名字，其实绝大部分都是因为用字有深刻含义而让人记住的，而外国名字在由读音译成中文以后，几乎无一例外地不具备这一功能。因此，中国人起一个像外国人一样的名字，除了徒然增加人们记忆上的负担以外，只会让人们产生一种像见了假冒外国人的联想，所以不应该提倡。试想，假如在社交中总遇到叫亨利、约翰、玛丽等名字的同胞，所产生的感觉一定是不舒服的。但现实生活中有人不考虑这种文化习惯，一味地去赶时髦，起一些过于洋化的名字。殊不知也许在若干年后，这种洋化的名字可能会因为时过境迁而显得很不合时宜。

当然，有人起过于洋化的名字，有种心态可能是为了赶时髦。其实，这种赶时髦的心态由来已久。在历史上的任何阶段，总会涌现出一些极为时髦的字眼儿。如果起名时追逐这样的字，就让人感觉是为了跟风，或者是起名人的文化素质不高，而且这样的名字也容易重复。

诚然，名字的确需要色彩去点缀，但名字的色彩要五颜六色。如果人人都去追逐时髦的字眼，也未免太单调乏味。由此不能不让人深思，虽然我国有几千年历史传统，讲究忠孝仁义、礼智道德，但古人起名使用这些字的频率实际上不高，说明古人起名也不喜欢赶时髦。孔子讲了一辈子"礼"和"仁"，但为儿子起的名字却是"鲤"。追逐时髦字眼只是幼稚和肤浅的表现，也不懂时过境迁的道理，还会给宝宝带来鲜明的时代痕迹，是起名时应设法避免的。

为了限制起名过于洋化、追赶时髦，国家的户籍管理部门其实也在有意识干预，除规定不能使用英文名字登记户口或起英文名字须用汉语代替外，也拒绝为那些过于洋化的名字办理入户手续。

五、不辨性别

我们日常生活中常听到这么一句话，叫作"男女有别"。意思是说，由于男女性别不同，在很多事情的做法上或社会所提出的要求都不一样。具体到起名也是如此。起名作为我们生活中的一个组成部分，同样也有对男性和女性不同的要求。仅就一般情况而言，为男孩子起名要求反映阳刚之气，女孩子的名字则要充满阴柔之美。

谈到起名时应该注意性别的区别，尽管不少年轻父母在思想上都有所知，但到具体起名时，并非人人都能做到。记得有人曾讲过这样一个笑话：一位女作家有一个男性十足的名字，字又写得遒劲有力，有次应一个编辑部的邀请到外地参加文学笔会，编辑部还安排人员为她接站，可是怎么也没有接到她。原来接站的人认为她是一个男的，无论如何也没有想到她是个女性。后来她费了好大的劲才找到开会的宾馆，当打开为她事先安排好的房间时，发现又被与一个男性作家安排在一起，不得不找来主办人员调换房间。这类的例子还有很多。相传前些年有一个小伙子叫杨红，父母为他起名的本意是想让他成为一个能够振兴家业的走红之人，没想到他长大以后，这个名字却常常为他带来麻烦。有次单位举行青年联谊活动，对他不熟悉的办事人员竟把他分到女青年组。后来有人为他介绍对象，女方条件很不错，可一听他的名字叫"杨红"，心里就开始纳闷："一个大小伙子怎么起个女孩名字？真别扭。有女孩的名字，说不定还是一个婆婆妈妈的'假男人'。"于是，姑娘坚决回绝了见面相亲，这显然是因为起名不当造成的后果。

男用女名或女用男名，给当事人带来的麻烦还不仅上述。有位老师曾讲过自己的亲身经历，说有次上课点名，当点到一个叫"王静"的名字时，本以为是个女孩，却站起来一个男生，让他大为惊奇。后来与孩子的家长聊起此事，家长说，这样起名是希望孩子一生风平浪静、无灾无难，并没有考虑"静"是女孩子起名的习惯用字。还有位记者的朋友生了个女孩，给孩子起名"念军"，以便纪念自己在军校度过的岁月，殊不知这个名字也很男性化。据一家报纸报道，某市有位叫张伟的公司经理，是位女性，从上学开始就不断有人把她当成男孩，因为她有个男孩一样的名字。上中学时有几名男生在外面打架，民警跑到学校来找"张伟"，结果把她叫去，民警一看是个女生，才发现找错了人。还有一家报纸报道，南方某市有位在一家日企工作的林女士，小时候在农村登记户口时，村干部把她的名字误写成了一个男性化的名字。进入工作单位后，同一个办公室的20位员工中竟有2位男性与她同名同姓，每当老板要找其中一人时，通常是3人同时应声而起，引得其他同事哄笑不已。而不熟悉她的日本同事也总称她为林先生，更是让她难堪。最后，因为实在不胜其烦，她不得不辞了这份工作。

当然，起名时不考虑孩子的性别，以致起出的名字出现性别错位，有时还有较为复杂的原因，甚至是有人故意为之。由于我国各地长期流行重男轻女风俗，生孩子一定要生个男孩，哪怕生再多女孩也不肯罢休，直到生出男孩为止。这种风俗有时反映在起名字上，有些父母也为女孩子起男性化的名字，如招弟、来弟、梦弟、盼弟等，很明显反映了父母生男孩的愿望。我国前些年曾有个电影《甜蜜的事业》，其中说的是蔗农唐二叔一家一连生了6个女儿，可还一心想生个儿子，便给女儿分别起名招弟、来弟、盼弟、梦弟、唤弟、捞弟，最后还是因为政策不允许再生才不得不罢休。

当然，社会毕竟在快速发展，起名多样化也是趋势，受性别影响的因素越来越低。仅在公安部门发布的《二〇一八年全国姓名报告》中，新生儿名字的性别特征便不如以往突出，其中使用频率最高的20个名字（包括梓涵、一诺、欣怡、诗涵、依诺、欣妍、雨桐、梓萱、可馨、佳怡、浩宇、浩然、宇轩、宇航、宇泽、梓豪、子轩、浩轩、宇辰、子豪），如果不特别说明前10个是女孩名字、后10个是男孩名字，便不容易像过去那样一眼就能看出来。这种现象也说明，人们起名时受性别因素影响的比例在下降，传统起名禁忌正在悄悄发生变化。

总之，名字作为个体的称谓符号，性别特征也要表现出来。由于男女性别不同，人们对男性和女性所扮演角色的理解也不一样。同样，在历代所起的名字中，男性的起名往往重视刚劲、响亮，女性起名常显得柔婉、甜美，这些习惯作为历史的积淀，反映了人们对审美观的追求。在这种习惯下，男性的名字与其将要扮演的角色是和谐的，女性的名字与其性别特征也是和谐的。因此，究竟起个什么样的名字，最好多考虑男孩和女孩性别角色的不同，以便符合我国的传统习惯和社会风俗。

六、充满稚气

宝宝作为父母爱情的结晶来到世上，那小手、小腿、小身子、小脸蛋，以及哭笑睡闹、吃喝拉撒，无不引起父母强烈的爱意和责任感。在这样的情况下，父母为他（她）起一个充满亲昵的名字，无论什么时代、什么地域，都是如此。古代，像魏武帝曹操、唐玄宗李隆基等人虽然贵为一国之君，小时候仍被人以"阿瞒""阿鸦"相称；文学家司马相如和陶渊明尽管才高八斗，孩童时代也都使用过"犬子""溪狗"等难登大雅之堂的名字。当代，许多城里的孩子起名小囡、小宝、小毛、小狗、小熊、小花、咪咪、阿猫、阿三，乡下孩子起名石头、结实、小驴，等等，都大有人在。上述这些名字，尽管是父爱和母爱的自然流露，但当孩子长大以后，原来活泼可爱的孩子变成了充满朝气的成年人，再继续使用亲昵幼稚的名字就会让人感到别扭。特别是有些年轻父母不从孩子的长远考虑，只注重孩子的儿童阶段，起一些诸如"小山""小宝""圆圆""丹丹"之类较适合孩子儿童阶段使用的名字，等孩子长大后，这些名字就显得有些不妥了，原因是这样不仅会给人一种未成年感，而且在新的环境和社交场合中让人觉得不成熟、不庄重。起名时多考虑一些年龄因素，尽量不使用那些过分幼稚的字眼，将使孩子终生受益。

当然，我国一向有起小名和大名的传统习惯，在孩子年幼时或家里使用小名，上学和走向社会以后改用大名，在一定程度上减少了成年人名字中带稚气的机会。随着我国的人口和户籍管理办法越来越规范，宝宝出生一个月内要报户口，大大压缩了使用小名的空间。同样，随着孩子服务的越来越社会化，不少孩子在2岁前后就要被送到托儿所、幼儿园，实际上已开始走向社会，也要使用正式的名字。因此，这就要求父母尽早起出适合孩子使用一生的恰当名字。哪怕是在家里称呼孩子多么亲昵，但起的正式名字最好不要带稚气。关于这点，是要提醒年轻父母特别留意的。

七、一字多音

名字是人的一种代号，经常要被人写或被人称呼。因此，在起名的过程中，除应当切记上述几点外，还应当留心名字的读音。而在与名字读音有关的起名原则中，根据情况不同又可以分为两类：其中之一是不要让多音字入名，另一则是不要起那些谐音不雅的名字。在本部分中，我们先来看看为什么不要用多音字起名。

我国目前使用的汉字，一字多音和多字一音的现象极为普遍。当这些字被用作人名时，一字多音者会引起误读，不仅会让人感到无所适从，还会使当事者本人花费精力去解释纠正，于人于己都不方便。如在某一中学的一个班里，有沈还、刘蓼、王崴3位同学，他们名字中的"还""蓼""崴"都分别有两个读音，即 huán、hái、lù、liǎo、wēi、wǎi。3人的名字究竟怎样读才算正确，需要他们本人做出解释。而同班的其他同学，所用的名字让别人见了就能正确读出，自然也就没有这些麻烦。

由于读音不同而让人无所适从的人名，我国古代也有。如三国时蜀国后主刘禅的"禅"字，读音有 shàn 和 chán，两个读音中究竟哪一个正确，人们至今还争论不休。又如宋朝末年有位大史学家胡三省，名字中的"省"字有 shěng 和 xǐng 两个读音，了解古籍的人知道他的名字出自《论语·学而》"吾日三省吾身"，会准确地把"省"读作 xǐng，但把"省"读作 shěng 者至今也不乏其人。同样的出处，当代名人中的文学家陈省身、史学家于省吾，他们的名字也不时被人读错。

此外，关于一字多音的人名例子，在今天也可以见到很多，甚至我们身边就有这样的人。其中社会知名人士，如原国家足球队队长容志行的"行"字，有 xíng 和 háng 两种读音，正确的读法是 xíng；陈毅元帅夫人张茜的"茜"字，有 qiàn 和 xī 两种读音，正确的读法是 qiàn；作家贾平凹的"凹"字，也有 āo 和 wā 两种读音，正确的读法是 āo。这些名字中的多音字，如果不是当事人自己指出正确读音，很难保证每个人都知道怎么读。同样，有人曾说自己有一个姓邢的朋友，名字叫行行，姓名合在一起是"邢行行"。由于"行"有两个读音，很多人见了她的名字后都感觉头晕，因为不知道该怎么读"行"，心里想总不会读作"行行行"，三个字音都是 xíng 吧。每到这时，她都要出面解释，说自己名字的读音是"邢行（háng）行（háng）"，是"行业"的"行"，不是"行走"的"行"。如此一而再再而三，她自己也埋怨父母当初给自己起的名不好。

在起名时使用多音字，有一个最让人头疼的字——"乐"。当这个字作为姓氏时问题还不大，被人读错的机会不多。但到了名字中则什么读音都可以使用。对此，人们常举一个极端的例子，即相传在古时候有一位姓"乐"名"乐乐"的书生考上了状元，姓名的正确读音依次是 yuè、lè、yào。有一天，皇帝要接见新科状元，让太监喊他上朝。太监传旨道："乐（lè）乐（lè）乐（lè）上殿。"过了片刻，下面没有动静。太监想到"乐"还可读 yuè，于是又传旨"乐（yuè）乐（yuè）乐（yuè）上殿。"还是没人上来。旁边一位老太监自恃学识渊博，小声说："'乐'念 yào。"太监恍然大悟，忙又改口叫"乐（yào）乐（yào）乐（yào）上殿。"但仍然不见人上来。皇帝龙颜不悦，道："这是怎么回事？"主考官忍不住笑着说："新科状元的姓名读 yuè、lè、yào。"太监赶紧照此传旨，语音刚落，这位状元就乐颠颠地跑了上来。另外还有人说，其实现在的山东也有位姓"乐"的人为孩子起名"乐乐"，名字合在一起也是"乐乐乐"。这个名字的三个字都是多音字，组合在一起可以有 8 种读法。也就是说，他的名字也会被人读成 8 个名字，这大概也是用多音字起名所带来后果的极致了。当在家里使用时也许还没有大的问题，但从孩子上幼儿园开始，读音问题便会接踵而至。首先是老师，然后是同学和他遇到的所有人，都不知该怎么称呼他。所以有人说，看来起这名字的父母是有些大意了：一个名字居然有 8 种读音，在交际场合如何使用呢？到头来别人想称呼不敢称呼，唯恐称呼错了被人耻笑。别人称呼不了可以不称呼，可以避开，但名字本来就是给别人称呼的，如果别人不称呼、不使用，那这个名字还有什么用呢？

由上述可见，假如一个人起名用了多音字，使用起来确实很麻烦。因此，为了减少这些不必要的麻烦，唯一方法就是"防患于未然"，即在起名时远远避开多音字。如果确实因为一些多音字的读音、字形十分适合自己的姓氏，用以起名让人觉得新颖别致，也要想办法加以变通，或者让这个字与其他字联缀在一起，以便让人看了就知道该怎么读。仍以"乐"字为例，如果起名"乐"或"乐乐"，显然不如起名"乐天"或"乐章"合适。"乐天"通过"天"说明"乐"，大家一看便知该读 lè，何况历史上还有一个唐代大诗人白居易的字是这两个字。"乐章"，通过"章"可以看出"乐"读音当然是 yuè。

八、读音不雅

名字具有社会性，为宝宝起名主要是为了满足社会交往的需要。在社会交往中要称呼名字，被称呼也是名字的一个最基本的功能。当在被称呼时，一个读音响亮、悦耳动听、富有声韵美的名字无疑会更加有利于人际间的交往，提升人在社会交往中的分量，缩短与别人之间的距离。相反，则会增加交往难度和障碍。而就我国汉字的特点看，又具有同音字过多的缺陷，当我们读一个名字时，头脑中想到的不仅是这几个字的意义，而且还有它们的同音字的意义，有时后者还是主要的。如"吴迪""彭友"这两个名字，我们看到后想到的不仅是两人分别姓"吴"和"彭"，单名"迪"和"友"，还很容易想到"无敌""朋友"这两个谐音词。如果我们起名时都能做到利用字词之间在读音上相同或相近这一特点互相假借，自然会起出高雅别致的名字；但如果用字词不当，则会让人产生不好的联想，从而影响社会交往的质量。关于后者，也就是我们所说的读音不雅。因此，就要求我们在选定某些字作为名字时，要考虑它是否有不雅的同音字，或者当与姓氏和其他字联在一起时，会不会引起其他不雅的读法。上述这些，都是在起名时应该注意的。

我国汉字文化博大精深，一字多音或一音多字的情况十分普遍，而名字又有被写被称呼的双重功能，无形之中也要受这种文字特征的影响，甚至有时还要被读音所累。如果我们在起名时不注意用字的多音多义，就容易闹笑话。有些人的名字表面上看上去非常高雅，不存在任何问题，但由于称呼起来会与另外一些不雅词句的声音相同或相似，便很容易引起误会，甚至被当作人们开玩笑的谈资。如男孩名字叫"建人""建民",女孩名字叫"珍莹",看上去都很不错,但因为这些名字有"贱人""贱民""真淫"的谐音,用读音衡量就成了不雅的名字。又如蔡道、卢辉、何商、汤虬、陶华韵、李宗同、张树吉、包敏华、白研良、胡礼经、沈晶炳等名字,从字面上看都没有问题,但一读出来几乎都会让人产生误会。因为,蔡道与"菜刀"谐音,卢辉与"炉灰"谐音,何商与"和尚"谐音,汤虬与"糖球"谐音,陶华韵与"桃花运"谐音,李宗同与"李总统"谐音,张树吉与"张书记"谐音,包敏华与"爆米花"谐音,白研良与"白眼狼"谐音,胡礼经与"狐狸精"谐音,沈晶炳与"神经病"谐音。由于这些名字的同音字有些是生活中的熟语,有些是容易被人误解的贬义词,谐音显得有些不够严肃,不够庄重,在大庭广众之下容易授人以笑柄,甚至谐音变成绰号,很容易造成心理负担,让人难受。有位叫张盛舒的先生,说自己的名字谐音很多,但都不是很好,懂事以来不断有人给他起绰号,他因此埋怨爸爸起的名字,甚至由此还形成了对名字敏感的习惯。他说,小时候被人讥笑"先胜后输"是最正常的,同学还把他的名字编成歌谣来唱:"张盛舒,凤梨酥,输剩张,大胖猪。"等他长大以后写文章时,又发现自己的名字还可能被误读成"长肾虚""獐胜鼠",连他自己都庆幸年轻时没人这么叫,否则就痛不欲生了。

在名字中出现读音不雅的问题,有些是在与姓氏搭配在一起后出现的如"伟""佳""忠""信"等字,在汉语中的含义都很好,也是许多人起名时喜欢使用的字,用这些字起出的名字如"张伟""李佳""黄忠""韩信"等也都不错。但如果是给"杨""王""宋""吴"等姓的人起名,特别是起单名"王佳""宋忠""吴信",就很容易让人与它们的谐音"亡家""送终""无信"等联系在一起,都算不上是好名字。此外,又如在常见姓氏中的"吴""伍""莫""冒"等姓,由于姓氏本身就有"无""没""冇(mǎo,方言'没有')"等谐音,因此在与名字联系在一起时,往往会使含义发生变化。如"福""禄""寿"等本来都是很吉利的字眼,但与上述几个姓氏搭配后,虽然写出来是"吴福""伍德""莫禄""冒寿",但当读出来时却成了"无福""无德""没禄""冇寿",听起来就让人不舒服。又如有人叫伍世苟,一连读便有"我是狗"的音,吴材与"无才"音近,都不雅观。特别是吴姓,起名时更要注意，历史上还曾有过教训。如在明代，分别有两人叫"吴礼"、一人叫"吴信"。叫"吴礼"的人中一个是金华知县，"吴信"则在洪武年间任新乐知县。作为一方的父母官，"无（吴）理""无（吴）信"，名字看上去并不妥当。至于其他姓氏，也有同样的情况。如据《明史》记载，明朝洪武年间有位锦衣卫指挥使名叫宋忠，曾想娶韩国公李善长之女。当谈婚论嫁时，李善长正卧病在床，问他的姓名，答"宋忠"，结果李善长大怒，把他逐出府门。其实也难怪李善长发怒，毕竟患病之人最怕有个三长两短，在正怕时却有人自称"送终"，不由他不怒。从这些事例可见，谐音得当可以使名字生辉，谐音不当则轻者有损尊严，重者有碍前程，的确需要起名时多留意姓名之间的搭配，花心思去推敲读音，尽量减少因读音不当而闹出误会，避免这些教训重演。

因起名的读音不当而闹出误会的例子，几乎每个人都碰到过。当然，这些误会不一定全是麻烦，也可能在无意之中给人带来惊喜。曾有这么一个相声说，早年间有一个名叫"王克章"的车夫常被人喊成新上任的干部"王科长"，甚至还有人向他借钱。这样一来，车夫变成了"大权在握"的科长，因读音相同让他无意中捡了"便宜"。另外，也有人因姓氏的读音较好而沾光的。比如姓郝的就可能被认为人也好，听着舒服。又比如姓郑的也会让人将其与正直、正派等好字眼联系在一起，这些都是显而易见的事。前些年，一家报纸上还登了一篇笑话，说在一个单位里，曾有姓傅和姓郑的两位领导，分别担任正、副书记。其中姓傅的是正书记，由于姓氏与"副"同音，常被一些不了解情况的人误以为是"副书记"；而担任副职的郑书记尽管常被当作"正书记"，但由于无损于他，所以也乐得误会下去。时间长了，这种因姓氏读音与所任职务相反而出现的误会让傅书记很不高兴，最后便专门召开会议，声明自己从此改姓郑。为此，有人还专门作了一首打油诗，说："有位书记本姓傅，被人当'副'气呼呼。召集群众来宣布：从此姓郑不姓傅。"

因名字的读音不雅而引起人们的误会，有些属于迷信范畴。如古时有位叫"王国钧"的人，名字读起来就是"亡国君"，在皇帝看来是极不吉利的。而生活中如果在生意场上遇到一位名为"毕培光"的先生，那么也许没有多少人愿意与他合伙做生意，因为他的名字谐音是"必赔光"。

在我们的日常生活中，经常会发生与名字读音相关的事情。笔者就曾遇到过这样一件事：笔者有一位同事姓赖，每次别人问她姓什么，她总说，姓"赖"，"信赖"的"赖"。虽然她给"赖"挑了个比较好的词，但别人叫她小赖或者赖小姐的时候，她还是觉得不太舒服。另外，据笔者一位朋友说，他认识一位姓"不（dǔn）"的先生，有一次到邮局取汇款，就遇到了一件尴尬事。当按规定办完有关手续后，邮递员叫"不（bù）某某，你的汇款"。这位不先生见被人读错了姓，便纠正说"我姓dǔn，不姓bù"，邮递员莫名其妙，以为他要冒领汇款，不同意把钱给他。最后经他好说歹说，才让他取走了汇款。另据一家报纸报道，南方某地有一位刁先生，因为自己姓氏的读音比较特殊，容易与意思不好的字眼联系在一起，小时候就没少被同伴笑话。为了不让孩子重蹈自己的覆辙，他情愿孩子不姓自己的姓。最后，夫妇俩和亲友们反复商量，决定让孩子跟外婆姓李。还有一个笑话说，一位毕先生的夫人怀了孩子，一帮好友前来道喜，当得知还没给孩子起名时都纷纷献计献策。一个说，这个孩子姗姗来迟，叫毕姗姗最好。另一个反对，说孩子是男是女还不知道，如果是女孩叫姗姗，男孩叫姗姗就不大好。孩子的父亲有大学问，要是生个男孩，就叫个古代名人的名字——毕升。毕家人一听，觉得又不用让孩子去造纸，这个名字不好。另一个朋友说，不如起个外国人的名字——毕加索。毕家人觉得孩子不造纸也不必改画画，仍不满意。大家七嘴八舌，几乎把所有的名字都想到了，又因为是朋友，打趣说笑的名字都有。还有一个说，叫名人的名字不好，现在外面正在下雨，不如叫毕雷针——安全。再一个说，孩子的父亲是电视工作者，不如叫毕电视；又有人说应该叫毕月，有人说应该叫毕免；有人说孩子父亲弱不禁风，应该叫毕风；有人说孩子们都比较喜欢百兽之王老虎，应该叫毕虎；有人说孩子父亲非常谦虚，逢人就说自己是鄙人，应该叫毕人；有人说孩子父亲出去采访，有时被误以为是假冒记者，不让进门，孩子应该叫毕门羹；有人说如果生了双胞胎，应该叫毕恭、毕敬；有人说有个成语叫惩前毖后，应该叫毕后；有人说孩子父亲的工作就是要吸引观众的眼球，扩大收视率，应该叫毕球；有人说孩子生在北京，应该叫毕京。这样说来说去，最后有人想起孩子母亲是医生，说叫毕超最好。这话逗乐了这位准妈妈，说让朋友闭嘴。结果，一句话提醒了大家，都觉得孩子叫"毕嘴"合适。

另外，还有一种读音不雅的情况是，名字所用的几个字使用相同或相近的声母、韵母，形成双声叠韵或叠音姓名，让人读着拗口费劲。当然，有些姓氏起一个叠音的名字显得亲切，如丁丁、方芳、辛欣等，但这种情况毕竟是少数。在大多数情况下，叠音的名和姓由于重叠，或者在姓名读音之间没有拉开距离，读起来不顺口，或让人读错、听错，甚至成了"绕口令"。有人曾说在自己上初中时，有个女同学的名字叫倪杨，每次班主任点名叫她，都是"倪杨——""倪杨——"，最后就干脆喊成了"娘"。她偏偏又身体不好，总是生病缺课，老师点名也成了"娘没来吗？娘又生病了吗"，总被学生打趣。至于其他用字不当的名字，如沈既济、夏亚一、周啸潮、耿精忠、姜嘉锵、张昌商、胡楚父、陈云林、傅筑夫等都是一些名人的名字，有的连用两个同声母字，如亚一、姜嘉等；有的连用两个同韵字，如既济、夏亚、啸嘲、胡富、励芝等。前一种是双声，后一类是叠韵。有的三个字同韵，如张昌商、胡楚父、陈云林、傅筑夫等。由于声母或韵母相同，连读起来发音费力。要想解决这一问题，就应该在起名时让名和姓的声母不同组，韵母不同类。如彭涛、冯企、娄韵、齐飞、余声、万鸿等名字，名和姓的声韵异组异类，声音有了变化，读起来就顺口悦耳。如果名和姓同组，甚至完全相同，只要处理好韵母的关系，效果也很好；反之，名和姓同类，甚至完全相同，就要在声母上下一番功夫。如起名为彭宾、冯凡、娄林、张晨、余宽、方川等，也能较好地解决声母相同的问题。

总之，名字是要被人称呼的，读音如何至关重要。如果所起名字的读音不当，就可能引起一些意想不到的后果。因此，起名时要多注意读音，不仅要注意名字本身的读音，也要注意与它搭配的姓氏的读音，才有可能避免尴尬或误会。

九、不知避讳

避讳是我国特有的一种社会风俗，说穿了就是不能直接称呼别人的名字。这种风俗大约起源于周代，直到今天还能见其端倪。所应避讳的内容根据传统的划分，一般包括为皇帝避讳、为圣贤避讳、为官长避讳、为父母避讳、为坏人避讳等几种情况。

据研究，我国的避讳风俗是从周代开始的。当时人起名都要避开君王或其继承人的名字，但其制度还不像后来那么严格，一般人起名也不必避开与君王名字同音的字，书写时也没有特别的规定。但到了秦代，避讳的规定开始变得严格起来，秦始皇及其父亲等人的名字都在避讳之列。秦代以后，这种风俗又有所发展，经两汉魏晋南北朝隋唐各朝的不断强化，到宋代形成一个避讳的高峰。宋代以后，金元各朝有所宽松，至明清时期再度严格起来。直到近现代，有关避讳的规定才被明令废止。

在过去的避讳中，最为重要的一种是为皇帝避讳，这也就是所谓的避国讳。早在秦朝时，秦始皇名政，正月就被改为端月。他的父亲名子楚，地名"楚"也被改为"荆"。西楚霸王项羽本名项籍，姓籍的人为了避讳，只好改姓与"籍"读音相近的"席"。汉武帝名叫刘彻，姓彻的人只好改姓通；汉宣帝名叫刘询，姓荀的人只好改姓孙。同样的情况，还有汉哀帝名叫刘欣，姓欣的人改姓喜；汉明帝名叫刘庄，姓庄的人改姓严。甚至汉安帝的父亲因为名叫刘庆，姓庆的人只好改姓贺。又如在唐代，唐高祖李渊的祖父名叫李虎，凡遇到"虎"字时都改为"武"或"马"。唐太宗本人的名字叫李世民，凡遇到"民"字的时候都改成"人"。宋太祖的名字叫赵匡胤，他的弟弟本名赵匡义，

唐太宗李世民，
名字中的"民"字被避讳成"人"

为了给他避讳，只好改名赵光义，哪怕是自己在宋太祖之后做皇帝也不得不如此。有时在避讳时，不仅要为当朝的皇帝避讳，甚至还要为皇帝的7代以来祖先避讳。《南史·侯景传》里就记载着一个因避讳而让人忍俊不禁的事。

这件事是说侯景本来出身贫贱，根本不知道自己父亲以上的祖先名字叫什么。但在他称帝后，要按传统为7代以来的祖先建庙。当礼官问他祖先的名字时，侯景说："我只记得父亲名叫侯标。而且，他的游魂远在朔州，怎么会大老远来江南这里享受供奉？"礼官见他不懂规矩，只好到军中打听他的祖先名字，但只打听到他的祖父名叫乙羽周（鲜卑名），最后又为他编了祖父以上的4代"皇祖考"名讳，供在庙里，又诏告天下为这些伪造出来的祖先避讳。至于他本人的名字，更在避讳之列。结果，原来叫"景"或姓"敬"的人只好改名改姓。

像上述这样为皇帝及其祖先避讳，是过去的避讳中最严厉的一种，如果不知避讳，则要付出沉重代价。尤其是明清时，因不小心犯讳而被满门抄斩的人屡见不鲜。由于相沿成为传统，以致为百姓带来很多麻烦，因此而改名改姓的事例有很多，甚至包括已死的古人都不能幸免。比如，我国先秦时期曾有两个杰出的思想家荀子和庄子，但到汉代时，由于汉宣帝（刘询）和汉明帝（刘庄）名字的读音与他们的姓氏相同，他们从此只好被称为孙子或严子。更有甚者，如上述提到的"敬"姓，本来是我国固有的一个姓氏，但从南朝侯景以来因为避讳而被反复改来改去。侯景时姓敬的人因为姓氏与他的名字同音，不得已改姓恭。侯景的政权灭亡后，他们虽然得以恢复原来的姓氏，但到五代十国时，又因为姓氏犯了后晋高祖石敬瑭的名讳，不得不把姓氏一分为二，成为"苟""文"两个姓氏。后晋灭亡后，后汉建立，他们恢复敬姓，但不久以后后汉归宋，他们又遇到宋太祖赵匡胤祖父赵敬的名字，又得避讳，于是又改姓文。此外，又如玄姓，在东晋权臣桓玄称帝时就犯讳，后来又先后触宋神宗赵顼、清朝康熙皇帝玄烨等人的名讳，每次犯讳时也不得不改成其他姓氏。由于这样被改来改去，到今天我们已经很少再能见到这个姓了。

除为皇帝及其祖先避讳外，过去还有为圣贤和尊长避讳的风俗，一般被称为"为贤者讳"或"为官者讳"，也就是不得直呼或直写诸如三皇五帝、周公、孔孟等圣贤的名字，以及在长官面前避开其名字。如果随便打开一本古书，就可以见到把孔子的名字"丘"写作"邱"或在"丘"的右边缺一竖的情况，其原因也是避讳。至于为官者避讳，也有不少著名的例子。相传在北宋时，一位名叫徐申的人任常州知府，对自己的名字忌讳很深，不许别人冒犯。有一次一个县令在汇报事务时不知忌讳，冒犯了他，说："我这件事情已经申报三次，至今还没有结果。"徐申听他说出"申"字，心中极不乐意，以为是在故意冒犯自己，便大声训斥。县令也不示弱，说："这件事情如果不被办理，我还要申诉到省，申诉到户部，申来申去，直到身死才罢休。"说完便扬长而去，徐申虽然恼怒，也拿他没办法。

在过去为圣贤或尊长的避讳中，既有上述为长官的避讳，也有为老师甚至自己本人的避讳。相传在五代时，有位名叫冯道的人在朝中任宰相。有一次，他在家中考门生《道德经》。《道德经》开头两句话"道可道，非常道"，每句都触他的名讳。门生不敢照念，但一时又想不出好的主意，只得硬着头皮念道："不敢说，可不敢说，非常不敢说。"冯道听后，一时也哭笑不得。

为父母或祖宗等亲人的避讳，又称"为亲者讳"，也就是所谓的家讳，一般是家庭内部的事，但与之打交道的人也得出于礼貌而回避，否则就要闹笑话或得罪人，被认为无礼。汉代司马迁因为父亲名谈，写《史记》时就处处设法避开，以致直到今天我们看这本书，有一个叫张孟同的人，实际上叫张孟谈，是司马迁为了避家讳而给人改名的。南朝人范晔著《后汉书》，把东汉一位名人郑泰称作郑公业，原因便是他父亲的名字叫范泰，是自己在避家讳，而只好对郑泰称字不称名了。唐代大诗人李贺的父亲名晋肃，由于自认为"晋"字与科举中进士的"进"同音，结果一辈子不参加科举。像上述这样的避讳情况，一般被称为"自讳"，对社会的影响还不是很大，但如果不懂得避讳，被人轻视或丢官也在所难免。如据史书记载，南朝时有个大贵族名叫谢超宗，是谢灵运之孙、谢凤之子，有一次侍奉皇帝，因文章写得好大受称赞，说"超宗殊有凤毛，灵运复出"。皇帝是至尊之主，冒犯别人的家讳别人没办法，可巧的是当时还有一个武将出身的人刘道隆在旁边，不学无术也不知忌讳，在罢朝后即随谢超宗回家，对他说："刚才听皇上说你家有宝物，不知能不能拿出来看看。"超宗不知他指的是什么，一再客气地说家徒四壁，哪有什么宝物放在家里。刘道隆说："皇上不是说你家有凤毛吗？怎么不算宝物？"谢超宗一听他说出了父亲的名字，知道他发生了误会，也就不再理他，急忙回家避开。只是刘道隆到这时还不醒悟，以为谢超宗真的替他找凤毛去了。苦苦等了半天不见人出来，只好悻悻而去，一路上直埋怨谢超宗小气，有宝物也不让人看一看。更有甚者，《官场现形记》中描写一位知州身备厚礼到知府家贺喜，因为在名帖中无意触犯了知府的家讳，结果连门也不许进，可见避讳到了何等严格的程度。

像上述这样为父母或祖宗避讳，在我国古代其实还有很多。如相传古时有个书生的父亲名叫良臣，为了避讳，凡他读书时遇到"良臣"二字，都改读为"爸爸"。有一次读《孟子》，有"今之所谓良臣，古之所谓民贼也"一句，经他一读，就成了"今之所谓爸爸，古之所谓民贼也"，实在是滑稽之极。又相传从前有位监生姓齐，家里很有钱，却不认识几个字，有次因故得罪了上司，被关在斋戒库中等候处理。他见门口写着"斋戒"二字，便把"斋"字误作"齊（"齐"的繁体字）"字，把"戒"字误作"成"字，正好是他父亲的名字。这时他父亲早已去世，他误以为有人在此设了父亲的灵位，便号啕大哭起来。别人问他为何如此伤心，他答道："先父的灵位不知被何人设在此处，睹物伤情，我哪能不哭呢！"避讳到了如此的程度，虽然反映了古人孝顺有礼，但也似乎有点矫枉过正了。

《史讳举例》是专门研究历史上避讳的书

在我国讲究避讳的时代，还有一种特殊的避讳，叫作为坏人避讳，又称"避恶讳"，主要是耻于提及坏人的名字，而以别的名字代替。显然，这种情况与以上几种避讳都不同。如唐肃宗因憎恶安禄山叛乱，凡遇到有"安"字的地名全部更改。于是，安化郡被改为顺化郡，宝安县也改名东莞县。另外，明世宗时，蒙古、瓦剌人多次侵犯边境，使他寝食不安，他不仅因此而厌恶有关名称，即使形容北方民族的"夷狄"二字也不愿见到。每当诏旨章奏中出现这两个字时，都要写得小而又小。无疑，这也属于避恶讳之列。当然，这类的避讳还有一种情况，就是历史上有那么一些名声不太好的人，他们的名字后人不愿提起，即使自己的子孙也想回避，这就有了避恶讳和避家讳的双重性质。最典型的例子是清代有个姓秦的人做了杭州知府，见岳飞庙前有秦桧夫妇的塑像跪在那里，觉得这位同姓的先人使自己很没有面子，就命人偷偷把塑像沉入西湖，也免得继续被人指手划脚。谁知第二天便有百姓上告说西湖水变臭了，秦桧夫妇的塑像被打捞上来跪在原处。知府看到这种情况，知道民心难违，只得听之任之。事后为了排解心中烦闷，做诗一首，其中两句是"自君之后无名桧，愧我而今尚姓秦"。意思是说，自从秦桧以后，人们都不再用"桧"字起名，自己也为仍然姓秦而感到惭愧。上述这些，都是典型的"避恶讳"。

　　由上可见，避讳是我国的一种传统风俗，也是讲究礼仪的一种表现。在今天虽然不再需要那些繁文缛节，但起名时适当为自己的亲朋好友进行避讳、不让孩子的名字与他们相同，也是应该具备的一种礼节。试想，如果让孩子与他的三亲六故或伟人、名人的名字相同，并且常常呼来唤去，不了解情况的人还当是在叫这些人，就会显得不庄重。据一家报纸报道，某地有两家邻居闹矛盾，一家在给孩子起名时起了邻居的名字，并整天叫来叫去，结果邻居不堪忍受，把他告到了法庭，为此惹来了一场官司。这件事情虽然是一个极端的事例，但也给我们带来了启示，那就是起名应适当遵守传统，尽量避免与别人的名字相同。

十、热衷单名

　　单名也叫单字名，与单姓合称2字名，并以此区别于起双名（双字名）的3字名。在过去几十年，社会上曾流行"同名成灾"的说法，意思是说同名的人太多，简直成了一种灾害。近年由于国家的户籍管理部门有意识地限制起单名，为遏制"同名成灾"发挥了积极作用，但由于过去起单名的人太多，有些人仍然希望能给宝宝起单名，从而使单名问题仍然是一个值得注意的现象。

　　回顾我国起名的历史便可发现，我国起单名的习惯由来已久，并且曾是我国汉唐时期起名的最大特点。当时许多著名的历史人物，如汉高祖刘邦、汉丞相萧何、魏武帝曹操、隋文帝杨坚、大诗人李白等都是单名。三国名人诸葛亮、晋武帝司马炎等人的名字虽是3个字，但因为是复姓，名字仅有1个字，仍然属于单名。究其原因，一方面是那时人起名还崇尚古朴，起单名要比起双名简单容易；再就是因为王莽在两汉之际推行双名改单名制度有关，其详情已见此前相关部分所述。在此需要补充的是我国那时人口还不多，尽管也有不少人因为起单名而同名，但总体上的数量不多，而古人也没有发出类似于今天的"同名成灾"的呼吁。

今天因为起单名而同名，出现的原因较为复杂。由于我国的姓氏使用过于集中，将近85%的人只使用100个大姓，而能够被起名用的字又十分有限，造成同名不可避免。此外，我国在宋代以来一直流行起"谱名"或"字辈名"，起出的名字虽然像起单名一样只有1个字属于自己，其他两个字分别属于家族和同辈人，但由于与姓氏合在一起成了三字名，而各家、各代人之间的姓氏和字辈派语的差别又一般较大，因而尽管宋代以后的人口与汉唐相比有大量的增加，甚至清代全盛时期的人口多达4亿，但由于起单名的人不多，同名现象并不突出。只是在近代以来，社会上在废除于名字之外起"字"的习惯的同时出现了起名简单化倾向，看上去虽然也简单明快，但单名风气由此大开，同名之风也愈演愈烈。根据有关方面对1900年以来北京、上海、广州这3个城市起名特征的研究，发现：北京同名最多的前20个名字在50年代以前都是双名，60年代后才有单名进入前20名排行，而20世纪70—80年代前20名全部是单名，2000年后的名字中又有双名增加的趋势；上海人名字的变化规律与北京大体相仿，只是从20世纪50年代起就出现单名进入排行榜前20，而双名在2000年后已经超过排行榜半数，从统计数字来看，在从双名进入单名和单名进入双名的过程中，上海的变化趋势要比北京更快一些；广州各年代的名字变化规律与北京、上海有所不同，其基本特点是新中国成立前出生的人的名字单名居多，尤其是20世纪30年代前单名占多数，50—60年代排行榜前20名全部为双名，70—80年代后单名逐渐增多，而90年代前20名全部是双名，2000年后单名又重新出现在前20名排行中。至于3个城市目前同名最多的人，北京的前10名依次是张伟、王伟、李伟、刘伟、李静、王静、张静、王芳、刘洋、张勇，上海是陈洁、张敏、张伟、张燕、王秀英、张秀英、张磊、王伟、陈燕、张杰，广州是陈志强、黄志强、李志强、陈伟强、陈俊杰、陈妹、梁妹、黄俊杰、陈志明、陈丽华。3个城市之外，目前已知的城市同名最多统计结果还有：天津前10名依次是张伟、刘伟、王磊、王伟、王静、李娜、李静、张磊、李伟、刘洋，重庆是张勇、陈勇、刘勇、王勇、李勇、杨勇、陈伟、张伟、刘洋、李伟，杭州是王芳、陈燕、王伟、王燕、陈洁、陈伟、陈杰、陈敏、李萍、陈超，南京是王秀英、张秀英、陈秀英、王芳、王伟、李秀英、张伟、张敏、王军、王萍，沈阳是刘洋、王丹、张伟、王伟、李丹、李伟、刘伟、王丽、张丽、王静，合肥是王芳、王伟、张伟、王勇、王军、王磊、张勇、王俊、张敏、王敏，等等。若把全国省会城市及直辖市同名最多的名字放在一起统计，其前10名则是张伟、王伟、李伟、刘伟、李静、王静、张静、王芳、刘洋、张勇。由上可见，我国目前同名最多的人几乎都是单名。

　　关于我国流行的起单名习惯及单名的具体使用情况，还有一些抽样调查的结果可供我们参考。早在1984年，中国文字改革委员会汉字处曾对174900人的名字进行抽样抽查，发现单名有21400个，约占总人数的12.2%。1989年，他们又对570822人的名字进行抽样抽查，发现单名有49405个，约占总人数的8.7%。同时，他们还发现单名的重名率大大高于双名的重名率。如在1984年的抽查中，双名的重名率为22.9%，而单字名的重名率为54.2%；1989年的抽查中，双名的重名率为32.4%，而单名的重名率则为67.7%。以上还只是对几十万人的抽样调查，如果是全国十几亿人进行统计，单名的重名率之高是不难想见的，相关研究者估计重名率会达到90%以上。由于单名的重名率太高，给当事人和社会带来的问题也更为突出。据一份户籍统计资料显示，天津叫张颖的人在1955年还只有54个，到1977年增加到197个，1990年更达到213个。其中一个9岁的女孩张颖因患急性肠炎由母亲带着到某医院就诊，在药房取药时，与另外两个叫张颖的孩子不期而遇，药房的大夫喊张颖拿药，患肠炎的张颖的母亲便去取了。当药房的大夫再喊第二个张颖时，发现第一个张颖把第二个张颖的药取走了，那是治风湿性心脏病的药，误吃的后果不堪设想。而偏偏取药单和病历卡均没留下孩子的住址，大夫心急如焚，急忙给附近的几个派出所打电话查询，结果一下查到40多个叫张颖的女孩。幸亏这个患肠炎的张颖的母亲明智，给孩子吃药时看了看药名，发现有误，回过头去找大夫，才避免了一场意外的医疗事故。

关于起单名给人带来的不便，其事例几乎俯拾即是。仍以天津市为例，天津单名"伟"字的人多达95351个，其中有5683人叫王伟，4646人叫张伟，此外还有4483个刘洋，4112个李莉，3976个刘静，1958个王刚，1927个李军，1761个张强，1256个王芳。其中的一个王伟是篮球教练，有一次带队到外地参加比赛，没想到对方球队的教练也叫王伟。结果比赛现场笑料百出，解说员分不清谁是谁的教练。裁判在叫暂停、让换人时也昏了头，弄不清是哪个队的王伟在喊暂停，哪支球队的王伟在叫换人。不仅"王伟"难，有个张伟有一次要从网上搜索自己的信息，当输入"张伟"后竟然出现751000个网页，才发现要查到自己的数据比大海捞针还难。还有一位祖籍天津、在四川工作的李女士，到天津寻找过去的邻居王芳，发现自己过去住的地方已经拆迁，没人知道这位邻居搬到了哪里，无奈之下求助民警，没想到在电脑上查到1256个与这位邻居同名同姓的人，其中符合性别、年龄等条件的就有上百个，民警联系了20多人都不是那个王芳，李女士只好带着遗憾踏上归途。

起单名不仅会带来大量重名的直接后果，而且从名字本身的角度看，其表现力远比双名低，任何一个单名的含义几乎都无法与双名相比。再从审美的效果看，单名的选择余地大多不如双名，在字形搭配、字音谐调、字意锤炼等方面也都带有明显的局限性，选择起单名实在不是明智之举。当然，完全禁止起单名也不可取。尤其是对那些人口较少的姓氏来说，起单名问题也不大，因为从目前发现的问题看，那些重名严重的单名几乎都是大姓，人口较少的姓氏即使重名也没有多大影响。比如柴、米、油、盐等姓，平时遇到一个都很难得，起单名还是双名并无大碍，完全不会出现一个单位里有3个李静、2个韩萍那种情况。但对那些大姓而言，与其让人以"男张伟""女张伟""胖刘伟""瘦刘伟"相区分，让别人随意加字，远不如在起名时直接起一个双名。

由上可见，起单名带来的问题的确很多，不仅会给当事人在人际交往中造成一些不必要的误会，让别人张冠李戴，而且有违于人名的专指性原则，给银行储蓄、电脑识别等带来麻烦，给社会管理造成一定程度的混乱。目前我国各地的户籍管理部门之所以要限制用单名报户口，便是为了解决单名同名太多问题，不能不说有其道理。

第五讲 宝宝起名一般方法

宝宝作为家庭的一员，在没出生前就由父母准备礼物了，其中一个最重要的礼物就是送他一个好听、好看、好读、好记、便于交流并且不与别人重名的好名字。许多人为了给宝宝起个好名字而绞尽脑汁，翻字典，查古书，问亲朋好友，找专业公司，几乎想尽一切办法，最后起的名字仍不理想。尽管也有人说，名字只是一种相互区别的符号，只要便于交流或能反映一定的文化追求就行，但毕竟，名字不只是几个字的简单组合，起名时不仅需要起名的人了解起名的一般知识，掌握起名原则和禁忌，甚至还要了解我国的传统文化，具有古典文学、古代历史和古代哲学等方面的素养，或者有汉语言文字音韵学、美学、心理学、民俗学、社会学等多方面的背景知识，只有这样，起出的名字才会让人感到动听、响亮，充满智慧。况且，名字还可以在一定程度上代表起名者的层次和品味：好的名字容易让人记住，那些动听、响亮的名字能使人终生感到骄傲、充满自信，而一个不理想的名字则可能使人产生心理障碍、压抑、自卑、情绪沮丧。由此可见，起一个好的名字对每个人来说，其重要性都是不言而喻的，也难怪每个孩子的父母都十分重视送给宝宝的这份重要礼物了。

要起一个好名字，其实牵涉许多技巧和方法，起名也是一种富于创造性的智力活动。在起名者的手下，一个个独立的汉字变成充满魅力的神奇词汇，人名赖之以生，赖之以成。至于起名时所采取的方法，通常有根据宝宝出生时的特征或出生的时间、地点起名，或者从世界万物、古诗文中汲取营养，或者围绕姓氏、谐音起名等。无论采取什么方法，其最终目的仍是一致的。

一、心有何思，便起何名

心有何思，便起何名，是指起名具有较大的随意性，只要掌握了起名原则，避开了起名禁忌，并且自己认为合适，想怎么起就怎么起。

在起名时，有些父母对宝宝有所期望和寄托，并想把这种期望和寄托通过宝宝的名字反映出来，这其实也是起名随意性的一种表现。如有的父母期望宝宝有所作为，或报效国家，造福人民；或事业有成，成名成家；或发奋进取，自强不息。这些都是美好的愿望，因此，表现在名字上，便有建国、振邦、跃华、为民、人杰、良材、体秀、克坚、自立、毅夫、思远等名字；有些父母希望宝宝能有高尚的道德情操，便以立言、树德、克己、静淑、守信、孝和、思谦、克让、树俭、嘉诚、思齐、学孔、师孟等作为名字。有些父母希望宝宝人生顺利，便为宝宝起名永吉、安顺、项发、路平、天佑；有些父母期望宝宝生活幸福，便以常福、永贵、仁昌、广利、小盈、金辉等作为名字；有些父母希望孩子健康平安，于是为宝宝起名永年、长龄、健强、尔康；有些父母期望宝宝长得英俊美丽，便为孩子起名人俊、秀林、玉容、丽媛。可见，父母的愿望是多种多样的，起名的内容也是不拘一格的，无论选取哪一种，都可以起出称心如意的名字。

通过名字反映父母对宝宝的期望、期许、感想，无论古今还是各地几乎都是如此，同时在许多情况下也有一定的随意性。宝宝的名字信手拈来，往往有特殊的效果，在近年的报刊上经常可以看到实例，也可以作为我们起名的参考。如《家长报》报道，一位张姓的年轻人为宝宝起名"张梦蕾"，意思是"张开梦中的花蕾"，同时有期望宝宝勇敢地面对人生之意。又如《新民晚报》报道，一对年轻夫妇为女儿起幼名"走走"，学名"臻颖"，前者是希望孩子在人生道路上勇往直前，后者则是希望女儿将来聪明活泼。另有一对夫妇为女儿起学名"展眉"，幼名"书书"，前者的意思是希望女儿平安快乐，后者则是希望女儿像父母那样热爱读书，有所作为。再如《洛阳日报》报道，一对陈姓夫妇为儿子起名"弘毅"，意思是期望儿子能够有坚韧不拔的意志和远大的理想抱负。还有一对夫妇为儿子起名"百川"，意即希望儿子在人生道路上能够像大海那样兼容并包，不断进取并有所收获。另据《每日新报》报道，有位名叫张伟的博士说他的父母在当初为他起名时，希望他成为优秀的人，起名所用的"伟"字有伟大、宏伟、伟人、伟岸的意思，因此以此起名的人自然也非常多。还有一对农民夫妇进城打工，生下儿子后为他起名"昱辰"。对此，孩子的父亲解释说，"昱"是光明的意思，"辰"是儿子出生那年的属相"龙"，两字合在一起的意思是一条前途光明的龙。有位女士希望女儿长大后能够洁身自好，便给孩子起名"秋雪"。她解释说，这名字出自诗圣杜甫的《绝句》中的"窗含西岭千秋雪，门泊东吴万里船"，其中"千秋雪"是指积聚很久的雪花，用于人名时表示像雪一样洁白无暇。又如近代著名电影演员王人美，原来的名字是王庶熙，出自《尚书·尧典》里的"庶绩咸熙"，意思是父亲希望她能够认认真真地读书，扎扎实实地学本领，将来报效祖国。还有一个姓阳的父亲在儿子出生前，亲朋好友分别帮其给儿子起名阳闯、阳朗、阳笑语，意思是希望将来这孩子敢拼敢闯、虎虎有生气，或健康俊朗、快快乐乐。但在出生那天的早晨下了小雨，便又起名阳笑雨。上述这些都是现实生活中的实例，可见他们在起名时都带有一定的随意性，在用名字表达对宝宝的期望和寄托方面不拘一格。凭着自己的感觉和想法来起名，起出的名字因为不受条条框框的限制，所以多能新颖别致、出奇制胜。

　　在名字中反映父母对宝宝的期望，相关的事例还有很多。现代作家郁达夫有三个儿子，分别起名郁飞、郁云、郁亮，名字的来源分别受了历史名人岳飞、张飞、岳云、赵云、诸葛亮等人名字的启发，也是希望他们能够出人头地。现代名将徐海东的小孙女出世时，全家人翻书、查字典忙得不亦乐乎，最后还是他为孙女起名"兰锋"，并解释说"兰"是刘胡兰的"兰"，"锋"是雷锋的"锋"，希望她长大后要象刘胡兰、雷锋一样。当然，有些父母在为宝宝起名时本来苦苦不得要领，但会在突然之间灵感大发，结果就有了一个很理想的名字。像这种情况，其实也具有一定的随意性。一位为女儿起名"子衿"的妈妈就曾回忆为女儿起名的经历说，她与丈夫当初也像许多爸爸妈妈一样，为给女儿起个好名字而几乎踏破铁鞋、绞尽脑汁，从女儿没出生时就翻古诗、查字典，甚至向研究中文一辈子的外公外婆求助，向周围的亲朋好友讨教，积攒了一大堆有着各种深远含义的名字备用，但还是觉得缺点什么。

直到女儿快满月了必须报户口时，她与丈夫仍在为女儿的名字发愁。一天晚上，躺在床上的她突然吟出"子衿"这个名字，她和丈夫几乎在一瞬间决定用这个名字。随后一查字典，发现"子衿"原出自《诗经》，后因被三国曹操的《短歌行》引用而广泛流传，也就是"青青子衿，悠悠我心"中的"子衿"。这句诗表达的是对有才能的人的渴望，而"子衿"两个字看上去很美，再与女儿的姓连在一起更加妙趣天成，巧妙表达了父母希望女儿前程美好的愿望。

在我国历史上，也有不少起名随意的事例。如唐朝大诗人王维字摩诘，名与字相联为维摩诘，是个菩萨的名字，便是因为他的父母笃信佛教，直接用了菩萨的名字。宋代词人陆游的母亲怀孕的时候梦见过秦观，而秦观的字是"少游"，母亲希望他是秦观的再生，能够像秦观那样有才华，便为他起名"游"。宋代著名词人辛弃疾为儿子起名铁柱，还专门为此写了一首词《清平乐·为儿铁柱作》："灵皇醮罢，福禄都来也。试引鹓雏花树下，断了惊惊怕怕。从今日日聪明，更宜潭妹嵩兄。看取辛家铁柱，无灾无难公卿。"词中洋溢着一片舐犊之情，表达了对儿子富贵长寿、无灾无难、聪明过人的愿望。这种寄托希望的起名方法，也是最常见的起名方法之一，其事例在生活中比比皆是。

不过，如果采用"灵机一动，计上心来"的随意性方法为孩子起名，应特别提醒的是切忌过于随意，不能随意到漫无边际。曾有一个笑话说，明朝时陕西有一个姓卜的石匠，觉得自己无法摆脱贫穷的命运，便寄希望于儿子，给孩子起名"卜得元"，意思是要多得元宝，发大财，不再受穷。但儿子后来仍是石匠，一点儿也没有因为名字改变命运。还有一位姓吴的小商人整天希望自己发大财，有了儿子后为他起名"发"，意思是吴家从此转运，发家发财。可是到后来，儿子继承了他的家业，生意做得还不如他。由此看来，父母的期望终归是期望，并不一定都能梦想成真，还不如认真为子女取一个好听雅致的名字。另外还有人说，"望子成龙""望女成凤"是人类的普遍心态，不仅我国过去有、现在有，即使外国人也是如此。如在巴西，就流传着一个做小公务员的父亲给儿子起名"部长"的笑话。该笑话是说这个小公务员一直渴望当官却怎么也升不上去，便希望儿子能实现他的愿望，为儿子起名"部长",这样一则期望孩子将来能够实现自己的愿望,再则想借儿子补偿自己在官场上的失意。谁料,儿子长大后不仅没有沾上这个名字的光,反而到处找不到工作,大好的前程也被耽误了。最后,在这个小公务员临死的时候安慰孩子说:"你没有什么可抱怨的。有那么多重要人物为当上部长争得你死我活,而你一生下来就是部长了,并且永远可以是部长,这是你的权力!"这些故事读来虽然让人哭笑不得,但也说明一个道理,那就是名字有一定的社会意义,并不能想怎么起就怎么起。如果名字起得不好,或者表达父母的期望太不恰当,名不符实或名实分离,不仅不能给宝宝带来好运气,还有可能让宝宝受名字拖累,更无法达到预想的目的。

另外,还有一点需要提醒的是,再随意也还有一些起名的禁忌,并不是什么样的名字都能起。特别是那些知名度太高的名人名字,切忌信手拿来使用,因为名人名字使用率太高,起同样的名字不免引起误会,还会给孩子带来不必要的麻烦。如在前些年,新疆伊犁一家报刊的记者曾作过一项调查,发现当地1～8岁的孩子中有不少人与名人同名,其中郑少秋、林心如、翁美玲、黄蓉之类的港台明星或电视剧中的人物名字尤其常见。该报刊还形象地记录了一位贺先生与他还在上幼儿园的儿子的一段对话,说儿子在幼儿园受了小朋友欺负,回家后向爸爸诉苦,说"我们班的郑少秋打我",并说打他的理由是"因为我喜欢我们班的林心如"。儿子说的"郑少秋""林心如"本来都是港台明星的名字,到他们班里却成了小朋友的名字,小朋友的名字这样叫的原因也是因为在他们出生时正赶上郑少秋、林心如主演的电视剧热播,于是便被父母信手拿来起名。该记者还在新疆伊宁市的一家幼儿园了解到一位翁先生给女儿起名"翁美玲",自称原因是自己"小时候很喜欢看电视连续剧《射雕英雄传》,也特别喜欢饰演黄蓉的翁美玲,因此女儿一出世就自然而然地起了这个名字"。这位父亲的说法有一定的代表性,说明他起名时只考虑了自己的兴趣而忽略了其他,随手使用了别人已经叫响的名字。这种做法尽管也是希望子女长大后能像名人一样出人头地,但却忽视了这些已经叫响的名字已经具有了它们自己的社会性,随便使用为孩子带来的消极影响或许要远远大于这种期望的正面意义。

二、从婴儿特征获得灵感

宝宝刚生下来的时候，期盼已久的父母及其长辈获得了添丁进口的喜悦，从此也有了作为爸爸、妈妈、奶奶、爷爷、外公、外婆等的义务和责任。有些年轻父母由于事先没有给宝宝准备好合适的名字，事到临头变得手足无措，不知道该怎样去给这小生命起名。其实，如果说在宝宝出生以前，作为父母的因茫无头绪而无法给宝宝起名的话，那么在宝宝出生以后，见到了实实在在的宝宝，起名的灵感应该最容易调动起来。其中，利用宝宝的特征起名便是一种好办法。

事实上，在我国古代，民间就一直有利用婴儿特征起名的习俗。如在商周之际，周武王的儿子唐叔虞生下来的时候，手心中的纹理有点像是"虞"字，后来便被起名"虞"。春秋时期，鲁国有位名"友"的公子，名字的来源也是因为刚生下时手纹像"友"字。此外，春秋时有位生下来肩膀上长有一块黑色胎记的人，后来便被起名为"黑肩"。另外，卫国有位公子生来黑背，楚国有位公子生来黑腿，二人后来都分别以"黑背""黑肱（肱即大腿）"为名。更有甚者，传说春秋五霸之一晋文公的儿子晋成公，出生的时候因屁股上长了颗黑痣，就干脆被以"黑臀"起名。

上述这些名字，有的源于婴儿的手纹，有的源于婴儿的胎记，可见在古人眼里，婴儿出生时的特征是完全可以入名的。又如我国著名的思想家孔子，名丘，这一名字也是根据他生下来时的头形而起的。据《史

古代著名思想家孔子，
因为母亲曾为他在尼丘山祈祷而起名"丘"

记·孔子世家》记载，在孔子出生以前，他的母亲颜氏曾专程到曲阜郊外的尼丘山去祈求上苍赐给他一个男孩，十月怀胎后果然生下了他。他刚生下来的时候，头形不像别的婴儿那样圆圆的，而是尖尖的像个小山丘。由于有这一突出特征，加上他母亲曾在尼丘山祷告过，于是便为他起名"丘"。

此外，古代还有一些根据婴儿皮肤颜色起名的例子。如孔子弟子曾点，生来皮肤白嫩但有斑点，父母在为他起名时，不仅因为他有斑点而为他起名"点"，而且还根据他皮肤白嫩的特征为他起字"皙"。南朝初年，一位姓刘的官员生下来就皮肤黝黑，并且深眼窝、高鼻梁，模样像胡人（中国古代对北方边地及西域各族人民的称呼，也指外国人），于是便被起名为"黝胡"（意思是黝黑的胡人）。这一名字，同样根据他生下来时的特征起出来的。

用出生时的特征为孩子起名，不仅过去有，现今也不少见。如在浙江南部一带，曾流传着一种根据孩子出生时的重量起名的风俗。这种风俗是当孩子生下来以后，父母要用秤称一称孩子，然后再根据孩子的重量起名字。如果孩子6斤重，便起名"六斤"，8斤重便名"八斤"，是7斤3两、9斤2两，便起名"七三""九二"。这种起名方法，实际上也是婴儿特征起名法之一。又如在北方的一些农村，也十分喜欢用婴儿出生时的特征起名。如果孩子生来健壮，就起名"结实"；生来萎靡不振，就起名"拴住"（怕不能成活）；生来皱纹较多，便起名"多"（皱纹多）。在城市也有这种起名习惯。如孩子生来会笑，便起名"笑"或"晓"（"笑"的谐音）；生来较胖，便起名"胖胖"或"嘟嘟"。当然，这类的名字听起来虽然亲切可人，但未必都能登大雅之堂，因此，不少家庭都把这样的名字当作孩子的乳名，仅仅当作家庭内部或亲朋圈内使用的称呼，再给孩子另外起一个正式的名字，以便在正规的场合使用。

由于宝宝出生时的特征比较具体，用以起名比较受限制，因此也不太有利于想象力的发挥，起出的名字看上去并不那么文雅。加上一个时代有一个时代的特点和起名习惯，我们现在也不可能为宝宝起黑臀、黝胡之类的名字。但我们可以由这种起名方法得到启示，为宝宝起出有纪念意义的乳名。

三、向出生时间索取素材

为宝宝起个好名字其实并不难，因为起名的方法和手段实在是多种多样。譬如说，仅从宝宝出生的时间上，就有许多用之不竭的素材。

利用宝宝出生的时间起名，细分起来，又包括利用年、月、日、时、季节、节日、时代起名等。其中，利用节日、时代等起名的方法主要是利用当时发生的事情或当时的时代特征起名。

利用宝宝出生的年份起名，主要是指利用我国的干支纪年法起名。所谓干支，就是天干、地支的简称。天干即甲、乙、丙、丁、戊、己、庚、辛、壬、癸，共有10个；地支即子、丑、寅、卯、辰、巳、午、未、申、酉、戌、亥，共有12个。把这些天干和地支按次序一一相配，可构成60个组合，成为甲子、乙丑、丙寅等形式，周而复始，分别用来记录年份次序，便是干支纪年。这种纪年每60年重复一次，又从"甲子"年开始，所以又称"六十甲子"，如下表。

六十甲子表

甲子	乙丑	丙寅	丁卯	戊辰	己巳	庚午	辛未	壬申	癸酉
甲戌	乙亥	丙子	丁丑	戊寅	己卯	庚辰	辛巳	壬午	癸未
甲申	乙酉	丙戌	丁亥	戊子	己丑	庚寅	辛卯	壬辰	癸巳
甲午	乙未	丙申	丁酉	戊戌	己亥	庚子	辛丑	壬寅	癸卯
甲辰	乙巳	丙午	丁未	戊申	己酉	庚戌	辛亥	壬子	癸丑
甲寅	乙卯	丙辰	丁巳	戊午	己未	庚申	辛酉	壬戌	癸亥

在我国传统社会里，"六十甲子"是表示时间的最基本单位，不仅纪年时使用，而且也在纪月、纪日、纪时中使用。当用于纪年时，一般把当年称为某某年，如公元2021年是辛丑年，2022年是壬寅年，2023年是癸卯年，等等，都是如此。这里的辛丑、壬寅、癸卯等都是年的别称，这种别称是按干支纪年法推算出来的。如第一年为"甲子年"，第二年为"乙丑年"，第三年为"丙寅年"，以此类推，直至第六十年为"癸亥年"。周而复始，新的一轮六十甲子纪年的第一年又叫"甲子年"，依此类推。另外，由于我国还习惯

把十二地支分别与十二生肖联系起来,认为子即鼠、丑即牛、寅即虎、卯即兔、辰即龙、巳即蛇、午即马、未即羊、申即猴、酉即鸡、戌即狗、亥即猪,因此,凡天干与地支组合有"子"的年份都称为"鼠年",有"丑"的称"牛年",有"寅"的称"虎年",有"卯"的称"兔年",有"辰"的称"龙年",有"巳"的称"蛇年",有"午"的称"马年",有"未"的称"羊年",有"申"的称"猴年",有"酉"的称"鸡年",有"戌"的称"狗年",有"亥"的称"猪年"。而在每一轮六十甲子中,十二地支和对应组合的十二生肖都各出现五次。如"子"有"甲子""丙子""戊子""庚子""壬子","亥"有"乙亥""丁亥""己亥""辛亥""癸亥",所以每60年中都有一种生肖的五次别称年。在利用这种纪年法为孩子起名时,要想知道某年所在的甲子纪年情况,只要一查万年历便可知道。接着,就可以利用宝宝出生年份的干支为宝宝起名,或者利用干支中的一部分为孩子起名。如在2021和2022、2023年,为宝宝起的名字就可以是辛丑、壬寅、癸卯,或选取辛、丑、壬、寅、癸、卯这6个字中的一个,与其他字搭配在一起起名。至于利用12个地支所对应的十二生肖起名,如1904、1916、1928、1940、1952、1964、1976、1988、2000、2012等年份出生的人都属龙,这些年出生的人很多都起带"龙"或"辰"字的名字,如小龙、大龙、玉龙、辰龙等,就是因为他们把出生年份的地支与生肖联系了起来。此外,还有人起名赵庚午、李辛、张乙、王玉辰、孙寅虎等,也都是采用了出生年份起名的方法。

干支纪年与公历生肖对照表

子鼠	甲子 2044 1984 1924	壬子 2032 1972 1912	庚子 2020 1960 1900	戊子 2008 1948 1888	丙子 1996 1936 1876	卯兔	丁卯 2047 1987 1927	乙卯 2035 1975 1915	癸卯 2023 1963 1903	辛卯 2011 1951 1891	己卯 1999 1939 1879
丑牛	乙丑 2045 1985 1925	癸丑 2033 1973 1913	辛丑 2021 1961 1901	己丑 2009 1949 1889	丁丑 1997 1937 1877	辰龙	戊辰 2048 1988 1928	丙辰 2036 1976 1916	甲辰 2024 1964 1904	壬辰 2012 1952 1892	庚辰 2000 1940 1880
寅虎	丙寅 2046 1986 1926	甲寅 2034 1974 1914	壬寅 2022 1962 1902	庚寅 2010 1950 1890	戊寅 1998 1938 1878	巳蛇	己巳 2049 1989 1929	丁巳 2037 1977 1917	乙巳 2025 1965 1905	癸巳 2013 1953 1893	辛巳 2001 1941 1881

续表

午马	庚午 2050 1990 1930	戊午 2038 1978 1918	丙午 2026 1966 1906	甲午 2014 1954 1894	壬午 2002 1942 1882	酉鸡	辛酉 2041 1981 1921	己酉 2029 1969 1909	丁酉 2017 1957 1897	乙酉 2005 1945 1885	癸酉 1993 1933 1873
未羊	己未 2039 1979 1919	丁未 2027 1967 1907	乙未 2015 1955 1895	癸未 2003 1943 1883	辛未 1991 1931 1871	戌狗	壬戌 2042 1982 1922	庚戌 2030 1970 1910	戊戌 2018 1958 1898	丙戌 2006 1946 1886	甲戌 1994 1934 1874
申猴	庚申 2040 1980 1920	戊申 2028 1968 1908	丙申 2016 1956 1896	甲申 2004 1944 1884	壬申 1992 1932 1872	亥猪	癸亥 2043 1983 1923	辛亥 2031 1971 1911	己亥 2019 1959 1899	丁亥 2007 1947 1887	乙亥 1995 1935 1875

注：凡是出生月份在公1、2月份，其出生日在立春交节时刻之前的，其属相应是公历上一年的。

利用出生时的月份起名也是许多人采取的方法。这种方法中的一种是利用当月所在的干支起名，具体干支查万年历便可知道。在我国，利用干支纪月的习惯出现很早，在西汉司马迁所著的《史记·历书》中已见应用，后来便通行开来。另外，在习惯上，我国对月份还有一些别的称呼，各按时令特点和花果草木名称命名，起名时也可以利用月份的别称。如农历正月别称端月、建寅、孟春、孟陬，二月别称仲阳、大壮、花月、杏月，三月又称建辰、莺时、梅月、桃月，四月又称朱明、正阳、孟夏、桐月、槐月、除月，五月又称建午、天中、蒲月、榴月，六月又称林钟、秀月、荔月、荷月，七月又称肇秋、建申、瓜月、巧月，八月又称建西、正秋、桂月，九月又称霜序、建戌、菊月、玄月，十月又称孟冬、应钟、阳月，十一月又称建子、畅月、葭月，十二月又称腊月、嘉平、临月。上述这些月份别称，有不少都是起名的好素材。如有人起名为罗建寅、刘孟春、杜正阳、王建午、胡秀月、孙正秋、孟二冬、赵嘉平，等等，都是利用了月份的别称。

利用宝宝出生当天的日期起名，也是指利用当天的别称起名，这种别称来自干支纪日法。从来源上看，我国的干支纪日法出现很早，在甲骨文里已经有商代用干支纪日的记载。后人通过对春秋时期日食的研究，进一步证明从鲁隐公三年二月己巳日（公元前720年2月10日）起，我国的干支纪日一直连续不断，而且成为通例。至于利用干支纪日法起名，也就是当宝宝出生以后，做父母的可以去查万年历，看这天是旧历纪日的哪一天，接着就可以利用当天的干支起名。另外，我国古代还根据月亮的圆缺情况对"日"有不同的别称，如农历每月第一天别称初一、朔日，第十五日别称望日，第十六日别称既望，每月的最后一天（二十九或三十）别称晦日，这些别称同样可以用来起名。汉代有位著名人物叫东方朔，清朝有位画家叫汤若望，名字中的"朔""望"都与他们出生当天的日期有关。

至于根据宝宝出生的"时"起名，也包括利用宝宝出生时的干支纪时法起名，其方法与干支纪年、月、日法相同。由于干支纪年、月、日、时合起来是8个字，过去也叫"八字"，而根据"八字"起名也是过去民间和现在的一些起名公司常用的方法之一，本书第六章"给宝宝起名的特殊方法"将专门谈到。此外，我国过去还有多种纪时方法，如把一天分为15个时辰，分别称为晨明、朏明、旦明、蚤食、晏食、隅中、正中、小还、铺（晡）时、大还、高舂、下舂、县车、黄昏、定昏；或者把一天分为10个时辰，让昼夜平分5个时辰，其中白天的5个时辰是朝、禺、中、晡、夕，夜里的5个时辰是甲、乙、丙、丁、戊（后用五更来表示）；或者把一天分为12时，并以12个地支命名，即子时、丑时、寅时、卯时、辰时、巳时、午时、未时、申时、酉时、戌时、亥时；或者以12时为基础把一天分为24个时辰，即把12时中的每个时辰平分为初、正两部分，成为子初、子正、丑初、丑正、寅初、寅正等，与现在一天24小时时间一致；或者以12时为基础把一夜分为五更，即戌时为一更，亥时为二更，子时为三更，丑时为四更，寅时为五更；或者进一步把五更中的每更分为五点，即每更的2小时被5个点的24分钟平分，从而有"三更四点""五更三点"的说法。不过，在上述这些纪时方法中，最有影响的仍是12时纪时法。

由于被广泛采用，以至12个时辰还有不同的别称，有些时辰的别称甚至多达9个。其中子时的别称有夜半、午夜、子夜、中夜、夜分、宵分、未旦、未央、丙夜，丑时的别称有鸡鸣、荒鸡，寅时的别称有平旦、平明、平骑旦、清旦、大晨、早晨、黎明、日旦，卯时的别称有日出、日始、旭日、破晓、点卯，辰时的别称有食时、蚤（早）食、朝食，巳时的别称有隅中、日禺、东中，午时的别称有日中、日正、正午、平午、亭午、平昼、正南、中午，未时的别称有日侧、日昳、西中、日昃、日央，申时的别称有晡时、日晡、下铺、下市、夕食，酉时的别称有日入、春时、日落、日沉、傍晚，戌时的别称有黄昏、晏晡、牛羊入、日夕、日暮、日晚，亥时的别称有人定、定昏、寅夜、合夜。当然，我国古代不一定具备像现代一样精确的时间刻度，而常见常用的名称又较为复杂，一般是根据太阳所在的位置或吃饭的时间确定时辰。如把太阳出来的时候叫作旦、早、朝、晨，把将近正午的时候叫作隅中，太阳正中的时候叫作日中、正午、亭午，把太阳偏西的时候叫作昃、日昳，把太阳下山的时候叫作夕、暮、晚，把太阳下山后叫作黄昏，黄昏后是人定，人定后是夜半（或叫夜分），夜半后是鸡鸣，鸡鸣后是昧旦、平明，平明也就是又到了天亮的时候。此外，古人一天两餐，早餐的时间在日出后隅中前（7—9时），这段时间就叫食时或早食；晚餐在日昃后日入前，这段时间叫晡时（15—17时）。上述这些不同的纪时方法及其名称虽然看上去很乱、很庞杂，但为我们起名提供了丰富的素材。毕竟我国人口众多，起名需要多样性，起名面临的问题是素材太少而不是太多。如果知道了宝宝出生的准确时间，便可以利用当时时间的别称为宝宝起名。事实上，不少名人在起名时就采用了这种方法，甚至名字中就带有出生时辰的名称。如当代杰出的新闻工作者邓拓的乳名叫旭初，父亲为他起这个名字是因为他出生在天将放亮之时。著名相声演员侯宝林乳名叫"小酉"，是因为他出生在17—19时，这一时间也叫酉时。著名经济学家马寅初据说出生在寅时，即凌晨3时，他的父母便为他起名寅初。

利用季节的名称或别称起名，也是人们常用的方法之一。论季节，一年有春、夏、秋、冬四季，每个季节又有不同的别称。其中春季又称青阳、阳春，夏季又称朱明、炎亭、长赢，秋季又称素商、金天、商节，冬季又称元序、安宁、青冬。此外，每季又各有三个月，每个月别称孟、仲、季。如春季第一个月别称"孟春"，春季第二个月别称"仲春"，春季第三个月别称"季春"；夏季第一个月别称"孟夏"，第二个月别称"仲夏"，第三个月别称"季夏"；秋冬两季每个月的别称以此类推。再者，每个季节又各有6个节气，其中春季有立春、雨水、惊蛰、春分、清明、谷雨，夏季有立夏、小满、芒种、夏至、小暑、大暑，秋季有立秋、处暑、白露、秋分、寒露、霜降，冬季有立冬、小雪、大雪、冬至、小寒、大寒，合称二十四节气。这些名称，也都是可以考虑入名的。如有人起名叫孟庆春、刘青阳、宋安宁、赵雪儿，名字中都用了表示季节的词。

四、在诞生地点寻找目标

我国幅员辽阔，除不多的几个荒无人烟之地外，各地生活着56个民族的兄弟姐妹，当然各地每天也都有新的人口降生。由于宝宝的降生之地各有名称：从小的来说有医院、家庭、社区、街道、村落，大的来说有省、市、县、乡、山、林、川、泽、江、河、湖、海，乃至民族、国家、洲际、世界、星球、宇宙，这些众多的名称或其别称、变通形式也都可以用来起名。并且，如果使用得当，起出的还会是别致而又充满纪念意义的名字。

以宝宝的出生地点起名，其实还是一种十分古老的方法。如被尊为"至圣先师"的孔子本名孔丘，字仲尼，名和字都来源于家乡曲阜东南的尼丘山。像这种以出生地附近的山名起名的情况，是以出生地点起名这种起名方法中较为常见的一种。另外在古代，我国还有一种用出生地称呼别人的习惯，在这种习惯影响下，有些人原来的名字反而少为人知，这种称呼几乎成了一种名字，其实也属于以出生地点起名的一种特殊现象。其中如中华人文始祖之一的炎帝又被称为烈山氏或历山氏，意思是说他是烈山或历山一带的首领，这里的烈山或历山就是他家乡的地名，而当人们提到烈山氏或历山氏时，至今都知道所指是他，是他另外的一个名字，人们在无意之中为他用家乡的地名起了名字。同样，相传黄帝居住在轩辕之丘，也称轩辕氏。唐代诗人张九龄生于韶州曲江（今广东韶关），历史上又被称为张曲江；唐代文学家柳宗元是河东（今山西永济）人，人称柳河东；北宋政治家王安石家于临川（今属江西），人称王临川；明代政治家张居正祖籍江陵（今湖北荆州），人称张江陵；明代戏曲家汤显祖是王安石同乡，也被称为汤临川；近代改良家康有为家于广东南海（今中山市），人称康南海。以上这些称呼都与他们的出生地有关，实际上也都可以被当作一种由出生地而来的名号，只不过起名的时间不是在他们出生时罢了。至于古代还有人被用当官或侨居、流放之地的名称

《康南海先生墨迹》，是清末改革家康有为的墨宝，他因家在广东南海而被称为康南海

相称，这些地方虽不是他们的出生地，但也是由地名而来的称呼，属于近似用出生地起名的情况。这类的例子如汉代经学家孔融因曾任北海相，人称孔北海；东晋大诗人陶渊明曾任彭泽令，人称陶彭泽；南朝诗人谢朓曾任宣城太守，人称谢宣城；唐代诗人韦应物曾在苏州任职，人称韦苏州；唐代边塞诗人岑参曾任职于嘉州，人称岑嘉州；等等，都是如此。

利用宝宝的出生地起名，以及由此而来的名字，在今天的人名中其实占有相当高的比例，即使不少名人的名字也是如此。如陈鲁豫、秦晋、黄河、潘长江、刘太行等名字，几乎个个都与出生地点或地名有关。其中陈鲁豫的名字来源于父母祖籍山东和河南的简称，秦晋的名字是因为父母分别是陕西（简称秦）和山西（简称晋）人，黄河和潘长江的名字来源于我国的黄河和长江这两条河流的名字，刘太行的名字因为他出生在太行山。诸如此类的名字其实还可以举出很多，我们也从中可见出生地点的名称其实也是多种多样。由于情况比较复杂，加上出生地有时又被称为籍贯，因此，这种以出生地起名法又可以进一步分为以出生地起名、以籍贯起名和以出生地与籍贯结合起名等情况。其中，这种意义上的以出生地起名实际上仅仅指出生地点，前述刘太行的名字来源就属于这种情况。又如著名民族英雄郑成功幼名福松，据说是因为出生在苍松之下才有的名字。现代文学史上的"左联"作家柔石原名赵平福，因为家乡浙江海宁县城西有座"金水柔石"桥，便取桥名为笔名，并以笔名传世。著名画家黄宾虹本名质，名字来源于家乡安徽歙县潭渡村南的"滨虹亭"。现代作家老舍的大女儿生在济南，老舍给她起名舒济。著名歌唱演员关牧村生于古代著名的牧野之战的地方，今河南省新乡市牧野村（俗称牧村），父母为了让她不忘生养她的地方，便为她起名牧村。著名词作家田汉为儿子起名田海男，是因为他的出生地在上海。上述名字都明白简洁，兼有纪念意义，都是这类名字中的代表。另外，如有人因为生在北京而起名京生，生在上海而起名沪生或申生（"申"是上海别称），生在武汉而起名汉生，生在云南而起名云生，生在同仁医院而起名同仁，等等，也都属于这种情况。

利用宝宝的籍贯起名，也是一种常见的方法。籍贯又称祖籍，性质与出生地相近，但又不完全等同于出生地，因为不一定每个人都生在家乡。现在许多人为了事业和理想而常常四海为家，以至远离家乡，甚至一辈子都没有回过祖籍地，但月是故乡明，对故乡的深情一直不断，通过为宝宝起名这种方式来表达对故乡的思念也是不少人的做法，如李粤、黄辽、思湘、念蓉、杭军、忆宁之类的名字，其中，粤、辽、湘分别是广东、辽宁、湖南的简称，而使用这些名字的人并不生活在这些省，名字的来源都是为了纪念家乡。至于念蓉、杭军、忆宁等名字，也各与籍贯成都、杭州、南京（别称"宁"）等有关。又如当代著名作家和评论家巴人，他原名王任叔，是四川人。四川古称巴蜀，为了纪念家乡，他便以"巴人"作为笔名，这一笔名还被很多人当成是他的名字，而他的原名反而很少有人知道。另一位著名作家巴金原名李尧棠，祖籍也在四川，巴金也是笔名。由于他长期生活在上海，这一笔名中的"巴"也被认为有怀念家乡之意。

把宝宝的出生地与籍贯联系起来起名，同样可以起出很别致的名字。在我国不少地方，尤其是在城市，都可以看到用了两个地名的名字，如前述的鲁豫、秦晋，尽管不一定都属于把出生地与籍贯结合起来的名字，但至少有一些是这样的。仅以把两个地名连在一起的名字而言，生活中其实有很多，如把北京和广州两个城市的名字连在一起起名"京穗"，用上海和南京的简称起名"沪宁"，以及起名秦豫（陕西—河南）、豫川（河南—四川）、吉贵（吉林—贵州）、甘津（甘肃—天津）、渝蓉（重庆—成都）、京宁（南京—宁夏）、申杭（上海—杭州）、皖青（安徽—青海）、闽苏（福建—江苏）、川越（四川—浙江）、秦湘（陕西—湖南）、鲁湘（山东—湖南）等，都属于这种情况。另外在20世纪60年代，有不少大城市的青年被派到边疆地区进行开发建设，有些人还在当地生儿育女，为了纪念这种经历，便把家乡的名字与派往之地的名字连起来为宝宝起名，起出的名字有京龙、蒙京、沪新、申疆、海新、新浦、新海等，既表达了对故乡的思念之情，又纪念了在派往之地的经历，可谓有双重意义。

由上可见，出生地等的名字都可以被用来为宝宝起名，每个名字背后都有故事。加上这种起名方法与其他方法相比可供选择的余地更大、更自由，从而使这类的名字更富有个性和纪念意义，所以也是一种常见的起名方法。如果我们再进一步研究，还可以发现这类名字的来源较为复杂，其中有些人的名字可能是国家的名称，有些则是省（自治区）名或市县名、乡村街道名、工作单位名、山川湖海名等，多种多样，无所不包。其中，用国家名称所起的名字有盛中国、李中华、周华生、方华夏等，名字中的"华"既是国家名又是花朵的"花"字的本字，在人名中的使用频率相当高，常见的名字还有华强、新华、爱华、文华、子华等。当然，还有人在起这类的名字时使用其他国家或地区的名称，如孙美加、刘亚洲、张中东等，都是如此；用省（自治区）名称或别称所起的名字主要是采用其简称，如京生、鲁生、辽生、陕生、赣生、鄂生、冀生、川生、粤生、晋生、贵生、滇生、闽生、浙生、湘生、桂生等，从名字上一眼便可看出出生地。当然，也有人起名用省（自治区）的全称，或者用全称的一部分起名，起出的名字有刘长春、孙青海、王吉林、谢福建等。对于那些地名中有东、西、南、北等方位字的，不少人也喜欢用这些方位字起名。如生在山东、广东的人以"东"字起名，生在江西、山西、广西的人以"西"字起名，生在河南、湖南、海南的人以"南"字起名，生在河北、湖北的人以"北"字起名，都属于这种情况。由于省（自治区）的名称有限，起名时为了避免重名，还可以搭配其他的字进行变通，如生在河南就不一定要起名豫生，可以叫豫光、豫强、兴豫，或用"豫"的同音字玉、宇、雨、育、羽等起名为玉华、天宇、雨艳、育容、金羽，以及用河南的别称起名为中州、中原、豫州等。

用出生地为宝宝起名，还有用市或县名、乡村街道名、工作单位名、山川湖海名起名等多种起名方法。其中，由于我国市、县的数量非常多，用作人名不易重复，加上市、县名称与省（自治区、直辖市）名称相比更为具体，纪念意义更强，有些名称本身又是很好的名字，因此用这些名称或别称起名的人更多，起出的名字也更有意义。根据我国现有的行政区划，目前各省（自治区、直辖市）可用于起名的市、县名称如：北京的昌平、延庆、大兴，天津的宁河、武清、静海，河北的新乐、安平，武强，山西的左云、右玉、闻喜，内蒙古的巴林、兴河、宝昌，辽宁的新民、长海、朝阳，吉林的长春、永吉、和龙，黑龙江的集贤、大庆、尚志，上海的奉贤、崇明、金山，江苏的武进、兴化、连云（港），浙江的文成、龙泉、仙居，安徽的怀远、望江、天长，福建的福清、平和、永安，江西的进贤、万年、兴国，山东的招远、泰安、栖霞，河南的修武、获嘉、灵宝，湖北的云梦、竹溪、鹤峰，湖南的桃源、嘉禾、凤凰，广东的惠来、高明、新兴，广西的金秀、永福、乐业，海南的文昌、定安、东方，重庆的荣昌、长寿、永川，四川的洪雅、广安、武胜，贵州的修文、兴义、余庆，云南的罗平、双江、瑞丽，西藏的安多、亚东、米林，陕西的长安、凤翔、安康，甘肃的静远、华亭、山丹，青海的乐都、共和、玉树，宁夏的永宁、同心、灵武，新疆的和静、裕民、福海，以及香港的九龙、葵青、元朗，澳门的望德、风顺、嘉模，台湾的云林、宜兰、新竹，等等，都含义较好、风格典雅，直接拿来就是很好的名字。即使不愿照搬这些名字，也可以从中受到启发，或稍稍变通一下成为比较满意的名字。至于市县名称的别称，其数量更多，其中也不乏可供选取的素材。如常见人名中的津生、渝生、杭生、宁生、汉生、蓉生、洛生等，都是用了出生城市的别称，分别表示他们的出生地是天津、重庆、杭州、南京、武汉、成都、洛阳。至于用居住地附近的乡村街道、工作单位的名称或别称起名，所起的名字有李南仁、仝鞍钢、王北航、姚军营等。此外，还有人喜欢用山川湖海的名称或别称为宝宝起名，认为它们钟灵毓秀，是大自然的造化，用来起名除有纪念意义外，还能给人以美的享受。于是，如果宝宝生在南京就起名秦淮，生在大连起名海滨，生在山东起名沂蒙，生在新疆起名天山，生在四川起名峨眉，生在桂林起名漓水，生在湖南起名洞庭，等等。甚至，我们还可以见到袁伊洛、乔珠江、赵平原、史东山、钟北海、陆嘉陵、张龙江、文运河、王五岭、李九华、黄山谷、万洪湖、焦祁连、陈瑞丽等颇具诗意的名字，这些名字其实也都与山川湖海有关。

　　以宝宝的出生地点起名，除以上所说的几种情况外还有不少。如我们在看报纸或听新闻时，不时可以听到某孕妇在旅途中分娩的报道，为了表示纪

"夏青"是很多人使用的名字，有的意思是夏天生在青海

念，孩子的父母可以为宝宝起名路生、车生、舟生、船生等，这样的名字实际上也是以出生地点起名。有些人起名时还喜欢把出生地和出生时间联系在一起，为宝宝起名为春燕（春天生在北京或河北）、夏青（夏天生在青海）、秋榕（秋天生在福州）、冬宁（冬天生在南京）等。

利用宝宝出生地起名的方法固然很好，但也不是说没有局限性。尽管可供起名的出生地名称很多，但我国毕竟是一个人口太多的泱泱大国，再多的地名也远远少于人口的数量，如果起名都采用这一方法，仍难免造成大量重名，从而使这种用出生地起名的方法显得取材范围狭窄，所起的名字也不免让人感到乏味。同时，由于宝宝的出生地点各有不同，在用这种方法起名时也要考虑宝宝出生地点的民风民俗与其他地方是否一致，要适当照顾不同地区之间的差异，以免在宝宝长大后到新的地方生活时，因为名字与新到地方的风俗不同而显得不适应。如在城乡之间，城市的人起名喜欢用意境深邃的文字如"羽""聪""楚""文""思"等，借以体现出活跃、多样的城市气息；而农村的人多重视与乡土亲合力强的文字，如"喜""生""好""荣""财"等，显得质朴、平和。又如在不同地区的城市之间，起名习惯也有差异。广州在20世纪80年代出生的独生子女名字中有不少人使用了生僻字、雅意字，如"韵""箐""帅""龙""毂""苠""漫""桢""筱""歆"等；而其他的欠发达区更喜欢用"丽""秀""梅""桃""素""秋""巧"等传统用字起名。再如从各地文化特征上看，吴越文化清丽灵秀，关东文化直爽豪放，草原文化雄阔粗犷，岭南文化开放自由，这些差异对起名也有影响。

五、以发生事情作为借鉴

利用宝宝出生时所发生的事情起名，也是我国古今常用的一种起名方法。早在春秋末年孔子生活的时代，孔子为自己的独子孔鲤起名，所采用的就是这种方法。据史书记载，孔子在鲁昭公手下做官，儿子孔鲤出生后，鲁昭公派人送来鲤鱼表示祝贺，孔子觉得很荣耀，加上鲁国民间又认为鲤鱼是吉祥物，于是，便为儿子起名孔鲤。不仅孔子如此，即使后来的官宦人家或普通百姓，也都喜欢用这种方法起名。其中如近代民族英雄林则徐的名字，也是由出生那天所发生的事情而来的。当时有福建巡抚徐嗣曾从他家门口经过，他父亲由此认为这件事是个好兆头，他将来能像徐巡抚这样风光也很不错，于是就给他起名为则徐，意思是以徐巡抚为榜样，将来高官任做、骏马得骑。又如著名数学家华罗庚的名字，据说在出生时，他的父亲正好背着一个箩筐回到家里，接生婆向他的父亲道喜，他的父亲就用箩筐的同音字为他起名华罗庚。由上可见，由于宝宝出生时所发生的事情往往可以直接影响起名的思路，进而能为起名带来灵感，加上这样来的名字又大多具有纪念意义，因此也成为民间起名最常用的方法之一。

　　利用宝宝出生时所发生的事情起名，有时还从宝宝出生时的天文现象、母亲生宝宝时的状态、家中发生的事情、宝宝出生时的节日、时代特点等获得灵感，进而起出具有纪念意义的名字。其中如不少人喜欢用宝宝出生时自己所看到的天文现象为宝宝起名，起出的有代表性的名字有黎明、晓明、曙光、晨阳、晓霞、金星、明月、星光、红星等。另外，春秋时郑庄公的名字叫寤生，是因为他的母亲生他时难产。近代有位女作家名叫黄庐隐，出生那天恰巧外婆去世，被家里人认为是一个灾星，家中虽然富有，但仍把她送到乡下，让她在奶妈家的农舍里长大，还给她起名庐隐，意思就是暗示她是在简陋的茅屋里悄悄长大的。还有位作家黎烈文，原名黎六曾，名字的来源是他出生那天他的曾祖父刚好过60岁生日，家中为了纪念，便给他起名六曾。还有叫齐欣、齐荣的姐妹俩，其实是由姐姐的原名齐昕发展而来的，也与她出生时所发生的事情有关。据说她是在早晨出生的，而形容早晨的汉字中有一个"昕"字，于是为她起名齐昕。等妹妹出生后，妈妈想让姐妹俩的名字联系在一起，正好又受成语"欣欣向荣"的启发，便又把她的名字改为齐欣，又为妹妹起名齐荣，终于让这对小姐妹的名字珠联璧合。又如著名电影导演张艺谋为女儿起名张末，原因是听了同事建议，因为生在一个月的最末一天，而他的事业也刚好处在辞旧迎新门槛上，便为女儿起了这个名字。

在利用宝宝出生时所发生的事情起名时，还有一种方法经常被人采用，也就是如果宝宝出生时正逢上过节，便利用节日的名称起名，这样起出的名字同样很有意义。在起名时，所利用的节日名称不仅可以是我国传统节日的名称，也可以是现代纪念性节日的名称，甚至还可以是外国节日的名称，再加上这些节日的别称，使这类可供选取的素材相当多。如就我国的节日而言，传统的节日有春节（农历正月初一）、元宵节（农历正月十五）、清明节（公历4月4日前后）、端午节（农历五月初五）、乞巧节（农历七月初七）、中秋节（农历八月十五）、重阳节（农历九月初九），以及春龙节、寒食节、天贶节、冬节等。至于现代纪念性的节日，有元旦（1月1日）、植树节（3月12日）、妇女节（3月8日）、劳动节（5月1日）、青年节（5月4日）、儿童节（6月1日）、建党节（7月1日）、建军节（8月1日）、教师节（9月10日）、国庆节（10月1日）等。另外在西方，还有香水节（1月12日）、情人节（2月14日）、愚人节（4月1日）、护士节（5月12日）、母亲节（5月第二个星期日）、父亲节（6月第三个星期日）、友谊节（8月第一个星期日）、万圣节（11月1日）、感恩节（11月最后一个星期四）、圣诞节（12月25日）、复活节（春分月圆后的第一个星期日）等。这些节日有些还有别称，有些节日的名称还可以通过变化来起名。如我国国庆节的名称"国庆"曾被无数人用来起名，起名"建国"也与国庆节有关。同样，七一建党节出生的人可以起名为"党生""党庆"，八一建军节出生的人可以起名为"建军"或"军生"；而五一国际劳动节又可以被谐音为"武义"，六一儿童节又可以被谐音为"陆夷"，这些也都可以作为名字。

另外，在利用宝宝出生时所发生的事情起名时，还有一种与利用节日名称起名相近的方法，也就是利用重大事件的名称进行起名。由于重大事件发生在某一天或某一个时期，具有纪念意义，因此也多用这些事件的名称或稍加变通起名。我国一些重名率很高的名字，如"抗美""跃进""亚运""奥运"，以及"卫国""卫东""盼盼""京京""迎迎""欢欢"等，都是因为在起这些名字时发生了抗美援朝、"大跃进"运动、1990年北京亚运会、2008年北京奥运会等重大事件。这些名字中的前者是直接用了事件的名称，后者则是事件的变通。其中"卫国"是"抗美援朝"期间使用最多的名字，因为那时的"抗美援朝"本身就是要"保家卫国"，用"卫国"起名正说明了它的纪念意义。同样，"盼盼"是1990年北京亚运会期间最为流行的名字，原因是当时的吉祥物大熊猫的名字叫"盼盼"；"京京"则是2008年北京奥运会5个吉祥物之一的名字，加上又是奥运会会标图案中的那个字，还代表奥运会的举办城市北京，因此也成了当时起名使用的最热门名字之一。

最后，在利用宝宝出生时所发生的事情起名时，值得一提的还有一种来自于时代特征的起名方法。从商代的"十干起名法"到周朝的"五则六避"，都是利用那些时代的特征起名。此后，汉魏尚骈体，六朝崇佛道，唐代爱经典，宋代好族谱，明清多俗字，等等，也都带有典型的时代特征，利用时代特征起名也是很多人爱做的事情。仅以相关专家对1900年以来北京、上海、广州起名用字的研究结果为例，可知北京在20世纪初最为流行的名字是王淑珍、李秀英、王玉珍、张淑兰等，20世纪20—40年代没有发生明显变化，但50年代则变为王秀英、李建国、张淑华、刘淑敏等，60年代是王军、李伟、王建华、张杰、王立新、王建国、李强等，70年代是张颖、张伟、李静、王涛、王辉、李军、王磊、张勇、王芳等，80年代是刘洋、王磊、王超、李娜、刘佳、张伟、张楠、王鹏、杨帆等，90年代是刘畅、刘洋、王硕、李想、王帅、王鑫、张宇、张旭、王晨、李响、李鑫、张萌、王雪、张鑫等。到了21世纪初，北京使用人数最多的名字是刘畅、李想、王硕、王宇轩、王子豪、王子涵、张浩然、王森、王宇、李鑫等。其中，王秀英、王淑兰是20世纪50年代以前最流行的名字，张伟、王伟等是60年代以来就流行的名字，刘洋则是1978年以后出现的名字。从这些名字可见，北京各个年代的姓名都有较明显的时代特征：新中国成立前的女性名多为淑兰、淑英、秀英、秀珍等，反映了女性起名用字的集中和传统社会对女性美德的要求；50—60年代的人名多使用"军""伟""华""红""建国""建华"等字词，表现了对国家建立和报效祖国的期待以及对军人和英雄人物（伟人）的崇拜；70年代的人名使用"静""颖""磊""涛""勇""辉"等字，显示出人名用字开始多元化；80年代的人名中出现"洋""娜"等字，说明当时改革开放的政策影响了人们的起名，而"楠"字则是刚刚实行计划生育政策之后的人们重男轻女思想有所回升的反映；90年代以后的人名用字变得多元化、时尚化，其中"鑫"字明显反映出经济改革对人们起名的影响。

近代以来的起名不仅北京具有时代性，上海和广州也是如此。在上海，20世纪50年代前以小妹、秀英、秀珍、桂英等名字最多，而50年代后则建国、建华、建平等名字的比例上升，进入21世纪则出现许多类似于我国港台地区的名字。具体说来，上海20世纪初使用人数最多的十大名字是王小妹、张小妹、陈小妹、王秀英、张秀英、陈秀英、徐小妹、朱小妹、沈小妹、杨小妹，20世纪20年代是王秀英、张秀英、陈秀英、王小妹、张小妹、李秀英、陈小妹、张桂英、朱秀英、王桂英，30年代是王秀英、张秀英、陈秀英、张小妹、李秀英、王小妹、王秀珍、徐秀英、王桂英、朱秀英，40年代是张小妹、王秀英、王小妹、张秀英、陈秀英、王秀珍、陈小妹、张根娣、张美英、张美芳，50年代是张建国、张建华、王建国、王建华、陈建华、陈建国、张建平、李萍、王建平、张小妹，60年代是李萍、张敏、张萍、张伟、王伟、陈伟、王萍、张建华、王建华、李明，70年代是王芳、陈洁、张燕、张伟、张华、张军、张敏、陈燕、王伟、王燕，80年代是张磊、陈洁、张燕、陈晨、王磊、陈燕、张杰、张洁、陈杰、张伟，90年代是陈晨、张磊、杨帆、杨阳、张杰、张婷、王磊、陈洁、陈超、王超。到21世纪初，上海使用人数最多的十大名字是陈诺、王佳怡、陈晨、刘畅、张佳怡、李想、张欣怡、陈佳怡、杨阳、张俊杰。

至于广州，情况与上海相比则有所不同。如在近年来，当地使用人数最多的10大名字是陈志强、黄志强、李志强、陈伟强、陈俊杰、陈妹、梁妹、黄俊杰、陈志明、陈丽华。而到了20世纪初期，广州使用人数最多的十大名字是陈妹、梁妹、黄妹、梁好、陈好、陈娣、何妹、陈金、何金、陈英，20年代是梁妹、陈妹、黄妹、何妹、李妹、陈女、梁金、陈苏、梁苏、陈金，30年代是陈妹、梁妹、陈女、梁女、何妹、陈秀英、李妹、黄妹、郭妹、梁好，40年代是梁妹、陈妹、梁女、陈女、黄妹、郭妹、陈细妹、陈金好、陈惠珍、黄桂英，50年代是陈志强、陈丽珍、李志强、陈玉珍、陈国强、黄志强、黄玉珍、李国强、陈桂英、陈惠珍，60年代是陈志强、陈伟雄、陈伟强、黄志强、李志强、梁志强、陈伟明、陈志明、梁伟雄、陈志雄，70年代是陈志强、陈伟强、陈敏、李志强、陈志勇、黄海燕、黄志强、陈雪梅、李莉、陈丽华，80年代是陈敏仪、陈俊杰、陈静、陈丽华、李俊杰、李静、梁敏仪、黄敏仪、陈颖、李莉，90年代是陈俊杰、黄俊杰、陈嘉欣、李俊杰、梁俊杰、黄嘉欣、梁嘉欣、李嘉欣、陈嘉俊、李嘉俊。在21世纪初，广州使用人数最多的十大名字是黄俊杰、陈俊杰、李俊杰、陈曦、刘俊杰、陈晓彤、何俊杰、陈嘉俊、陈颖欣、梁俊杰。从这些不同时期的名字中，我们可见1949年以前的广州人数最多的名字以女性名字居多，其中的"女""妹"等字近于对女性的泛称。而在1949年以后，名字则多为志强、国强、伟强、丽珍、玉珍、秀英，反映了名字的地区性特征。在20世纪80—90年代后，嘉欣、敏仪、俊杰等名字大量出现，并且无论什么姓氏都喜欢用这些字起名。

由上述北京、上海和广州一百多年来的起名现象看，每个时代的父母给孩子起名无不深受时代背景变迁的影响，从而使名字带有典型的时代性。这一特点也启示我们，在用宝宝出生时所发生的事情这种方法为宝宝起名时，为了不与别人重名，最好还是不要去追赶时髦，而应该多去追求名字的个性。

六、由世界万物得到启发

世界万物都有其特定的名称，特别是在我们中国，由于汉字具有十分丰富的表现力，使动物、植物等都有优美动听的名称；加上我国历代风俗中还有将物比作人的习惯，因此为人起名中，也有许多用物名作为人名的例子。事实上，用物名作人名，确实具有较强的表现力。

在用世界万物作人名时，用得最多的莫过于花草。因为花是美的象征，草中有很多也绚丽多姿，因此，许多父母都希望宝宝像鲜花一样艳、像草一样美，也都希望宝宝有个花草一般的名字。特别是对那些生了女儿的人而言，用花草起名更十分常见。如在我国历史上，十六国时有女诗人苏蕙，南朝有文学家韩兰英，唐代有女诗人宋若莘，五代有诗人花蕊，宋朝有诗人蒲芝，元代有文学家薛蕙英，明朝有诗人胡莲，清代有诗人和作家方若蘅、王采蘩、王荪、朱菊龄，当代有女性名人白薇、聂华苓、陈秀梅、谢芳、向梅等，她们都是用花草作名字的。由于世界上的花草多种多样，起名时也可以各取所需。假如姓氏适当，还可以把姓氏与花草的名称直接连起来作为名字，起一些诸如秋海棠、万山红、夏水仙、康乃馨、鹤望兰之类的名字。如果觉得直接用花草起名太直白，也可以用一些花草的别称或引申义来起名。如有些花草具有象征意义，有些花草名称被用来作为月份的别称，有些被当作市县花、乡镇花。因此，就可以根据不同情况，起一些自己认为合适的名字。我们日常生活中常见的一些名字，如杜娟、蒋樱、李紫鹃、郑娟红、武若兰、花菊仙、朱红金、冯云锦等，既有男孩名字也有女孩名字，选用这类的字起名可见还是一种较为普遍的现象。另外，古时"花"字与"华"字相通，许多人在起名时使用"华"字，其中有些也有"花"的意思。

除花草外，有人还由花草联想到它们的气味色彩，从而用表示色彩气味的字起名。许多表示色彩的字，如赤、橙、黄、绿、青、蓝、紫、白、黑、乌、苍、朱、红、灰、绛、素、粉、翠、金、黛、银、丹、彩、秀、艳、丽，以及表示气味的芬、芳、香等字，都是起名时选取的常用字。古今不少名人起名，无论男女都喜欢使用这些字。有代表性的名字有杨朱、李白、梁红玉、赵青、萧红、于蓝、叶紫、周贻白、刘大白、陈白尘、曾虚白、吴丹、郭苍、孙黑、田蓝、周艳、谢素素、夏绛珠、紫娟、燕青、红娘、陈芳、丁香、余金香等。尤其是色彩类的人名，不仅能使人产生感观上的愉悦和大脑的联想，而且还常被赋予特别的象征意义。其中，黄色代表尊贵，黑色代表贫穷，红色代表热烈、兴奋、欢庆，等等，都是约定俗成的审美习惯。此外，红色表示庄重、警觉；黄色象征阳光、黄金、矿藏、资源和财富，或表示柔和、快乐；绿色代表生命，使人有凉爽之感，让人觉得有生气，被认为是美好吉祥的象征；蓝色表示宁静，让人感到明快而清新，常用来象征海洋、河流、湖泊、港口和天空；白色表示雅素、洁净，一般象征和平、纯洁、公正，又能反映多种事物的外在特征。正是由于有上述象征意义，人们用这些字起名又有对宝宝更多的期望。此外，令人联想到色彩的字还有：青、翠、素、紫、彩、艳、月、云、霓、雯、露、雪、霞、冰、霜，常见的名字还有黄龙、蓝天、黄叶、玉青、彩云、丽霞、冰心、彩纨、曼丽、艳芳、春霞等。

在花草及其色彩气味之外，又有人喜欢用植物的名称起名，特别是用树木或作物名起名。在树木名中，松、柏、杨、柳、椿、桐、梓、楠、桃、杉、竹、梨等都常被用作名字。其中用"松"字起名的人很多，这样起名还因为它所代表的松树有耐寒而又常青的自然特性，可以不受环境变化的影响，能够"岁寒然后知松柏之后凋"，有坚强不屈的精神，以它起名具有精神和品质的双重象征意义，常见的名字有如松、青松、松青、松玉、松鹤等都是如此。又如"杨""柳"等字，也常用于起名。由于"杨""柳"所代表的杨树或柳树都对环境有较强的适应力，春天又早于其他树木发芽，被认为是春的使者，《诗经·小雅·采薇》"昔我往矣，杨柳依依"早已对它们进行了生动描绘；加上柳树中的垂柳因看上去婀娜多姿而深受人们喜爱，而惜别折柳、清明插柳也是影响广泛的民间风俗，因此，用"杨""柳"等字起名也被认为所起的名字富有生命力、活泼可爱，常见名字如白杨、杨柳、柳斌、柳青、春柳等都有这类的含义。至于从古到今用树木名称所起的名字，著名的例子还有东汉水利学家许杨，南宋画家林椿、清朝名儒李柏、大臣徐桐、医学家章楠，现代作家黄谷柳、电影剧作家林杉、教授陈瘦竹、香港企业家曾宪梓等。至于用作物名起名，可用来起名的作物主要有麦、粟、谷、禾、稼、瓜、藕、芹、棱、葵等，起名的有隋朝将领陈棱，南宋画家赵葵，明朝画家瓜畴、诗人陈芹，清代学者六谷、诗人曹禾、学者藕鱼、名士稼翁，当代作家杨麦等。可见，只要选取得好，植物中有不少名称都是可以入名的。

在我国，无论古今还有用动物中鸟、兽、虫、鱼等吉祥的飞禽走兽名字起名的习惯。其中用飞禽的名字起出的名字，著名的有西周时鲁国开国君主伯禽、西汉皇后吕雉、唐朝画家边鸾、明朝学士朱鹭、清代文学家高鹗、当代词人乔羽、当代作家茹志鹃等。至于凤、凰、鸾、燕、鹰、鸥、鸽、鹭、莺、鹕、鸫、鸬、鸳、雀、鹤、鹏、鸯、鹊、鹂、鹤、鹑、鹳、鹣、睢、鹫、鸩、鹛、鹪、鹇、鸺、鸥、鸽、鸿鹄、百灵、杜鹃、画眉等飞禽的名字，也大多被用来起名。其中凤、凰等还是中华民族的吉祥物，被看作美丽、仁道和天下安宁的象征，以凤凰作人名也有相关的含义。正因如此，不少名人的名字中都带有"凤"字，仅近代以来就有太平天国将领林凤祥、评剧演员新凤霞、电影演员王丹凤等，其他常见带有"凤"字的人名还有彩凤、玉凤、金凤、银凤、丹凤、翠凤、凤仪、凤祥、凤鸣等。再如"雉"字，现在已很少有人用来起名，但《韩诗外传》说它有文、武、勇、仁、信五德，"首戴冠者，文也；足缚距者，武也；敌在前敢斗者，勇也；得食权告，仁也；守夜不失时，信也。鸡有此五德"，是吉祥的喜物，汉高祖吕皇后便因此起名吕雉。至于其他的飞禽名字，如"燕"冬去春来，与人们的关系十分密切，因此又有赵飞燕、杨海燕等名字；"鸥"即全身洁白的海鸥，以它起名的有张海鸥、秦白鸥、杨逸鸥；"鸽"多象征和平，名字有刘云鸽、张祥鸽、郑百鸽等；"莺"形美声脆，名字崔莺莺、范晓莺等都让人感觉清新可爱。诸如上述吉祥飞禽的名字，常见的还有飞鸿、鸣凤、玉鸾、春莺、紫鹃等。

　　用吉祥的走兽或虫鱼的名字起名，也是我国古今常用的一种方法。常见的吉祥走兽或虫鱼的名字，主要有龙、麒麟、虎、豹、牛、羊、马、骆驼、鳌、鹿、蛟、鲸、猿、麋、罴、貔、骐、兕、鳖、蜩、獬、狳、蝉等。其中，龙还是中华民族心目中一种具有象征意义的吉祥动物，历代帝王都自认为是真龙天子，平民百姓也自称是龙的传人。在这样的背景下，用"龙"起名并借其特殊的象征意义，表示有力量、威风、尊严，更是古今不少人喜欢的。于是，三国有名将赵子龙，明朝有著名文学家冯梦龙，现代生活中常见的有金龙、小龙、大龙、庆龙、文龙、龙生、龙翔，等等。除龙之外，又如麒麟，也是人们心目中的一种吉祥动物，有鹿的善良与平和，特别是汉宣帝在麒麟阁立功臣像后，两千多年来人们都用麒麟比喻杰出人物，把聪明的孩子也称为"麒麟儿"。麒麟作人名，既有期望孩子出人头地之意，也借以表示祥瑞，从而成为人们起名时喜欢借用的动物名称。其中，清末烈士徐锡麟、抗战名将李兆麟、国民党将军鹿钟麟等都是有代表性的历史名人，日常生活中还可见玉麒、兆麟等名字。至于其他动物的名字，如虎、豹、狮都是勇敢、威武、刚强的象征，用"虎"字或虎的别称"彪"和"虎"字的避讳字"武"等字起名的人也很多，著名的有明代画家唐伯虎（寅）、近代义士黄飞虎、现代名将杨虎城、当代军事家杨成武等。而用走兽类名字所起的常见人名，历代还有春秋学士仲牛、战国名将乐羊、汉朝大臣王骏、晋代思想家郭象、后赵国君石虎、宋代词人韩驹、明朝词曲家吴骐、清代画家任熊等，虫鱼类名字的人名中有春秋政治家范蠡和叔鱼、西汉大臣田蚡、唐代学者陆龟蒙、五代诗人孙鲂、宋朝诗人黄鳌、明代画家曾鲸、清朝画家李鳟等。又如"蝉"字，陆云《寒蝉赋序》说它"冠首以绣，文也；含气饮露，清也；黍稷不享，廉也；处不巢居，俭也；应候守常，信也"，也有文、清、廉、俭、信五德，所以也被用来起名，《三国演义》中美女貂蝉的名字便是典型事例。

除上述以外，还有一些与人类密切相关的珠玉珍宝、衣饰用品、屋宇居室、亭台楼榭、自然景观等名称，也可以用作人名。其中，杨玉环、贾宝玉、赛珍珠、宋玉玺、马珮珮等名字都与珠玉珍宝有关，姚紫娟、卫玠、田珉、尚钺等名字都与衣饰用品有关，韩宇亭、朱家民、李承栋、安东楼等名字都与居住处所有关，李晓风、张露荷、杨霭如、高雪峰、张冰姿等名字都与自然景观有关。在这类人名中，以珠玉珍宝名称起名的最为常见，用以表示珍贵器重，借以寄托发财富贵、子孙多福、吉利时尚等愿望。其中的玉本来就是珍宝，加上外形美观、色泽宜人，还常被用来比喻洁白无瑕，或用作敬美之辞，《诗经·秦风·小戎》中也说"温其如玉"。因此，古今也常用"玉"字来起名，战国诗人宋玉、东汉农民首领李玉、宋朝女英雄梁红玉、明朝开国大将蓝玉、明末抗清大将左良玉、清朝军机大臣张适玉等都是其中有代表性的名字。以"玉"为基础，古人还创造了不少用"玉"作偏旁的字，如"宝""珍""环""瑛""珊""琚""瑶""琼""璋""琮""璧""璜""玺""珂"等，起出的名字有琼瑶、雷洁琼、梁玉音、侯珮珠、孙如珂、杨莹莹、何玉翠、朱明瑛、马小琼、黄丽珠、谢瑶环等。"玉"字之外，还有人喜欢用"铜""铁""钢""石"等字表示坚强有力、百折不挠，起名为铁林、成钢、铁梅、石柱；用"剑""弓""戈"等字象征锋芒锐利、壮志豪情，起名为剑锋、戈辉、长弓、剑平，等等，足见世界万物的确是为宝宝起名的灵感来源。

七、借日常用语打开思路

起名是一件通过语言文字来完成的事情，其素材多种多样，有些就在我们身边。比如在日常生活中，要用你、我、他称呼自己或别人，用高、矮、胖、瘦、美、丑、善、恶、喜、乐、哭、闹、走、跳、跑、打来描述人，用官、民、工、商、师、生来识别身份，等等，这些用语都与生活密切相关，也是生活的一部分。而我们的名字也要在日常生活中使用，同样也是生活的一部分。因此，起名的素材也可以从日常用语中寻找，从中发现合适的名字。

在这些日常用语中，有些是表示称谓的，或者叫作人称代词，分为第一人称、第二人称和第三人称3类。其中，第一人称的常用字有"我""吾""予""己"等，第二人称有"汝""尔"等，第三人称有"他""它""她""伊"等。这些字中的一些有时还有别的含义，但并不影响被选做人名。事实上，用这些人称代词直接起名，还是一种别出心裁的构思方法。加上起出的名字让人感到语义亲切，或者便于强调自我，起出的名字往往别具一格，惹人喜爱。其中如用"我"字起名，当代就有一个著名书画家费新我，另外还可以起名为宋我成、安泰我、严我斯等，或者王姓人用"忘我"的谐音起名王我，赵姓人用成语"我行我素"起名赵我素，张姓人用自己姓氏的谐音字意起名张我德，等等，都是与众不同的名字。此外，我国过去又常用"己""予""吾"等称呼自己，古代官吏又对皇帝自称"臣"，这些字也都与"我"字同义，同样可以用来起名。其中，用"己"字起的名字有李正己、宋无己、殷克己、张成己、吕胜己等，用"予"字起的名字有舒舍予、郑愁予、毛健予、孙起予、钱圣予等，用"吾"字起的名字有于省吾、朱镜吾、刘建吾等，用"臣"字起的名字有范钦臣、张国臣、史良臣等，都是较有代表性的名字。至于第二人称和第三人称的字，"汝""伊"等也有人用来起名，如李汝珍、曹汝霖、冯汝言、王成汝、高汝利等名字中都有"汝"字，于伊飞、水伊人、刘伊美等名字中都有"伊"字，也有一定的代表性。此外，还有一些与人称代词相近的用语，仅相当于第二人称的还有"卿""君""公""郎"等，相当于第三人称的还有"友""侯""宾""伯""仲""叔""季"等，这些字也都被用来起名。其中，用"卿"字起名的有任少卿、司马长卿、盖巨卿，用"君"字起名的有谭君山、朱君理、段君宜等，用"公"字起名的有周公瑾、赵公明、黄公略等，用"郎"字起名的有王文郎、刘君郎等，用"友"字起名的有邓友梅、杨友松、孙友竹等，用"侯"字起名的有杜伯侯、张君侯、郭明侯等，用"伯"字起名的有汤恩伯、林伯渠、张伯义等，用"仲"字起名的有张仲景、范仲淹等，用"叔"字起名的有王叔文、陈叔同等，用"季"字起名的有李季、范季玉等，用"宾"字起名的有李延宾、张庆宾、辛世宾等，不一而足。

在日常用语中，还有一类是关于人的形容词，如用"孔""景""大（太）""伟""初""元""威""茂""曼""永"等来评价别人，用"道""德""仁""义""孝""恭""敬""惠""文""武""方""正""允""思""宣""逸"等来形容人的品德，用"奉""承""继""成"等形容人的行为，这些形容词也都可以用来起名。其中在评价别人的用语中，"孔""景""大（太）""伟"等都有"大"的意思，"初""元"都有"开始"的意思，用这些字起出的名字如周孔和、廖孔璋、刘景升、徐景山、郭景纯、温太真、韩经太、李伟南、杨本初、陆智初、李元霸、陈魁元等。此外，"威"字表示有尊严、有气概，"茂""曼"的意思都是"盛""美"，"永"则表示长久，相关的名字如杨威方、董茂安、郭茂曾、赵一曼、苏曼殊、柳永等。至于形容人品德的用语，"道""德""仁""义""孝""恭""敬""惠"都代表人的某一方面的美德，用这些字起出的名字有刘义隆、郦道元、李德林、郭守敬、史文恭、孙敬修、史正义、邱钟惠等；"文""武""方""正""允""思""宣""逸"等表示人的才干、修养、气度，相关的名字有王允文、范文正、谢宣明、陈元方、张云逸、程思远、舒绣文、钟敬文、邢贲思等。此外，还有一些形容人的行为的用语，如"奉"的意思是献给，"承"的意思是承接、承继，"继"的意思是承继、继续，"成"的意思是成为、成功，这类的人名有郑成功、吕奉先、殷承宗、潘承明、戚继光、孙继先等，也都有一定的代表性。

在日常用语中，还有一些是与人的身份相关的用语。过去习惯把人分为士、农、工、商，现在则分为工人、农民、学生、老师、医生、警察等，这些身份的名称中有些也可以用来起名。过去用"士"指文化人，也作为对人的美称，用来起名的有庞士元、陆士龙、邓士载、高士柏等。与"士"相近的字还有"子""彦""倩"等，其中，"子"在先秦一般是对有学问的男子的尊称，如孔子、孟子、荀子、老子、列子、管子等，而郭子仪、杜子渊、任子美、华子良、杨子荣等则是有代表性的名字。"彦"也是对士人的美称，所谓"美士为彦"，用来起名的有贺邦彦、孔彦方、黄文彦等。"倩"除作为士人的美称外还有美丽的意思，多作为女性的起名用字，常见的名字如高玉倩、王倩茹、李倩云等。此外，又如"民"字，本是对老百姓的泛称，有时也作为谦虚的自称，所起的名字有周山民、徐逸民、袁伟民、邓爱民等。

在日常用语中，又有一些是语气助词，如：之、乎、者、也、的、地、得、可、以、若、斯、哉、然，本身没有实际意义，仅在语言中发挥调节作用，也可以用来起名。有些名字因为有了这些字的调节，看上去有了变化之美，读起来又抑扬顿挫，显得更有表现力。其中如用"之"字起名，前文简单提及东晋大书法家王羲之及其子孙后代都十分热衷。详细说来，王羲之的7个儿子名字分别是玄之、凝之、涣之、肃之、徽之、操之、献之，两位孙子的名字是桢之、靖之，两位曾孙的名字是翼之、悦之。如此祖孙4代相继也不避讳，是古代用"之"字起名最为典型的事例。除他们以外，用"之"字起名的人还有寇谦之、王之涣、张之洞、于是之等。至于用其他助词所起的名字，还有用"也"字起的名字，如王也平、孙久也、许也纳；用"可"字起的名字，如吴文可、常适可、林明可；用"以"字起的名字，如黎以常、周以言、邵以先；用"如"字起的名字，如王如海、萧如翰、姜如农；用"若"字起的名字，如汤若望、王若飞、方若宏、董若雨；用"斯"字起的名字，如杨再斯、王百斯；用"哉"字起的名字，如孟伟哉、刘承哉、谢觉哉；用"然"字起的名字，如李默然、焦孝然、赵伯然；等等。

除上述几类日常用语外，生活中其实还有不少名称可以用来起名。如"村""庄""亭""处""谷""岩""山""海""鹤""松""竹""燕""凤""雪"等，都是起名时经常被选用的，李鼎铭、宋国轩、马本斋、李仁堂、张居正、郭义峰、张松溪、李秋池、胡文虎、向梅、沈雁冰、李剑农、董加耕、李云鹤、谢雨田等名字，都是其中有代表性的名字。可见，生活用语的确是可供起名的好素材。

八、靠诗文典故汲取营养

我国历史悠久，文化发达，历代先贤不仅为我们留下了大量的物质财富，而且还留下了宝贵的精神财富。特别是在精神财富中，难以数计的历史文献、诗词文献、成语典故、习惯用语等充分展示着古人的聪明才智，同时也是我们起名时可供选用的素材。

事实上，我国历来就有利用名言绝句、典故成语起名的习惯，通过引经据典而起出的名字也大多隽永典雅，富有表现力。如唐朝诗人孟浩然的名字，出自《孟子》"我善养吾浩然之气"。浩然之气，指纯正博大而又刚强的气质，文天祥也说它是"天地之正气也""气所磅礴，凛然万古存，当其贯日月，生死定足论"。清代画家郑板桥本名郑燮，后来以"板桥"的名字名扬天下，这个名字本来出自他家乡附近河上的板桥名字，唐代刘禹锡《杨柳枝》中也曾写道"春江一曲柳千条，二十年前旧板桥。曾与美人桥上别，恨无消息到今朝"，借"板桥"二字讽刺世态炎凉。另外在不少古人的名字中，不仅起名引经据典，有时起"字"也是如此。如唐朝的茶圣陆羽字鸿渐，名字出自《易经》"鸿渐于陆，其羽可用为仪，吉"。宋代，大臣韩缜字玉汝，其字出自《诗经》"王欲玉女"（意即大王想要提拔重用你，"女""即""汝"）；词人周邦彦字美成，名出自《诗经》"彼其之子，邦之彦兮"，字出自《论语》"君子成人之美"。明朝，王恕字宗贯，名和字都出自《论语》"吾道一以贯之"和"夫子之道，忠恕而已矣"。

近现代以后，靠诗文典故起出的名字也有很多。如诗人戴望舒的名字，出自《离骚》"前望舒使先驱兮，后飞廉使奔属"，原指神话中驱月驾车的神，后来成为月亮的代称。作家张恨水的名字，出自李后主《乌夜啼》"胭脂泪，相留醉，几时重，自是人生长恨水长东"，感慨光阴像流水一样白白逝去，激励自己严格律己、珍惜光阴。烈士方志敏的名字，出自《尚书》"惟学逊志，务时敏，厥修乃来"，意为勉励自己谦逊好学。政治家王若飞的名字，出自北朝民歌《木兰辞》"万里赴戎机，关山度若飞"，表达的是不畏艰难、奋勇直前的豪气和救国救民的心情。诗人朱自清的名字，出自《楚辞》中的"宁廉洁正直以自清乎"，表明要以廉洁正直自律，做一个清白自强的人。政治家陶铸的名字，出自《庄子》"是其法后秕糠，将犹陶铸尧舜也"，即造就培养之意，唐皮日休《房杜二相国》注即说"遂使后世民，至今陶铸"。学者王朝闻的名字，出自《论语》"朝闻道，夕死可矣"，意思是说如果早晨闻知真理，以拼死的精神来求得真理，到晚上死了也值得。政治家楚图南的名字，出自

《庄子》"（大鹏）绝云气，负青天然后图南，且适南冥也"，表示有既定远大目标。文学家谢冰心、沈冰壶的名字，都出自唐代诗人王昌龄的《芙蓉楼送辛渐》"洛阳亲友如相问，一片冰心在玉壶"。其中，"冰心"指晶莹洁白如冰之水，"冰壶"指高洁透明如玉壶，比喻人内外皎洁，品德高尚。作家刘白羽的名字，出自唐代卢纶《寒下曲》"平明寻白羽，没在石棱中"，本指杆上带有白色羽毛的箭，借以表达具有强劲的力量。诸如此类的名字，还有作家周树人的名字，出自《管子》"一年之计，莫如树谷；十年之计，莫如树人"。文学家郑振铎的名字，源于《周礼》"大司马振铎车徒皆作"。艺术家梅兰芳的名字，出自《楚辞》"兰芷变而不芳兮"。作家张天翼的名字，出自《庄子》"伟哉横海鳞，壮矣垂天翼"。作家琼瑶的名字，出自《诗经》"投我以木桃，报之以琼瑶"。相声艺术家马三立的名字，出自《左传》"大上有立德，其次有立功，其次有立言，虽久不衰，此之谓不朽"。数学家陈省身的名字，出自《论语》"吾日三省吾身"。学者王利器的名字，出自《论语》"工欲善其事，必先利其器"。画家程十发的名字，出自《说文》"十发为程"。从这些名字中，可见起名人的价值取向和人生观、世界观、处事态度等，含蓄深远，也都有一定的代表性。

当然，像上述这些引经据典而来的名字，如果没有丰富的知识和深厚的文字功底是起不出来的，若勉强为之则可能适得其反。相传清朝曾有一位姓楼的人，给自己起名"更一"，起字"上层"，名字连在一起就是"更上一层"，显然是借用了唐代诗人王之涣《登鹳雀楼》中的"欲穷千里目，更上一层楼"。因为过于平直呆板，反而让人觉得弄巧成拙。今天打算用古诗文作名字的人，不可不引以为戒。

除上述以外，我国还有不少现成词语，经过加工简化也可以用来起名。由于成语具有言简意赅、含蓄隽永、容量较大、传播面广等特点，用来起名也会收到典雅深沉、意趣盎然的效果。如当代作家马识途、周而复的名字，分别由成语"老马识途""周而复始"简化而来，读起来就让人耳目一新。此外，如成语"金石为开"可以演变为人名金石开，"方兴未艾"可以变为方未艾、方艾，"任重道远"可以变为任道远、任远，"推陈出新"可以变为陈出新或陈新，"金碧辉煌"可以变为金碧辉、金辉、碧辉，"甘之如饴"可以变作甘之饴、甘如饴、如饴、甘饴，"华而不实"可以变作华而实、华实等。这些既可以演变为完整的"姓氏+人名"的典型名字，也可以仅仅简化为名字，应根据实际情况确定。特别是像"华而不实"之类的成语，演变以后就成了华而实或华实，与原来成语的意义完全相反，显得更加别出心裁。

至于仅用来作为名字而不作姓氏的成语，在数量上其实很多，内容也更加广泛。例如，成语"炉火纯青"可以变为人名"火青"或"纯青"，"沧海一粟"可以变为人名"海粟"，"大智若愚"可以变为"若愚"等。将成语用于起名思路来源的实例，另有：于得水的名字源于"如鱼得水"，程思源的名字源于"饮水思源"，张百发的名字源于"百发百中"，万斯年的名字源于"亿万斯年"，王任重的名字源于"任重道远"，于立群的名字源于"鹤立鸡群"，苏步青的名字源于"平步青云"，郑鹏程、郑万里的名字源于"鹏程万里"，宋世雄的名字源于"一世之雄"，邢质彬的名字源于"文质彬彬"，王碧玉的名字源于成语"小家碧玉"，叶知秋的名字源于"一叶知秋"，吉天相的名字源于"吉人天相"，马行空的名字源于"天马行空"，任唯才的名字源于"唯才是举"，刘德重的名字源于"德高望重"，周义山的名字源于"义重如山"，易了然的名字源于"一目了然"，任卓群的名字源于"卓然超群"，方可畏的名字源于"后生可畏"，方未然的名字源于"防患于未然"，成于思、邢成思的名字源于"行成于思"，谢璧瑕的名字源于"白璧无瑕"，江不凡的名字源于"不同凡响"，梁冲霄的名字源于"直冲云霄"，冯正君的名字源于"正人君子"，钱未闻的名字源于"前所未闻"，石惊天的名字源于"石破天惊"，卢致用的名字源于"学以致用"，钟志诚的名字源于"众志成城"，高建岭的名字源于"高屋建瓴"，黄腾达的名字源于"飞黄腾达"，沈力行的名字源于"身体力行"，茅为开的名字源于"茅塞顿开"，冯甘霖的名字源于"久旱逢甘霖"，韦三绝的名字源于"韦编三绝"，郑清源的名字源于"正本清源"，金玉良的名字源于"金玉良言"，时凤麟的名字源于"凤毛鳞角"，何海清的名字源于"海晏河清"，郑光明的名字源于"正大光明"，翟从善的名字源于"择善而从"，王若愚的名字源于"大智若愚"，黄居安的名字源于"居安思危"，盛以恒的名字源于"持之以恒"，翟方正的名字源于"贤良方正"，陈鹤鸣的名字源于"鹤鸣九皋"，何通海的名字源于"百川通海"，等等。不过，在利用成语起名时需要注意的是，一定要多在"巧"上下功夫。除了尽量选取含有褒义的成语，还要在截取成语的文字时注意适当，让成语的表述准确醒目、一目了然，不能发生歧义或误解。否则，所起的名字并不会达到预期效果。试想，如果有位姓黄的人用成语"黄粱一梦"起名为黄粱梦，一定会给别人留下笑柄。

在我国民间，还有一些流传较广且有一定警世意义的习惯用语，稍加提炼也能作为名字。如俗语"无规矩不成方圆"，意思是说什么事情都要有一定规矩，如果正好姓"成"，起名"成方圆"就很新颖巧妙，如果姓方，起名方圆也可以。同样的情况，汉代有人起名郑当时，明代有人起名饶风翔，也分别会让人联想到"正当时""绕风翔"，都清新别致。诸如此类的习惯用语，还有文化、青春、长江、海洋、英雄、毅力、中国、红星、前进、幸福、英勇、正义、平凡、成功、宝贵、长城、智慧等，同样也都有人用来起名。属于这类的名字，在汉代有汉高祖第四子刘如意、太仆陈万年，北魏有汝南人常珍奇，元代有鲍同仁，明代有民族英雄郑成功、孝肃太后弟周吉祥、江淮总兵刘永昌、知州陈文学、邹县人秦自然、海盐人钱千秋、山阴人陈性善，清代有进士俞长城、河南总督马光辉、诗人陈学海。由于相关的习惯用语与我们的日常生活过于密切，以至很多人都会因此而不去留意。如果稍加留意并取之入名，收到的效果也大多较好。现当代还有小提琴家盛中国，电影导演陈凯歌，心算学家史丰收，电影演员陈述、舒适、夏天、秦汉，诗人田间，京剧演员关怀，等等，他们的名字实际上都是因为来源于日常用语而出奇制胜的。

另外，利用诗文典故起名还有一层意思，是说可以利用其中的人名、地名起名。有些人崇拜古代名人，起名时喜欢模仿他们的名字，借以表达仰慕之意，起出的名字有张希良、孔宗尼、颜慕渊、萧仰何、李慕白等，来源都与各自的同姓先贤张良、孔子（字仲尼）、颜渊（回）、萧何、李白有关。也有人敬仰的不是自己的同姓先贤，如唐代诗人张仲谋的名字，与三国时的吴国君主孙权的名字相同，便有仰慕孙权并激励自己奋发向上、学习孙权之意。孙权也的确早慧，曾深得同时的曹操称道，对人说"生子当如孙仲谋。若刘景升（刘表）儿子，豚犬耳"。宋朝人辛弃疾后来写《南乡子·登京口北固亭有怀》，也有一句"生子当如孙仲谋"。另外在清代，有位进士名叫丁思孔，名字的意思无非是要像孔子那样潜心学习圣人之道。近代诗人陈去病原名庆林，少年时读霍去病名句"匈奴未灭，何以家为"时激动万分，便改名"去病"，意思是要学习霍去病。不仅名字模仿古人，有时也通过起"字""号"的方式模仿。宋代人刘子翚字希孟，字的意思是仰慕孟子。元朝人罗蒙正字希吕，字的意思是希望能成为吕蒙正（宋代宰相）那样的人。明代人林大春字井丹，名和字都出自家乡的汉代先贤井丹（字大春），只是以井丹的名为字，以其字为名。明代还有一位叫王逢年的人，号小王右军，号来源于东晋大书法家王羲之的别称"王右军"，显然也有仰慕之意。又如清代人陆绍裘号小放翁，这个号出自宋代诗人陆游的号"放翁"，也是为了表达敬仰陆游的意思。

　　至于用诗文典故中的地名起名，有些是为了表示自己出生在相关地方，或者是为了纪念自己与相关地方有关的事情。如当代文学家流沙河，原名余勋坦，后来以《西游记》中的"流沙河"为名。还有人起名张易水，名字大约与古代那条著名河流"易水"和荆轲刺秦王的故事有关。

　　总之，由于诗文典故本身大多都是精华，加上又有丰富的内涵，用以起名也被认为是一种最高雅的起名方法，甚至还有人把用这种方法起名当作为宝宝起名的唯一方法。为了提供更多的起名借鉴，本书专门有一编"宝宝起名参考"，其中所选的名字基本都属于此类。

九、围绕姓氏做好文章

　　姓氏是每个人都有的家族标记，通常与名字一起组成完整的个人称谓符号"姓名"。由于它与名字一样都要用汉字表示，因此，除作为姓氏以外还具备汉字的其他特点，甚至可以作为起名的素材。从目前常见的情况看，围绕姓氏所起的名字，通常又分为以姓为名、增减姓氏笔画起名、利用姓氏偏旁起名、分解姓氏起名、借用姓氏读音起名、利用姓氏字义起名、组合姓氏起名等多种方法。

以姓为名法，就是把姓氏重叠以后当作名字，如苗苗、丁丁、方方、乔乔、苏苏、田田、龙龙、毛毛等，实际上也是姓什么就叫什么。用这种方法起出的名字犹如重叠名，读起来亲切可人，容易让人记住。但由于可供这样起名的姓氏实际上很有限，而每个人也不可能都起这样的名字，因此，这种方法并不普遍。倒是在日常生活中，很多人习惯在见面时不说名字而称姓，或者把姓氏当作某个特定人物的代称，这种情况下的姓氏实际上也具备了以姓为名的功能。如某单位的领导姓温，还有3位年龄大小不一的李姓人，大家提到"温"时一定都会想到那位领导，而分别用大李、小李和老李称呼3位李姓人。这种情况便是以姓为名，或者说是以姓代名，只是没有直接写出来而已。

增减姓氏笔画起名法，也就是通过改变姓氏的笔画或结构起名。在清代小说《镜花缘》第86回中，便有一则王家8兄弟起名的故事，形象地运用了这种起名方法。故事说有姓王的一家人，兄弟8个，求人帮忙起名字和绰号，要求所起的名字看上去既要与姓氏有关，还要生动形象。结果有一天，终于有人为他们起了名：老大叫王主，绰号是硬出头的王大（"王"字加一点成"主"字，像中间的一竖写出了头）；老二叫王玉，绰号是偷酒壶的王二（"王"字旁加一点成"玉"字，那一点像是酒壶）；老三叫王三，绰号是没良心的王三（"王"字中间抽去一竖成"三"字，像是没了中心）；老四叫王丰，绰号是扛铁枪的王四（"王"字中间一竖，上下出头成"丰"字，像是扛长枪）；老五叫王五，绰号是硬拐弯的王五（"王"字旁加拐成"五"字，所以叫硬拐弯）；老六叫王壬，绰号是歪脑袋的王六（"王"字上改一撇成"壬"字，像是歪了脑袋）；老七叫王毛，绰号是弯尾巴的王七（"王"字加一竖弯钩成"毛"字，像是个弯尾巴）；老八叫王全，绰号是不成人的王八（"王"字上面加一"八"字似人，所以叫作不成人）。上述故事虽然是一个笑话，但其构思奇巧也让人叫绝。8兄弟的名字分别叫王主、王玉、王三、王丰、王五、王壬、王毛、王全，名字都是由姓氏笔画略加改变而来，字形变化奇诡，是典型的增减姓氏笔画起名法。

姓氏偏旁起名法，就是以字形为基础，把姓氏中的某一部分拆出来独立使用，或直接用偏旁作为名字。如商朝宰相伊尹，宋代太学生领袖陈东，清代经学家阮元，现当代音乐家聂耳，作家盛成、张弓、艾芜，小说家沙汀，儿童文学作家洪汛涛、歌手胡月、演员汪洋等名字，都是使用了这种起名方法。还有人把姓氏添加笔画，起出的名字有汉代人王匡，明朝人汪清，现当代教育家于吁、诗人李季、电影演员牛犇、作家魏巍、诗人卞卡等。也有人将姓氏略加变化，起出了诸如田园、万方、崔岩、陈阵、杜社等名字。上述这些都巧妙利用了汉字的字形，容易给人留下深刻印象。只是能够这样利用的姓氏并不多。即使能够利用也不可能人人都这么起名，从而使这种方法的使用范围相当有限。尤其是如果姓名3个字的部首偏旁完全相同，就难免让人产生单调、呆板、拘谨之感，缺乏变化，影响姓名书写出来的形象美。

分解姓氏起名法，也就是通过分解姓氏的某些元素而成为名字的方法。从我国的汉字结构上看，一般分为独体字和合体字两大类，其中合体字又占汉字总数的绝大部分。因此，许多汉字都能被分解为两个或多个汉字。其中如姓氏王、丁、于、马、山等属于独体字，赵、江、章、徐、何等属于合体字。独体字一般由于笔画较为简单，不可以再分开成为其他字；合体字因包括两个或两个以上的部分，大都可以一分再分。如"吴"字可分成"口""天"两部分，起名可以是"吴口天"；"许"字可分为"言""午"，起名可以是"许午言"；张字可分为"弓""长"，起名可以是"张长弓"；"董"字可分为"草""千""里"，起名可作"董千里"。与上述性质同样的名字，还有王一士、王一川、何可人、李子木、李木子、张弓长、章立早、章早立、麻广林、麻林广、庞广龙、庞龙广、贺加贝、贺贝加、夏百友、夏友百、岳丘山、岳山丘、黄田共、黄共田、佟人冬、佟冬人、栾亦木、信言人、雷田雨、江水工、晏日安、巫从工、岑今山、明日月、计十言、翦前羽、常巾尚、闻耳门、伊尹人、吕口双等。正是由于合体姓氏有上述功能，所以自古至今，历代都有不少人把姓氏拆开来当作名字。如当代作家老舍，原名舒舍予，名字就是由姓氏分解来的。又如电影编剧董千里、漫画家雷雨田、作家张长弓、出版人许午言、学者霍雨佳等，名字也都是由姓氏分解而来的。此外，过去还有人把所起的名字进一步分解为字或号，或者把姓氏与别的汉字合在一起组成名字。其中如宋代诗人谢翱字皋羽，明代文学家章溢字三益、画家徐渭号水田月道人、徐舫字方舟、宋玫字文玉，清代尤侗字同人、林佶字吉人、毛奇龄字大可、胡珏号古月老人，这些字或号都是由名字分解而来的。至于白水泉、王京琼、田力男等名字，姓氏和名字中的第一个字合在一起正好是名字中的第二个字，也属于这种起名法。

借用姓氏字义起名法，是说可以把姓氏所用汉字先当成一个普通汉字，然后利用它的字义起名，从而达到借姓立意的效果。从字面上看，我国许多姓氏所用的汉字都有特定的字形、鲜明的形象和具体的含义，其中如龙、马、牛、羊、熊、鱼、燕等姓所用汉字又分别代表同名的动物，李、杨、柳、林、竹、叶、花、梅等姓又是树木花草的名字，黄、朱、白、蓝、黑等姓又表示颜色，江、山、水、海、汪、洪、湖等姓又代表山川湖泊。即使是常见的赵、钱、孙、李这4个姓氏，后面3个姓的含义也都很明显，赵姓有同音字"照"。因此，它们的字义有时也与所要起的名字联系在一起，构成词组、成语或典故，不少名字还因此显得生动有趣、含义丰富、寓意深刻。据研究，这种方法还是一种十分古老的起名方法，据说早在先秦时就已经出现，汉代以后更为盛行。其中如战国名人段干木，西汉尚书令孔光，晋代少数民族将领齐万年，南朝大将军沈重，五代名将杨光远，宋代诗人杨万里、奸臣高兴、大画家马远，元代戏曲家高明，明代大将军蓝玉、兵部尚书齐秦、礼部尚书温体仁，清代平南王尚可喜、云贵总督杨名时、翰林院修编戴名世等都常被人提起。再如著名画家关山月，豫剧名丑角牛得草，表演艺术家梅兰芳、常香玉，作家碧野、徐迟、马识途、梁上泉，京剧琴师梅雨田，苏州弹词艺人马如飞等人的名字，都是借用了姓氏的字义，姓氏与名字浑然一体。其中，牛得草的原名本来是牛俊国，显得普普通通，后来经人指点改了这个更有意义的名字。类似的名字，还有田间、牛群、杨柳、方圆、许可、何方、唐人、钱财、田地、马力、雷达、柳青、高原、江梅、杨帆、舒畅、舒展、张帆、张扬、路遥、远征、郑重、夏冬、陈述、蓝青、盛利、蒋礼、郑策、殷乐、于跃、白雪、范文、高峰、花雷、华章、海波、江河、康乐、南方、年华、宁静、申明、陶冶、吴越、阳光、周正、卓越、白玉霜、花自芳、白如冰、黄河清、曾为友、燕南飞、石成金、苗得雨、温知新、马成功、左逢源、白无瑕、任人贤、明秋毫、金科玉、安如山、龙凤鸣、成立业、陈相因、金玉质、朱玉润、高景行、雷万钧、夏春秋、杨柳松、江海洋等，大都让人读来新鲜，听来有趣，想来有味，过目难忘。此外，利用姓氏字义还有人起出可以倒读的名字，如电影演员王人美、学者闻一多，以及许如清、张自帆、池华琼、宁而舒等名字，可以分别倒读为美人王、多一闻、清如许、帆自张、琼华池、舒而宁，既搭配巧妙又连贯通畅，充分体现了汉字的奇妙。

利用姓氏读音起名法，也就是把姓氏的读音与其同音字联系起来起名，如常见的吴、于、郝、孟、薛、郑等姓，不仅分别与"无""鱼""好""梦""雪""正"等字同音，而且也与"毋""伍""吾""余""娱""学""争"等字同音，起名时就可以考虑用这些姓氏的同音字起名。同样，又如姓氏"刘"与"留""流"，"宋"与"送""颂"，"赵"与"照""兆"，"梁"与"粱""良""凉"，"冯"与"逢"，"贾"与"甲""价""假"，"潘"与"盼""攀"，"姚"与"遥""摇"，"谭"与"谈""弹"，"秦"与"勤""擒"，"韩"与"寒""含"，"龚"与"共""公"，等等，也都是同音字的关系。把这些姓氏向同音字的字义转化，有时也会起出不错的名字。如起名为梁家民，显然是取"梁"的同音字"良"的意思，表示要做遵纪守法的"良家百姓"。而起名为吴忘我，则是以"吴"为"毋"，意为"毋忘我"。同样，如果起名为董民生、彭益友，也会让人想到是把姓氏当作同音字"懂"或"朋"使用了，所表示的是要懂得民生、体察民情、广交朋友、助益朋友等含义。当然，由于用这种方法起名带有一定的倾向性，要求表意明确，最好不要用那些容易引起歧义或时效性太强的字，以免给宝宝带来不必要的麻烦。曾有人提到过一个姓殷的人为宝宝起名的笑话，说这家人有意给还没出生的宝宝起乳名"事儿"，宝宝妈埋怨宝宝的姓不好，不如姓"董"，因为那样可以被人当作董事，说不定将来还能当董事长，最起码他也懂（董）事儿。还埋怨不如姓"丁"，因为他还能顶（丁）事儿。后来她又苦思冥想，想给宝宝起小名"晨晨"或"森森""天宇"，觉得都不错。但宝宝爸坚决反对，说这样就是阴（殷）沉沉或阴（殷）森森、阴（殷）天雨（宇）了。正好殷家一个姓成的朋友也怀了宝宝，宝宝妈觉得两家关系不错，不如都给宝宝起名"梁"，以表示两家不同一般的交情，结果殷家宝宝爸仍然反对。因为，如果都叫"梁"的话，自己阴凉（殷梁）被别人乘凉（成梁），明显吃了亏。他们的朋友听说他们为宝宝的名字发愁，主动帮助起了两个名字，说这样可以把问题都解决了。结果，宝宝爸看了女孩的名字满脸欢喜,看了男孩的名字则愁上心来:这两个名字分别是殷雨晴、殷特网。还有个笑话说,一个姓吴的人为儿子起名,思前想后觉得"哲"不错:字典上解释说是智慧卓越或有卓越智慧的人,最后就这样报了户口,可后来慢慢琢磨,越想越觉得不妥,原来是因为儿子的名字与"无辙"同音,而"无辙"也就是没辙、没办法。如果以后每当遇到烦心事,都会想到这两个同音字,感觉自己处处"无辙"了。以上两个虽是笑话,但也说明固然可以利用姓氏读音起名,也要考虑其读音是否适合,或者起出的名字会不会有相反的含义。

组合姓氏起名法,是说可以把那些适合组合的父母姓氏搭配在一起起名。如父亲姓常,母亲姓乐,便可为宝宝起名"常乐";父亲姓安,母亲姓康,便可起名"安康";父亲姓马,母亲姓林,便可起名"马林";父亲姓文,母亲姓章,便可起名"文章";父亲姓司马,母亲姓余,便可起名"司马余"。当然,像上述这些正好可以搭配的姓氏并不很多,如果觉得这种方法可用,不妨把父母姓氏稍加变通。如可以把母亲的姓氏放在前面,或只用后面姓氏的读音,或选取后面姓氏的同音字,或在两个姓氏之间或之后添加其他字,都可以起出合适的名字。如父母的姓氏合起来分别是张文、孙陈、王胡、张任、杨周,如果直接用来起名未尝不可,但所起的名字显然不如变通后的名字文章("张"的同音字)、孙沉("陈"的同音字)、王弘("胡"的近音字)、张任远、杨一舟等更有表现力。另外,如果有父亲姓程,母亲姓翁,为宝宝起名程翁也未尝不可。但如果把"翁"字拆开为"公羽",给宝宝起名程公羽,名字的效果显然要好很多。因此,如果要利用这种方法起名,最好还是要认真推敲。

十、巧妙利用汉字谐音

我们在第四章"宝宝起名禁忌"中,曾指出起名选字时要留意会不会有不雅意义的谐音,这里所说的谐音则是另外一层意思,即利用含义雅致的谐音字起名。两者一是指因起名不当而引起不雅意义的谐音,另一是指让谐音带来雅致的名字。

利用含义雅致的谐音字起名，就是利用汉字往往有不少同音字的特点，起名时尽量选取那些带有雅致含义谐音的字词起名。在很多情况下，不少汉字往往会让人看到是一个或一些字，读起来却想到另外一个或一些字，作为名字也是这样。如果让同音的字词之间相互假借，让人很自然地联想到读音相近的其他字词，特别是那些谐音含义雅致的字词，所起出的名字也会别有一番情趣。比如，如果我们为宝宝起名高健、程刚、潘峰、武岳、江不凡等，不仅因为他们有这样的姓氏，还因为这样的名字容易让人与高见、成钢、攀峰、五岳、将不凡等同音词联系起来，并通过名字表达这些同音字词的意义，希望他们能够富有远见，或在人生道路上百炼成钢、勇攀高峰，或成为名声可比三山五岳、不同凡响之人。可见，这些名字都巧妙利用了含义雅致的谐音字，显得不落俗套、含而不露，都是利用这种方法所起的代表性名字。

巧妙利用含义雅致的谐音字起名，还是一种由来已久的方法。早在宋朝时，就有一个叫文彦博的著名政治家，他的名字就被认为使用了谐音起名法。用"彦博"与"渊博"音近，表示学问很大、学识渊博之意，他后来果然成为学富五车的人。另外在明清时期，利用谐音起名的人更多，不仅起名还用来起字，或者进而用以改名字。其中如张彪字越千，后来因谐音改字"月阡"；赵翼字云松，又因谐音改字"耘松"；魏源字默深，也因谐音改字"墨生"；缪荃孙字筱珊，又因谐音改字"小山"；李叔同法号弘一，又因谐音改号"弘裔"。特别是著名文学家曹雪芹，更在《红楼梦》里把谐音起名法用到极致。如他认为生活本来是"原应叹息"的，于是起出了元春、迎春、探春、惜春4个人名，4人名中的第一个字连起来就是"原应叹息"的谐音。此外，他塑造的英莲（即香菱）是位命运坎坷的姑娘，是十分"应怜"的，便使用谐音为她起名英莲；宝玉的朋友秦钟是位多情公子，其名字也是"情种"的谐音。诸如此类的例子还有"逢冤"而死的冯渊、专门在贾府"沾光"的清客詹光、"善骗人"的单聘仁、"不顾羞"的卜固修、因管粮米而"沾惠"的詹会以及缺德"不是人"的贾芸之舅卜世仁等。至于现当代时期，更有不少名人的名字由谐音而来。如鲁迅幼名樟寿，是"长寿"的谐音；又名豫山，因与"雨伞"谐音，遭小伙伴讥笑，改名豫才。又如政治家董必武，名字是由他原来的号"璧伍"谐音而来的；艺术家钱君匋，名字取自幼名"锦堂"的谐音；作家高士其，名字出自原名"仕錤（jī）"的谐音；电影演员项堃，名字是原名"象坤"的谐音。上述这些例子，尽管大多是利用谐音改名的，但也属于这种起名方法的一种。

利用谐音为宝宝起名，现实生活中也很普遍，有些还有纪念意义。如有位先生出生于1960年，父母便为他起名"陆零"，就是用了"60"的谐音。另外，过去民间有先起小名（乳名）再起大名（学名）的习惯，有时也用小名的谐音起大名。如著名作家贾平凹的名字，就是从小名"平娃"演变而来的。再如有人小名小丫，学名"晓娅"，也是用了谐音。这种把不太文雅的小名用同音字一换，就成了一个较为文雅的名字，不失为一种巧妙的起名方法。

利用谐音起名，有时是故意为之，有时则是无心插柳。在通常情况下，每个人起名都想让名字的谐音含义雅致，但有时也未必如此。特别是在文学作品、影视舞台上，我们可以看到某些特定人物有一个带贬义谐音的名字，其原因便是作者或编剧故意如此，目的无非是要借以表现自己价值标准的倾向性，通过名字对其进行讽刺、抨击。如在戏曲《白毛女》中，就有黄世仁和穆仁智两个反面人物，名字看上去还都不错，但读出来却分别与"枉是人""没人治"同音，不难看出剧作者的情感倾向。另在曾热播的电视剧《新星》中，有位村干部叫"潘苟世"，是个脱离群众、仗势欺人的村霸。编剧为他起这样的名字，既有说他"苟活于世"的意思，也用了"狗势"的谐音，暗含"狗仗人势"之意，批判意义十分明显。当然，在大多数情况下，许多人由于起名时考虑不周，想用谐音但又没用好，无意中起出了谐音不雅的名字，这在第四章"宝宝起名禁忌"的"读音不雅"中已有涉及。除那些以外，还有人起名时只注意了名字本身的意思，却忽略了名字同音字的意思。如"于刚""侯岩""范婉"等名字，从字面上看都不错，但读起来因为与"鱼缸""喉炎""饭碗"等日常用语同音，很容易让人联想到这些同音字，甚至会被人用这些同音字起绰号，因此也都不算好名字。同样的情况，如果姓"商"的生意人为宝宝起名"商海"，用以表达生意兴隆、繁华似海之意，从字面上看似乎也不错，但读起来容易被误听为"伤害"；如果姓"姚"，为宝宝起名"培谦"，表示要培养宝宝谦虚好学的美德，其构思不能说不好，但细听起来更像"要赔钱"，可见也算不得好名字。

在利用谐音起名时，为了避免与不雅的谐音混淆，最好利用谐音以姓生名，这样也可以使谐音的作用更加突出。如姓"彭"的人可以为宝宝起名"友"，姓名合起来就是"朋友"的谐音；姓"盛"的人可以起名"利"，姓名合起来就是"胜利"的谐音；姓"苏"的人可以起名"籍"，姓名合起来就是"书籍"的谐音；姓"魏"的人可以起名"笑"或"晓"，姓名合起来就是"微笑"的谐音；姓"吴"的人可以起名"迪"，姓名合起来就是"无敌"的谐音，等等。此外，假若所起的名字是两个字，可以在姓名谐音中或姓名谐音后加入别的字，使之成为双字名。如原名"彭友"的人，可以在姓名之间加入"良""善""常""益"等字，成为彭良友、彭善友、彭常友、彭益友，不仅保留了原来由谐音而来的"朋友"原意，而且还为"朋友"增加了新的内容，同时可以避免因单名过于简单而容易造成重名，收到一举多得的效果。此外，由谐音"鱼水""江舟""河川"而来的"于水""江洲""何川"等单字名，也可以变化为"于得水""江中舟""何中川"等双字名，更加富有表现力。

在利用谐音起名时，还会遇到更为特殊的情况，要根据实际情况加以对待。例如解（Xiè）、曾（Zēng）、朴（Piáo）这3个姓氏，从字面上看与解（jiě）、曾（céng）、朴（pǔ）读音相同，但读音完全不同。起名时也可以利用其特殊读音，起出与姓氏读音一致的谐音名字。其中，姓"解"的人可以起名为"解芳"或"解放"，姓"曾"的人可以起名为"曾经"或"曾敬"，姓"朴"的人可以起名为"朴树"或"朴素"。在称呼这些名字时，一般不认为是谐音，写出来则会让人想到其谐音，实际上是巧妙运用了谐音起名法。当然，由于可以这样用来起名的谐音词语不多，加之这种方法的难度也相对较高，只有在充分掌握语音、文字学知识的基础上，才能使用和理解。

最后，应提及的还有一种译音起名法，即利用外来词语的同音字起名。这种方法古已有之，近年有越来越多的趋势。在我国过去的名字或姓氏中，有不少就是由同音翻译而来的，如拓跋、慕容、独孤、鲜于、宇文、呼延等，都是少数民族姓氏的译音。近代以来，随着中外交流逐渐增多，不少国际友人到我国工作或学习，为了入乡随俗，也把自己原来的名字与我国的姓名习惯结合在一起，起了中西合璧的名字，如白求恩、柯棣华、马海德、艾黎等国际友人的名字都是如此。我们身边还可以见到周多吉、呼尔特、杨舒曼、刘乔治、马丽莎、韩尼斯、纪因斯坦等名字，其原因有些是用了外国名字的译音起名，或者是由我国少数民族名字译音而来。在我国香港、台湾等地，如王布朗、谢埃伦、林切尔、陈安妮、吴丽娜、李海伦、万福特、柯莉亚、丁保罗、胡杰民、郭菲莉等名字，使用译音起名的色彩更为突出。也有人因为仰慕外国某些明星，起名时使用明星的名字，起出了王贝利（仰慕球王贝利）、李武兹（崇拜高尔夫明星武兹）等名字。当然，也有人因为在国外出生，或出生时有家人正在国外，用所在国家的人名或地名译音起名，起名为塞纳（巴黎塞纳河）、哈佛（美国哈佛大学）、弗吉（美国弗吉尼亚大学）等。上述这些名字应该说都很有意义，但在起名时也要针对具体情况进行具体分析，万万不可一味洋化和模仿。因为中外文化风俗毕竟不同，外国的名字与我国的名字也不一样，在以译音起名时一定要弄清楚原文的意思，否则就会闹笑话。如在英、美等国家中，人们常用的名字如艾丽斯（Alice）的含义是真理，安妮（Anne）的含义是优雅，凯瑟琳（Catherine）的含义是纯洁，海伦（Helen）的含义是光明，读音和含义都不错；但也有人叫布尔（bull）、卡菲因（coffin），原意分别是公牛、棺材，在我国的语境下至少算不得好名字。因此，如果起名时取安妮、海伦，起名为张安妮、刘海伦倒也不错；但如果取布尔、卡菲因，起名为赵布尔、刘卡菲，显然是有些不妥的。

总之，利用谐音起名作为起名的一种方法，起出的名字大多会让人产生联想，扩大了名字的语意范围，增强了姓名的趣味性和含蓄性、耐读性，名字的内容也因此变得更加丰富，无疑是一种不错的起名方法，因而深受人们喜爱。但由于受我国汉字特点的影响，许多字的谐音转化意义往往不止一个，为了避免起出谐音意义不雅的名字，起名时一定要掌握这种起名方法的规律，进行周密考虑，使起出的名字远离消极、不雅的意义。

第六讲

宝宝起名特殊方法

为宝宝起名的方法不仅有第五章所介绍的利用婴儿特征起名、利用出生时间的别称起名、利用诞生地点的名称起名、由世界万物的名称起名、借日常用语起名、靠诗文典故起名、围绕姓氏起名、利用谐音起名等一般起名方法，而且还有本章将介绍的生肖属相起名法、阴阳数理起名法、五行生克起名法、生辰八字起名法、八卦六爻起名法、五格剖象起名法等特殊起名方法。只是与第五章的几种起名方法比起来，本章的几种起名方法中有些纯粹属于民间风俗的范畴，有些则是在玩文字游戏。故而，本章编写的目的只是在于让起名者了解我国过去曾有过这些起名方法，而并非提倡用这些方法起名。

一、生肖属相起名法

　　生肖属相起名法，是在我国流行很久、流传很广的起名方法，也是一种把属相与人联系在一起的起名方法。
　　所谓生肖属相，原指我国传统社会中十二地支所对应的12种动物，当用干支纪年时又各代表一年，并循环往复，这种纪年方法也称为生肖纪年。其中，十二地支即子、丑、寅、卯、辰、巳、午、未、申、酉、戌、亥，所对应的十二个生肖依次是鼠、牛、虎、兔、龙、蛇、马、羊、猴、鸡、狗、猪，两两搭配则是子鼠、丑牛、寅虎、卯兔、辰龙、巳蛇、午马、未羊、申猴、酉鸡、戌狗、亥猪，12年轮回一次。传统社会还把生肖属相与人联系起来，认为每个人出生那年的地支就是他的属相，其中，甲子年出生的人属鼠，乙丑年属牛，丙寅年属虎，丁卯年属兔，戊辰年属龙，己巳年属蛇，庚午年属马，辛未年属羊，壬申年属猴，癸酉年属鸡，甲戌年属狗，乙亥年属猪。由于这些属相与人的生活密切相关，而我国传统习惯中又很讲究属相，为了纪念出生的年份，不少人也喜欢用属相为宝宝起名，特别是起小名。如龙年出生的人起名小龙、金龙、辰龙，狗年出生的人起名狗子、二狗，牛年出生的人起名大牛、牛娃，虎年出生的人起名虎子、虎妞，等等，都很常见。因为这样起名的人多，这种起名方法也成为众多起名方法中的一种。按照宝宝的属相，因时制宜地起名字，也不失为一种有特色的好方法。

不过，我们这里所说的根据宝宝生肖属相起名的方法，并非像上述那么简单，在使用过程中还被注入很多神秘色彩，从而使之变得相当复杂。有些人喜欢把生肖属相与人的命运联系起来，认为属相和用属相所起的名字都会影响人的命运。他们还认为，在十二生肖中，鼠和马、牛和羊、虎和猴、兔和鸡、龙和狗、蛇和猪都是相冲的关系，鼠和羊、牛和马、虎和蛇、兔和龙、猴和猪、鸡和狗都是相害的关系，为了避免相冲相害，能够一生平安，起名时就要设法选用那些适合所在属相的字，避开那些与属相有"冲""害"关系的字。至于怎样趋吉化凶，还有人根据不同的属相总结出许多具体的起名办法。如就姓氏和属相而言，他们认为孙、孔、李、季、孟、郭、游等姓中都含有"子"字，属鼠，起名时应选取与鼠类生活有关的"米""豆""禾""鱼""肉（作偏旁时为'月'）"等字，以及含有"人""宀""冖""艹""田""木"等偏旁的字。其他姓氏和属相的起名依此类推，也是同样道理。一句话，其总体原则就是把人的姓名与生肖属相联系起来，把人当作出生那年的属相看待。如鼠、牛、兔、马、羊、猴、鸡、狗、猪都以粮食为食物，所以这些属相的人起名时应起带有"米""豆"等字的名字，这样有助于生活安定，吃喝无虞；同样，以羊、马、牛、兔为属相的人，因为属相是食草动物，所以起名应以带"艹"字头为佳。此外，虎食肉，龙喜水，起名时也应符合这些特点。同样，这样起名的人还认为鼠年、牛年生人应避开"午""马""未""羊"等字，虎年生人避开"申""猴""巳""蛇"等字，兔年生人避开"酉""鸡""辰""龙"等字，龙年生人避开"戌""狗""卯""兔"等字，蛇年、猴年生人避开"亥""猪""寅""虎"等字，马年、羊年生人避开"子""鼠""丑""牛"等字，鸡年生人避开"卯""兔""辰""龙"等字，等等。至于各种属相更具体的起名方法，我们可以分别来看。

1. 属鼠的人起名

鼠在人们心目中是一种机智、灵活、聪明的小动物，所以人们认为属鼠的人也有这些特征。加上鼠又常出没在人类居住的房子中，喜欢在夜间活动，以米、豆、禾等食物为食，因此，按照民间说法，属鼠的人起名也最好用含"人""宀""月""米""豆""禾""谷""鱼""草""木""田"的字，起出诸如"人美""宝光""月华""秀珊""贵鲜""玉林"等名字。人们甚至认为，属鼠的人如果起名用含"米""豆""禾""谷""鱼"等的字，就意味着食禄不愁、有福有寿、多子多孙；起名用含"亻""宀"等的字，意味着是栋梁之才或能得到贵人相助，会有锦绣之贵；起名用含"艹""木""钅""玉"等偏旁的字，会是精明能干、操守廉洁的人，一生克己节俭，最终享尽富贵荣华；起名用含有"田"字，会快乐待人、一生清闲。属鼠的人起名不宜用含"氵""火""车""石""皮""马""酉""山""刀""力""弓""土""忄"等的字。

2. 属牛的人起名

在我国传统农业社会里，牛是与人们生产和生活关系最为密切的动物之一，至今仍在很大程度上影响着人们的生活。在人们心目中，牛被认为是一种诚实、朴素、自尊、积极、任劳任怨的动物，因此它的名称也常被用来起名。按照民间说法，由于牛离不开水、草，又是人类的好伙伴好帮手，住在人类为它们准备的牛棚里，所以属牛的人起名最好用含"氵""艹""豆""禾""亻""木"

等偏旁的字，起诸如"得草""嘉和""润青"之类的名字。之所以如此，是因为人们认为，属牛的人用含"艹""米""豆""禾"等偏旁的字起名，意味着有食禄；用"氵"旁的字起名意味着清爽享福、富有安闲；用含"亻""宀"等偏旁的字起名，意味着有住处、无劳苦、义利分明、能成为一个对社会有益的人；用含"亻""木"等偏旁的字起名，意味着义利分明、操守廉正。属牛的人起名不宜用含"月""肉""火""田""土""车""马""石""山""纟""刀""力""几"等的字。

3. 属虎的人起名

虎是山中猛兽，在人们心目中是强壮、勇猛、独立、狂傲的形象。按照民间说法，属虎的人起名应选取"山"旁的字，意味着雄霸山林、能成大器、智勇双全、福寿兴家；或者用含"月""肉"等的字，意味着有食禄、福寿，多子孙；或者用含"犭""马""牛""羊""鹿"等的字起名，意味着义利分明、操守廉正、克己助人；或者用含"玉"的字起名，意味着人才英俊、多才巧智；或者用含"钅""木""衣""氵"等偏旁的字起名，意味着温和贤淑、名利双收、境遇良好。属虎的人起名不宜用含"日""火""艹""竹""人""宀""石""弓""刀""纟""田""口""儿""力""父""足"等的字。

4. 属兔的人起名

兔也是一种与人类关系密切的动物，在人们心目中的形象是乖巧、柔顺、善良、聪明、活泼，用与兔有关的字为属兔的宝宝起名也是许多人的做法。如"育英""育华""鹏飞""朝辉""明辉""欣明""月清"等名字，在我们身边都可以见到，其共同特点都含有"月"字，这个"月"字也被认为是属兔的宝宝起名最理想的用字或偏旁。此外，按照民间说法，名字中有"月"字会让人觉得这是一个清秀多才的人，温和廉正，安享尊荣。同样，属兔的人用含"艹""木""禾""田""山""豆"的字起名，意味着有精诚公正、一生富足；用含"人""宀"的字起名，意味着重义守信、环境良好；用含"亻""穴"等偏旁的字起名，意味着生活安闲，有贵人相助；用含"钅""白""玉"等的字起名，意味着勤俭励业、成功隆昌、富贵尊荣。属兔的人起名不宜用含"犭""马""酉""石""力""刀""皮""氵""川"等的字。

5. 属龙的人起名

龙在我国传统社会中被认为是最尊贵、最有能量的一种吉祥动物，它还代表财富和权威，因此许多人也都喜欢用"龙"字为宝宝起名。另外，按照民间说法，由于龙生活在水中，属龙的人起名就适宜用有"氵""雨"的字，如"深""澜""江""池""潮""萍""沛""潜""鸿""汉""雨""雪""雷""震""电（繁体'電'）"等，意味着有冲天之势，能够富贵大吉，成功发家，一生享受福禄；用含"钅""玉""白""赤"等偏旁的字起名，意味着精明公正、学识渊博、福寿兴家；用含"月"的字起名，意味着温和贤淑、克己助人、良善积德、子孙昌盛；用含"鱼""酉""亻"等偏旁的字起名，意味着勤俭建业、家声克振、贵人明现。属龙的人起名不宜含"山""土""田""禾""衣""忄""日""石""艹""力""刀""纟""犭""火"等的字。

6. 属蛇的人起名

蛇在民间又称小龙，一般认为是一种生活在草丛里的动物，因此，按照民间说法，属蛇的人起名首先要选取那些含"艹""竹""木""禾""山""土""田"的字，意味着将来能有享不尽的富贵福禄，并且自在安闲、守信重义、学识渊博、功成名就。此外，属蛇的人起名还可以选用含"虫""鱼"等偏旁的字，意味着智勇双全、精诚温和；用含"钅""玉"等偏旁的字，意味着多才巧智、克己助人、良善积德；用含"月""土"等偏旁的字起名，意味着操守廉正、一门昌盛。属蛇的人起名不宜用含"忄""石""刀""弓""火""亻""纟""虎""鸟"等的字。

7. 属马的人起名

像牛一样，马也是与人类关系密切的动物之一，马在人们心目中的形象是心胸开阔、友好善良、勇于拼搏、前途远大。按照民间说法，属马的人起名应首先选取那些与马喜欢吃的食物有关的字，如含"艹""禾""谷""米""豆""虫"等的字，或直接使用"英""艺""芸""穗""颖""秋""茂""穆"等字，意味着一生食禄不愁、福寿多子、名利常在；或用含"皮""革""亻""纟""月"的字，意味着英俊潇洒、智勇双全，能为良臣俊吏，助人克己、清雅富贵；用含"钅"旁的字起名，意味着学识渊博、安享尊荣；用含"玉""木"等的字起名，意味着贵人明现、多才巧智、成功昌盛。属马的人起名不宜用含"土""田""车""火""氵""宀""木""犭""虎""石""力""酉""马"等的字。

8. 属羊的人起名

羊是人类很早饲养的家畜，与人们的生活密切相关，并且还以温顺、平和、耐心、善良等形象为世人称道。因此，按照民间说法，属羊的人起名也要符合羊的这些特点，首先选用含"艹""禾""木""田""土""山"等偏旁的字起名，意味着将来会是个有福之人，钱财充足；还可以用含"月""豆""米"等偏旁的字起名，意味着勤俭建业、名利双收、安享清福；也可以用含"马""羊""牛"等偏旁的字起名，意味着好义多友；用含"禾""木""亻""鱼"等偏旁的字起名，意味着是英俊人才，多才巧智、温和贤淑，还能够克己助人；用含"人""宀"等的字起名，意味着福寿安闲、得人扶持；用含"钅""白""玉"的字起名，意味着学识渊博、操守廉正、守信重义、富贵尊荣。属羊的人起名不宜用含"月""犬""虎""忄""犭""纟""车""氵""山""日""火"等的字。

9. 属猴的人起名

猴是活泼好动的动物，属猴的人往往被戏称为小猴子，起名时也常被与猴子联系起来。另外，按照民间说法，属猴的人起名要尽量选用含"木"字旁的字，起出如"振荣""福林""海棠"等名字，意味着尊享富贵、成功发达；或者用含"禾""豆""米""艹""钅""玉"等偏旁的字起名，意味着美丽、英俊、多才贤淑，能够有福有财，福禄双收；用含"山""田""月"等字偏旁的字起名，意味着精明机巧、操守廉正、福寿兴家，一生消遥自在；用含"氵""亻"等偏旁的字起

名,意味着风雅乐天、上下敦睦、智勇双全。属猴的人起名不宜用含"人""宀""火""石""纟""刀""力""皮""犭"等的字。

10. 属鸡的人起名

像其他生肖一样,鸡也是一种与人类关系密切的动物,加上与汉字"吉"读音相近,民间一直认为鸡是个好属相。在起名时,按照民间说法,属鸡的人应该首选含"米""豆""禾""草""虫"等的字,意味着福寿兴家、富贵吉利、子孙众多;或者用含"木""禾""玉"等偏旁的字起名,意味着福禄双收、名利常在;或者用含"月""亻""宀""囗"等偏旁的字起名,意味着多才巧智、境遇良好;或者用含"山""艹""钅"等偏旁的字起名,意味着智勇双全、清雅荣贵;或者用含"田""土"等偏旁的字起名,意味着才智过人,可以振兴家业。属鸡的人起名不宜用含"石""犭""纟""刀""力""日""酉""弓""车""马"等的字。

11. 属狗的人起名

狗是人类忠实的朋友,按照民间说法,属狗的人起名首选含"人""亻"的字,如"华""仁""伦""俊""仿""伟""伯""任""仕""健"等,意味着智勇双全、操守廉正、义利分明、有功名福禄;还可以选用含"宀""马"等偏旁的字,意味着安祥快乐、温和昌盛;或者用含"月""肉""鱼""豆""米"的字,意味着一生食禄美满、安闲享福、名利常在;用含"牛""羊"的字,意味着能够克己助人、朋友众多;用含"钅""玉""艹""田""木""禾"等

偏旁的字，意味着精明公正、智勇双全；用含"氵""火"等偏旁的字起名，意味着性格果断，会有贵人相助。属狗的人起名不宜用含"石""纟""山""日""酉""车""刀""父""言""犭""虎"等的字。

12. 属猪的人起名

猪是人类很早驯化的动物，在人们心目中有柔顺、踏实、真诚、执着等优点，显得憨而可爱。因此，按照民间说法，属猪的人起名应该首先选用那些含"草""米""豆""谷""鱼"的字，意味着福禄双收、名利永在、富贵常有；或用含"人""宀"的字起名，意味着可以安闲享福；或用含"山""田""木"等偏旁的字，意味着智勇双全，可以白手起家，勤劳致富；或用含"氵""钅""玉"等偏旁的字，意味着精明公正、克己助人、温和贤淑；或用含"亻""土""艹"等偏旁的字，意味着英俊潇洒、守信重义。属猪的人起名不宜用含"月""肉""鱼""禾""犭""刀""纟""石""刀""力""弓""儿""皮""父"的字。

以上是十二生肖属相的人具体的起名方法，由于其说法主要来自于民间，牵强附会的成分很大，因此，在为宝宝起名时只当有这么一些说法便可，大可不必把其中的建议或避忌放在心上。

二、阴阳数理起名法

阴阳，本是我国传统文化中的一对哲学范畴，最初的含义是表示阳光的向背，其中向着阳光的地方称为阳，背着阳光的地方称为阴。后来，阴阳又被引申指气候冷暖，以及方位的上下、左右、内外，或者运动状态的躁动和宁静等。在此基础上，阴阳学家又认为万事万物都存在着相互对立而又相互作用的关系，进而用阴阳这一概念来解释、区分。《素问·阴阳应象大论》甚至说"阴阳者，天地之道也，万物之纲纪，变化之父母，生杀之本始"，即阴阳可以涵盖万事万物，无所不包。

根据上述阴阳学说，可知阴阳既可以表示相互对立的事物，又可指一个事物内部相互对立的两个方面。在阴阳学家看来，凡是剧烈运动的、外向的、上升的、温热的、明亮的事物都属于阳，相对静止的、内守的、下降的、寒冷的、晦暗的都属于阴。他们还认为，天地中天气轻清为阳，地气重浊为阴；水火中水性寒而润下属阴，火性热而炎上属阳。同样，自然界中的山和水、明和暗、热和寒、燥和湿、上和下、前和后、表和里等都是对立的，所以也都是阴和阳的关系，其中，山、明、热、燥、上、前、表等都属于阳，而水、暗、寒、湿、下、后、里等都属于阴；在人类社会中，男和女也是对立的，关系也是阴和阳，男性属阳，女性属阴；在数字中，单数和双数也是对立的，单数属阳，双数属阴。此外，阴阳学家还认为，阴阳在一定条件下还可以相互转化，即阴可以转化为阳，阳也可以转化为阴，这也就是所谓的物极必反。比如白天阳盛，夜间阴盛，这就是阴阳转化。又如从子夜到中午阳气渐盛，即阴消阳长；而从中午到子夜阳气渐衰，这就是阳消阴长。可以说，阴阳消长是一个量变的过程，而阴阳转化则是质变的过程。阴阳消长是阴阳转化的前提，而阴阳转化则是阴阳消长发展的结果。再者，阴阳学家也认为，阴阳双方可以互相依存，任何一方都不能脱离另一方而单独存在。如上为阳，下为阴，而没有上也就无所谓下；热为阳，冷为阴，而没有冷同样就无所谓热。换句话说，阳依存于阴，阴依存于阳，每一方都以其相对的另一方的存在为自己存在的条件。

由上可见，既然阴阳学说是一种无所不包的理论，那么，被用于起名也不足为奇了。比如，人的名字都有笔画多少的区别，同时所用汉字的含义又各有不同，因此，就有人认为这些也是阴和阳的关系。其中，名字的笔画称为"数"，所用汉字的含义称为"理"，合在一起称为数理或阴阳数理。具体说来，姓名所用汉字的笔画无论多少，都属于单数或双数，这种单数和双数就是阴阳：笔画是单数的属阳，是双数的属阴；名字所用汉字的含义尽管复杂，但有些字含义显得阳刚、强壮，因此被认为是在"理"上属阳的字；而有些字显得阴柔、和婉，在"理"上是属阴的字。正是由于名字有这种阴阳数理之别，一些人便认为，名字中的这些阴、阳、数、理必须像万事万物一样要有合理的搭配和平衡。如果缺乏这种搭配和平衡，就会影响命运，因此必须通过起名加以调整，以适应阴阳相反相成的基本规律。

在名字确定阴阳数理时，阴、阳、理都是根据对所用汉字实际含义的分析，究竟如何划分还没有统一的标准，而"数"的确定则有特殊的规定。由于"数"的基础是姓氏和名字所用汉字的笔画数，传统的做法是以《康熙字典》所收汉字的笔画数及其分类方法作为计算依据，同时对偏旁部首和数字笔画数的计算方法、特殊汉字笔画的计算方法等做出特别规定。其中，有一些特殊的偏旁部首都是以它的本字计算笔画数，如：

提手旁"扌"以"手"字计算，是4画；
竖心旁"忄"以"心"字计算，是4画；
三点水旁"氵"以"水"字计算，是4画；
犬字旁"犭"以"犬"字计算，是4画；
示字旁"礻"以"示"字计算，是5画；
斜玉旁"王"以"玉"字计算，是5画；
草字头"艹"以"艸"字计算，是6画；
衣字旁"衤"以"衣"字计算，是6画；
肉字旁"月"以"肉"字计算，是6画；
走之旁"辶"以"走"字计算，是7画；
右耳旁"阝"以"邑"字计算，是7画；
左耳旁"阝"以"阜"字计算，是8画。

至于数字笔画的计算方法，由于姓氏和名字中的数字笔画都是由汉字表示，规定从1到10的数笔画与它的数字一致，"一"是1画，"五"是5画，"十"是10画，依此类推。但这样仅限于十以内的数，超过十的百、千、万、亿等又以它们的实际笔画数为准，分别是6画、3画、15画（"万"字的繁体"萬"是"艹"字头）和3画，不再当作数字对待，仅仅看作普通汉字。此外，还有一个特别原则是，计算笔画时是以该字的实际归类为准，如"酒"字在"酉"部而不是"水"部，"巡"字在"巛"部而不是"走"部。因此，这时的"氵"旁和"辶"旁都按偏旁的实际笔画数计算，"酒"是10画而不是 11 画，"巡"是 6 画而不是 10 画。

明确了名字的阴阳数理，以及姓名笔画"数"的特殊计算原则，就可以据此来看怎样区分阴阳了。如一个叫"王莉"的人，从姓氏的笔画上看是 4 画，在"数"上属阴；但从字义上分析，"王"一般指男性，在"理"上属阳，因此，"王"字是理阳数阴；"莉"字本指茉莉，属于彩艳字，在"理"上属阴，但因笔画是 13 画，在"数"上又属阳，因此，"莉"字是理阴数阳。总体来看，"王莉"这个名字，以理阳数阴的姓氏"王"配理阴数阳的名字"莉"，两字互为平衡，是符合阴阳之理的好名字。

事实上，如果把人的名字都分出阴阳来，看其"数"或"理"搭配是否平衡，几乎不可能，起名时也不可能完全顾及这种搭配。若是依照此类逻辑，给活泼好动的孩子取个理、数为阴的名字，给胆怯懦弱的孩子取个理、数为阳的名字，也无非是体现了父母的期望罢了。

三、五行生克起名法

五行也是我国传统文化中的一种哲学概念，其学说产生于先秦时期，以后又影响到其他许多方面，用这一学说的相关原理进行起名便是其中之一。

所谓五行，原指自然界的金、木、水、火、土这 5 种基本物质。在古人看来，天地万物都是由这 5 种物质生成的，《国语·郑语》也说"以土与金、木、水、火杂，以成万物""民并用之，废一不可"。也就是说，5 种物质的盛衰带来了天地万物的变化，人类社会离不开它们。同时，古人还认为这 5 种物质有不同的性能，其中，"水曰润下，火曰炎上，木曰曲直，金曰从革，土爰稼穑。润下作咸，炎上作苦，曲直作酸，从革作辛，稼穑作甘"。意思是说，"木"具有生长、升发的特性，"火"具有发热、向上的特性，"土"具有种植庄稼、生化万物的特性，"金"具有肃杀、变革的特性，"水"具有滋润、向下的特性。五行学说便是建立在此基础上的，进而把天地万物的方方面面都用五行原理进行解释，或者直接划分为五行。其标准基本是依据事物的性质，认为只要事物与"木"的特性近似，就把它归属于"木"；与"火"的特性近似，就归属于"火"，等等。如人有肺、肝、肾、心、脾"五脏"，按照五行的观点是肺主降、肝主升、肾主水、心主温煦、脾主运化，因此也属于金、木、水、火、土五行。又如方位有西、东、北、南、中，其中西方是太阳落山的地方，与金的肃降特性类似，因此把西方归属于"金"；同样，东方是日出的地方，与木的升发特性类似，因此把东方归属于"木"；北方寒冷，与水的特性类似，因此把北方归属于"水"；南方炎热，与火的特性类似，因此把南方归属于"火"；而介于四者之间的中部方位与土的特性类似，因此把中间归属于"土"。

同样的道理，颜色中有白、青、黑、赤、黄"五色"，季节中有秋、春、冬、夏、长夏"五时"，空气中有燥、风、寒、热、湿"五气"，味道中有辛、酸、咸、苦、甘"五味"，人的感情中有怒、喜、哀、乐、怨"五情"，修养中有义、仁、智、礼、信"五德"，五官中有鼻、目、耳、舌、口"五窍"，精神中有魄、魂、志、神、意

阴阳

"五志"，本能中有嗅、色、声、味、食"五养"，愿望中有欲嗅、欲色、欲声、欲味、欲食"五欲"，音乐中有商、角、羽、徵、宫"五音"，声音中有哭、呼、呻、笑、歌"五声"，音韵中有齿音、牙音、唇音、舌音、喉音等"五音"，人体中有涕、泪、唾、汗、涎"五液"，人性中有元情、元性、元精、元神、元信"五元"，灵魂中有鬼魄、游魂、浊精、识神、妄意"五物"，动物中有犬、鸡、猪、羊、牛"五牲"，宇宙中有太白、岁星、辰星、荧惑、镇星"五星"，等等，这些也都分别被与五行联系起来，依次分作金、木、水、火、土。可见，五行学说是一种涵盖范围广泛的学说，几乎无所不包。

在五行学说中，还有五行之间相互关系的说法，最基本的观点是五行通过相生（生）、相克（克）的方式相互影响，以维持天地万物间的协调平衡。所谓相生，指一种事物与另一种事物互相滋生、促进助长的关系。相克则是指其互相制约、克制和抑制的关系。具体说来，金可以生水，水可以生木，木可以生火，火可以生土，土可以生金，这就是五行相生。同样，金又可以克木，木可以克土，土可以克水，水可以克火，火可以克金，这就是五行相

克。上述这种五行生克理论用今天的话说，也就是说事物与事物之间都存在着联系，这种联系又促进着事物的发展变化。同时，任何事物都不是孤立静止的，而是互有关联、互为因果，并通过相互间的运动获得发展。而相生和相克像阴阳一样，既是事物不可分割的两个方面，也是自然界的正常现象，没有生就没有事物的发生和成长，没有克就不能维持事物的发展和变化中的平衡与协调。只有依次相生，依次相克，才能生生不息，并维持着事物之间的动态平衡。没有相生就没有相克，没有相克就没有相生，这种生中有克、克中有生、相反相成、互相为用的关系，推动和维持着事物的正常生长、发展和变化。事物之间正因为存在着相生和相克的关系，才能保持平衡。因此，仅就五行生克理论本身而言，其实含有一定的科学道理。

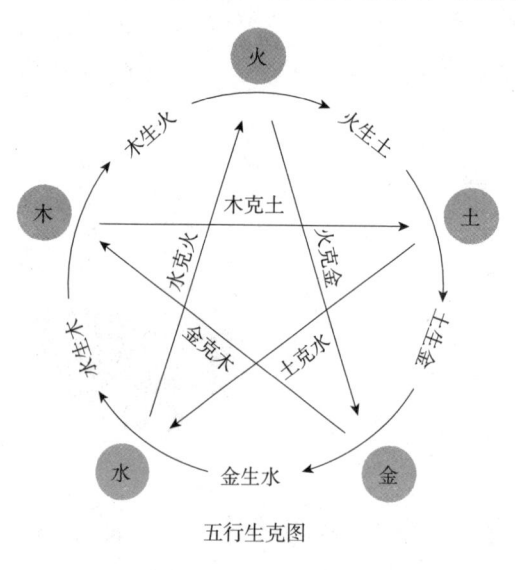

五行生克图

由于五行学说中的五行及其生克理论系统论述了天地万物的来源及其相互关系，是古人认识世界的出发点，所以，姓名五行及其生克说法也是在此基础上建立起来的。其基本观点是，人的姓名可以用五行划分，如钟、钱等带有"钅"的姓氏属金，杨、李等姓则属木，江、黎等姓属水，耿、炎等姓属火，垣、墨等姓属土；同样，名字中的"刚""利"等字属金，"艺""营"等字属木，"鲜""云"等字属水，"明""昌"等字属火，"山""珍"等字属土。如果人的出生时间对应的五行有偏缺，就要设法通过起名来进行补充、调整、改变。其方法一般是在名字中直接加上表示五行的字，或者加上含有五行意义的字，或者通过计算姓名用字的"数"（笔画）来与五行相配。上述三种方法的前两种较易理解，比如一个姓刘的人姓氏属金，如果五行缺土，就要在起名时选一个带"土"或能与"土"联系起来的字；至于第三种情况，也就是把数字也分为五行，其中，4、9属金，3、8属木，1、6属水，2、7属火，5、10属土，超过10的数只计算余数。当无法从字面或字义上确定姓名的五行时，就可以用计算姓名笔画数的办法来确定五行，并由此进行补充、调整。

此外，在某些五行学家眼里，人名的读音也可以区分五行。在他们看来，既然汉字在被读出来时有齿、牙、唇、舌、喉这5个不同发音部位的区别，分作齿音、牙音、唇音、舌音和喉音5种类型，那么，这5种类型也可以用金、木、水、火、土五行来表示。其中，齿音属金，牙音属木，唇音属水，舌音属火，喉音属土。当名字被读出来时，名字中的每个字都可以根据读音区分为五行，进而用五行的名称表示。因此，尽管人的名字可以完全不同，但在用五行的名称表示其读音时，最多也只有25种类型，即：金金、金木、金水、金火、金土、木金、木木、木水、木火、木土、水金、水木、水水、水火、水土、火金、火木、火水、火火、火土、土金、土木、土水、土火、土土。

把人的姓名与阴阳五行联系起来，是五行学家的一种做法，在为宝宝起名或请别人为宝宝起名时，如果遇到或听到这种说法，最好也就是姑妄听之，大可不必过于在意。

四、生辰八字起名法

生辰八字，即四柱，又称"八字"，实际上是对于人出生时间的一种表示方法。其中，生辰即生日，八字是由天干和地支组成的8个字，分别代表宝宝出生时的年、月、日、时。古人用的是干支纪年法，分别由十天干和十二地支依次组成"六十甲子"，用来表示时间，无论是年、月、日、时，都用这种办法表示。由于与宝宝出生的时间相关的无非是年、月、日、时，过去用干支表示时就是年、月、日、时各1对干支，合在一起是4对干支，共8个字，这便是"八字"。又由于是4对干支，过去也把这样的干支称为"柱"，分别是年柱、月柱、日柱和时柱，简称"四柱"。如一个人生在2021年1月15日0时，那么他的八字就是庚子、己丑、癸亥、甲子。同样，如果一个人生在2021年5月14日10时，则他的八字是辛丑、癸巳、壬戌、乙巳。这些表示年、月、日、时的4对干支，也就是"四柱"。

根据四柱进行起名，最基本的前提是要先知道宝宝的四柱。要知道宝宝的八字并不难，只要掌握相关的基本方法，每个人都能推算出来。具体说来，当我们知道宝宝出生的年、月、日、时后，便可以通过以下四步进行推算：

第一步，推算出生当年的干支。宝宝出生当年的干支即年干支，推算方法最为容易，或者查查当年的日历、万年历便可知道，如2021年辛丑年，2022年是癸寅年，依次可以按六十甲子的顺序向前或向后推。所应注意的一点是，由于我国现在实行的是公历和农历两种纪年方式，二者在年初和年底都有交叉，在推算年干支时一定要以宝宝出生当天的农历为准。同时，农历两年之间的分界线是以立春当天的交节时刻划分的，而不是以正月初一划分。如有人生在公历2021年2月3日20时10分，由于当年的立春是这天的22时59分，在这一时间以前出生的人仍应算是前一年的人。因此，他的年干支并不是2021年的辛丑，而应是2020年的庚子。

第二步，推算出生当月的干支。宝宝出生当月的干支即月干支，推算方法与推算年干支相比略为复杂。在我国传统习惯上，农历的一年由正月开始，每月的名称分别由十二个地支表示，一月是寅月，二月是卯月，三月是辰月，四月是巳月，五月是午月，六月是未月，七月是申月，八月是酉月，九月是戌月，十月是亥月，十一月是子月，十二月是丑月。由于各月份的地支已定，则其天干也可以根据规律推算出来。这一规律是：凡天干逢甲、己的年份，正月的天干是丙；乙、庚年正月的天干是戊；丙、辛年正月天干是庚；丁、壬年正月天干是壬；戊、癸年正月天干是甲。由于根据这一规律可知正月的天干，其他月份的天干也可依次类推。当然，也可借助月干支查询表进行查找，简便又快捷。

干支纪月查询表

月份 年干	正月	二月	三月	四月	五月	六月	七月	八月	九月	十月	十一月	十二月
甲、己	丙寅	丁卯	戊辰	己巳	庚午	辛未	壬申	癸酉	甲戌	乙亥	丙子	丁丑
乙、庚	戊寅	己卯	庚辰	辛巳	壬午	癸未	甲申	乙酉	丙戌	丁亥	戊子	己丑
丙、辛	庚寅	辛卯	壬辰	癸巳	甲午	乙未	丙申	丁酉	戊戌	己亥	庚子	辛丑
丁、壬	壬寅	癸卯	甲辰	乙巳	丙午	丁未	戊申	己酉	庚戌	辛亥	壬子	癸丑
戊、癸	甲寅	乙卯	丙辰	丁巳	戊午	己未	庚申	辛酉	壬戌	癸亥	甲子	乙丑

如果我们想知道一个出生在2021年8月30日的宝宝的月干支，根据上

述方法可以先知道 2021 年是农历辛丑年，当月是农历七月，而七月的地支是申，那么，我们就可以通过月干支查询表，查得当月的天干是丙，干支合在一起的月干支就是丙申。一定要注意，在我们推算月干支时，月与月的月干支分界线不是农历初一，而是以二十四节气中的十二节的交节时刻为准的。交节前为上个月，交节后为下个月。具体说来，一月是从立春到惊蛰前，二月是从惊蛰到清明前，三月是从清明到立夏前，四月是从立夏到芒种前，五月是从芒种到小暑前，六月是从小暑到立秋前，七月是从立秋到白露前，八月是从白露到寒露前，九月是从寒露到立冬前，十月是从立冬到大雪前，十一月从大雪到小寒前，十二月是从小寒到立春前。由于这种推算月干支的方法相对复杂，为了避免推算错误，最好能够查一下万年历。

第三步，推算出生当天的干支。宝宝出生当天的干支即日干支，推算方法较为复杂。据记载，我国干支纪日法是从鲁隐公三年（公元前 720 年）二月己巳日开始的，至今从没中断过，是世界上唯一的最古老的纪日法。但由于这种纪日法每 60 天一循环，加上又有大小月及平闰年的缘故，几乎没有规律可循，因此，日干支通常是查万年历解决。万年历中一般都标有每月初一、十一、二十一的干支所属，其他日子的干支便可依顺序推知。另外，应注意的是日与日的分界点是以亥时和子时的分界点来划分的，是午夜 23 时，而不是午夜 0 时。根据这一分法，23 时前是当天的亥时，过了 23 时就是第二天的子时。

第四步，推算出生时辰的干支。宝宝出生时辰的干支即时干支，推算方法最为复杂，可以借助万年历解决。当要自己推算时，比较容易确定的是当时的地支。这是因为我国表示时间的地支是固定的，十二地支分别代表一天一夜的十二个时辰。这十二个时辰如果换算成现在通行的 24 小时纪时方法，每个时辰大约相当于两个小时，其中 23—1 时前为子时，1—3 时前为丑时，3—5 时前为寅时，5—7 时前为卯时，7—9 时前为辰时，9—11 时前为巳时，11—13 时前为午时，13—15 时前为未时，15—17 时前为申时，17—19 时前为酉时，19—21 时前为戌时，21—23 时前为亥时。至于推算出生时的天干，则以出生当天的天干为依据，如果当天的天干是甲、己，则这天子时天干是甲；如果当天的天干是乙、庚，则这天子时天干是丙；如果当天的天干是丙、辛，则这天子时天干是戊；如果当天的天干是丁、壬，则这天子时天干是庚；

如果当天的天干是戊、癸，则这天子时天干是壬。

干支纪时查询表

时 时 干 支 日天干	23时至1时前	1时至3时前	3时至5时前	5时至7时前	7时至9时前	9时至11时前	11时至13时前	13时至15时前	15时至17时前	17时至19时前	19时至21时前	21时至23时前
甲、乙、丙、丁、戊、己、庚、辛、壬、癸	甲子丙子戊子庚子壬子	乙丑丁丑己丑辛丑癸丑	丙寅戊寅庚寅壬寅甲寅	丁卯己卯辛卯癸卯乙卯	戊辰庚辰壬辰甲辰丙辰	己巳辛巳癸巳乙巳丁巳	庚午壬午甲午丙午戊午	辛未癸未乙未丁未己未	壬申甲申丙申戊申庚申	癸酉乙酉丁酉己酉辛酉	甲戌丙戌戊戌庚戌壬戌	乙亥丁亥己亥辛亥癸亥
时辰初、正	23时子初，0时子正	1时丑初，2时丑正	3时寅初，4时寅正	5时卯初，6时卯正	7时辰初，8时辰正	9时巳初，10时巳正	11时午初，12时午正	13时未初，14时未正	15时申初，16时申正	17时酉初，18时酉正	19时戌初，20时戌正	21时亥初，22时亥正
古俗称	夜半	鸡鸣	平旦	日出	食时	隅中	日中	日昳	晡食	日入	黄昏	人定

我们仍以一个出生在2021年8月30日的宝宝为例，假如他出生的时间是当天17时，又通过上述几步知道他的年干支是辛丑，月干支是丙申，并从万年历查到他的日干支是庚戌，也知道他出生时辰的地支是酉，那么，我们就可以通过干支纪时查询表，查得他出生时辰的天干是乙，干支合在一起的就是乙酉。至此，他的八字就完全推出来了，即辛丑、丙申、庚戌、乙酉。又如一个生在1964年5月8日10时的人的四柱，用上述方法也可以知道是甲辰、己巳、丁巳、乙巳；又如一个生在1928年7月29日22时的老人家的四柱，用上述方法也可以知道是戊辰、己未、庚午、丁亥。同样，如果我们知道一个人的年龄和八字，也可以反过来推出他的具体出生时间。如有人在2020年是75岁，八字是乙酉、甲申、己未、癸酉，想知道具体出生时间，我们用上述方法可以逆推出他生在1945年8月18日8时；又如一个在2021年53岁的人，八字是戊申、甲寅、丙午、丙申，我们也可以逆推出他生在1968年2月6日16时。

通过上述四个步骤，我们既然已经可以知道一个人的四柱，那么，就可以用四柱起名了。

主要是根据四柱与阴阳、五行的对应关系来区分四柱。

把一个人的四柱区分为阴阳的方法相对简单，也就是只要知道他所用的四柱究竟是属阴还是属阳便可。通常的做法是按照十天干和十二地支的自然排列顺序，分别由天干的"甲"和地支的"子"开始，按顺序把位于单数位置的算作阳，把位于双数位置的算作阴。如在1964年5月8日10时出生的人的八字是甲辰、己巳、丁巳、乙巳，分为阴阳是阳阳、阴阴、阴阴、阴阴；至于把一个人的四柱区分为五行，具体方法是把干支中的庚、辛、申、酉当作金，甲、乙、寅、卯当作木，壬、癸、亥、子当作水，丙、丁、巳、午当作火，戊、己、辰、戌、丑、未当作土。例如，将在2021年6月8日0时出生的人的八字是辛丑、甲午、丁亥、庚子，对应五行便是金土、木火、火水、金水；而前述1964年5月8日10时出生的人的八字是甲辰、己巳、丁巳、乙巳，对应五行是木土、土火、火火、木火。

通过上述方法得知一个人四柱所对应的阳阴五行后，就要在起名时注意弥补阳阴五行的失衡，这就是四柱起名法的目的。其实，用八字取名的"原理"，与根据阴阳五行是一样的，即将八字先定下阴阳五行属性，再据此取名，用名字的"阴阳""五行"来协调八字的"阴阳""五行"，同样，也是为人父母者一种心理上的安慰与期待而已。变成了阴阳五行，下一步就是在此基础上分析人的命运了。例如，已知出生在2007年6月8日0时的人的八字是丁亥、丙午、癸酉、壬子，阴阳是阴阴、阳阳、阴阴、阳阳，五行是火水、火火、水金、水水，按照过去的说法，他的八字偏缺，阴阳失衡，五行缺木，运势一般。要想加以改变，就要起一个阴阳搭配合理、五行属木的名字。同样，那个生在1968年2月6日16时的人八字太硬，阴阳完全失衡，加上五行又缺水、土，都必须在起名时想办法改变命运。再如前述那个生在1945年8月18日18时的人，生辰八字是乙酉、甲申、己未、癸酉，五行是木金、木金、土土、水金，总计3金、2木、2土、1水，民间说法也会觉得他命中金偏盛，在起名时需要设法抑制。

五、八卦六爻起名法

所谓八卦，是指表示八卦的符号及其别称。相传中华人文始祖伏羲很早就发现了产生天地万物的元气，进而把这种元气区分为阴阳，并用"—"代表阳，称为阳卦，是单数，也代表天；又用"--"代表阴，称为阴卦，是双数，又代表地。这两种符号也被称为爻，其中"—"为阳爻，"--"为阴爻。后来，阳爻和阴爻又各分为二，并各自叠加，形成"四象"，分别被称为少阳、老阳、少阴、老阴。再后来，四象上又各叠加"—"或"--"，形成8种不同组合，被称为八卦或先天八卦。在伏羲之后，八卦又被周文王、卫元嵩等人发展，分别被称为后天八卦、中天八卦，与伏羲的先天八卦统称八卦。

由于八卦的表述方式不同，古人为了便于记忆和区分，还为它们起了相应的名称。其中，3个长划"☰"称为乾卦，象征天；3对短划"☷"称为坤卦，象征地；先2对短划再1个长划"☳"称为震卦，象征雷；先1个长划再2对短划"☶"称为艮卦，象征山；上下各1个长划而中间1对短划"☲"称为离卦，象征火；上下各1对短划而中间1个长划"☵"称为坎卦，象征水；上面1对短划而下面2个长划"☱"称为兑卦，象征泽；上面2个长划而下面1对短划"☴"称为巽卦，象征风。上述不同的名称和组合，用歌诀表示就是"乾三连，坤六断，震仰盂，艮覆碗，离中虚，坎中满，兑上缺，巽下断"。

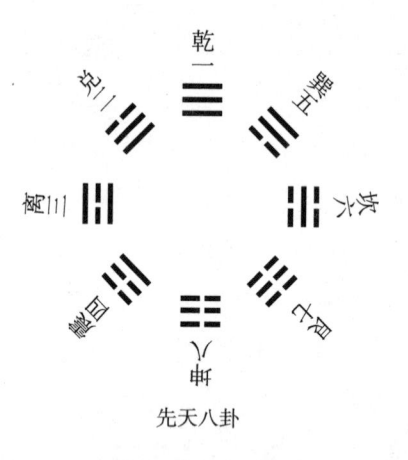

在八卦流传过程中，还被赋予了其他内容，其内容由于所属的先天八卦、后天八卦、中天八卦不同还有不同解释。如就伏羲的先天八卦而言，有人把八卦与数字结合起来，认为它们各有所属，其中，乾1、兑2、离3、震4、巽5、坎6、艮7、坤8。还有人把它与方位结合起来，认为乾居南方，坤居北方，震居东北，巽居西南，离居东方，坎居西方，艮居西北，兑居东南。而在周文王的后天八卦中，所代表的数字、象征方位等则与先天八卦有所不同。在后天八卦中，八卦代表的数字分别是离9、坎1、震3、兑7、乾6、巽4、坤2、艮8，并且，离居南方，坎居北方，震居东方，兑居西方，乾居西北，巽居东南，坤居西南，艮居东北。此外，还有人把这种后天八卦与五行学说结合在一起，认为乾、兑属金，震、巽属木，坤、艮属土，离属火，坎属水。以此为基础，他们还认为八卦有相生相克的关系，其中，由于乾、兑属金，可以生属水的坎；坎属水，可以生属木的震、巽；震、巽属木，可以生属火的离；离属火，可以生属土的坤、艮；坤、艮属土，可以生属金的生乾、兑。同样，由于乾、兑属金，可以克属木的震、巽；震、巽属木，可以克属土的坤、艮；坤、艮属土，可以克属水的坎；坎属水，可以克属火的离；离属火，可以克属金的乾、兑。至于卫元嵩的中天八卦，又对先天和后天八卦进行了部分调整。对于上述三种八卦，尤其是对前两种八卦，一般认为先天八卦的卦数准确，后天八卦的卦理准确，二者可以互为表里，交相为用；或者以先天八卦的"数"为体，以后天八卦的"体"为用，二者相互补充，缺一不可。上述八卦的卦名、卦象、代表数字、五行所属等可以参见下表。

先天八卦及其卦象、代表数字与五行

卦名	卦象	数目代表	五行属性
乾	☰	1	金
兑	☱	2	金
离	☲	3	火
震	☳	4	木
巽	☴	5	木
坎	☵	6	水
艮	☶	7	土
坤	☷	8	土

至于六爻，所指原是组成八卦的最基本符号，由于八卦再两两组合后会出现64种不同的组合，这64种不同的组合中每种都有6组排列不同的符号，这6组排列不同的符号也就是六爻。并且，为了使用的方便，根据六爻中各爻所处的位置不同，自下而上又被称为初爻、二爻、三爻、四爻、五爻、上爻。其中初爻和二、三爻组成内卦，四、五爻和上爻组成外卦。可见，六爻是由八卦而来的，因此也常常与八卦并称为八卦六爻。

八卦六爻在用来起名时，一般是先计算出名字的笔画数，然后除8得卦，除6得爻，最后根据所得卦、爻，判断这个名字是好还是不好。具体说来，一般是把名字中第一个字的笔画数作为外卦，第二字的笔画数作为内卦。遇到单名或2字以上的名字等情况，则单名的笔画数同时作为内外卦使用，2字以上的名字如果是双数，则平分一半为外卦，一半为内卦；若无法平分，则以少的那个字作为外卦，多的为内卦。上述各种情况的名字笔画都要以8为限，超过8画则用除8以后的余数。如一个人的名字叫"赵沛理"，对照笔画所代表的八卦，可知"沛"是8画，即八卦中的坤卦；"理"是11画，减8是3画，即八卦中的离卦。那么，他的名字就是外卦为坤，内卦为离。此外，"沛理"二字的笔画数合计是19画，除6余1，所得就是爻数，即初爻。

通过上述方法所得的八卦及其爻数，通常被看成是本卦，有人在本卦的基础上设计了一种变卦的办法。其方法是把上述名字相加所得的爻数进行改变，原为阳爻的变为阴爻，或者原为阴爻的变为阳爻，称为变卦，进而得出变卦及变卦的名称。接下去，便是用这一变卦查找有关卦书，得出相关名字的解释。

六、五格剖象起名法

五格剖象起名法，就是利用《周易》的"象""数"理论，把人的姓氏和名字的笔画按不同的方式进行计算，分作天格、地格、人格、外格和总格这五格，进而用剖象法来解释，判断名字的好坏。

利用五格剖象法进行起名，首先要知道姓氏和名字的五格。"天格"即姓氏格，是所在家族的标记。古人认为，姓氏来源于祖先，有"先天"的意思，只能接受，不能变更，所以姓氏格也称天格。"地格"即名字格，是人的姓名中不包括姓氏的那一部分。"人格"一般是由姓氏和名字中的第一个字组成的，"外格"是由姓氏和名字中最后一字组成的，"总格"则是由姓名的全部的字组成的。由于我国的姓氏有单姓、双姓甚至双姓以上姓等的区别，而名字也有单名、双名甚至双名以上名的区分，因此在确定人的姓名五格时，也有取姓名首字、取中字、取末字等的区分。这些尽管看上去显得有些复杂，但如果掌握了要领，要想知道五格还是不难的。因为，姓名五格的基础都是计算姓名所用每个字的笔画，计算笔画的标准也同前文所述即全部以《康熙字典》中的繁体字计算，只是在遇到特殊偏旁和数字时才采用特殊的姓名笔画数计算方法。具体情况可以参见下表。

格别\内容	特点	取法	举例
天格	取姓氏笔画	单姓笔画数加1，双姓取两字之和	"王"姓 4+1=5 "诸葛"姓 16+15=31
地格	取名字笔画	单名笔画数加1，双名取两字之和	"周瑜" 14+1=15 "王亮天" 9+4=13
人格	姓名双取	单姓单名：姓名笔画数相加 单姓双名：姓与名第一字笔画数相加 双姓单名：姓第二字与名笔画数相加 双姓双名：姓第二字与名第一字笔画数相加	"王莽" 4+14=18 "白居易" 5+8=13 "诸葛亮" 15+9=24 "司马德宗" 10+15=25
外格	姓名双取	单姓单名：姓名笔画数相加 单姓双名：姓与名第二字笔画数相加 双姓单名：姓第一字与名笔画数相加 双姓双名：姓第一字与名第二字笔画数相加	"王莽" 4+14=18 "白居易" 5+8=13 "诸葛亮" 16+9=25 "司马德宗" 5+8=13
总格	姓名全取	姓名全部笔画数相加	"诸葛亮" 16+15+9=40

利用上述图表的计算办法，我们就可以知道每个人的姓名五格。如上述所举几个例子的五格，王莽的天格是5，地格是15，人格、外格、总格都是18；周瑜的天格是9，地格是15，人格、外格、总格都是22；王亮天的天格是5，地格是13，人格是13，外格是8，总格是17；白居易的天格6，地格16，人格13，外格13，总格21；诸葛亮的天格31，地格10，人格24，外格25，总格40；司马德宗的天格15，地格23，人格25，外格13，总格38。或

者也可以用图来表示"赵云"(繁体为"趙雲")这个名字的五格:

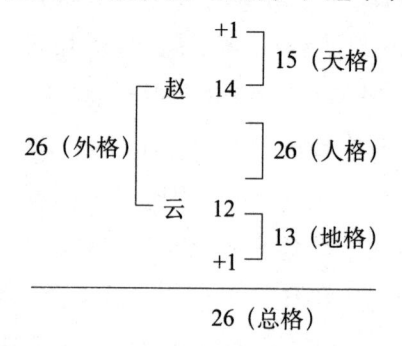

```
                    +1
                   ┌── 15 (天格)
              赵 14┤
              │    └── 26 (人格)
26 (外格) ────┤
              │    ┌── 
              云 12┤
                   └── 13 (地格)
                    +1
              ─────────────
                  26 (总格)
```

至此,既然已经知道了一个人的五格数字,那么,下一步就可以进行"剖象"分析了。

所谓剖象,也就是分析五格中所反映出的姓名信息,推断名字起得是否合适。按照过去的说法,五格各自代表人的不同命运,其中"天格"是"根",代表父母的命运,一般来说对个人命运影响不大;"人格"是"苗",代表一个人的主运;"地格"是"花",代表一个人38岁以前的境遇;"外格"是"叶",代表一个人的副运,是看一个人与外界的关系是否和谐的主要参考;"总格"是"果",代表一个人38岁以后的境遇。一个人要想拥有好的名字,必须符合"根深,苗壮,花盛,叶茂,果实"的基本原则。

有人通过研究,发现五格相加后会得出81个数字,认为其中属于"吉"的得数是1、3、5、8、11、13、15、16、21、23、24、25、29、31、32、33、35、37、39、41、45、47、48、52、57、63、65、67、68、81,代表健康、幸福、名誉等;而6、7、17、18、27、30、40、51、55、61、75,则不那么好,其余数字都是不好的。

另外,五格起名法还认为五格对人的影响并不相同,只有"天格""地格"和"人格"的影响最大,因此又被通称为"三才",当"人格"是3、5、6、11、13、15、16、21、23、24、25、31、32、35、37、41等的数字时,并与"天格""地格"搭配良好,将一生幸福,事业顺利,婚姻美满。

五格剖象起名法作为一种特殊的起名方法,与其他几种特殊起名法一样,只是一种追求美好人生的心理暗示。因此,在起名时知道有这种方法即可,大可不必囿于其中。

第七讲

男宝宝起名方法

在我国民间一直有个说法，叫作"男女有别"。也就是说，由于男女性别不同，社会对各自的要求也不一样，男女有别、男刚女柔是社会对男女角色的最基本定位。特别是在我国，从传说中的"三皇五帝"时期到清朝的古代社会就是一个以男性为主导的社会，不仅国家政权由男性掌握，天下大事由男性完成，在思想上也形成了根深蒂固的男尊女卑观念，并且这一观念还受到社会的普遍接受。到了近现代社会，随着人类的进步和时代的发展，妇女解放程度逐渐提高，传统的男尊女卑观念也受到冲击，不过，社会上对男女的角色要求没有改变，大多数人仍然认为男女应该有所区别。在这种观念影响下的起名，事实上也同样反映了"男女有别"观念，仅就为男宝宝起名上看，起一个充满阳刚之气的响亮名字便是绝大多数人的想法和做法。当然，由于我国历史非常悠久，加上各地又有不同的风俗习惯，为男宝宝起名的方法也不尽相同，值得专门加以探讨。

一、男宝宝传统起名方法

在我国历史上，实际上已形成了多种专门为男宝宝起名的方法。如人们习惯用表示排行的字"伯""仲""叔""季""孟"等起名，意思相当于今天所说的老大、老二、老三、老四等，所起的代表性名字有太伯、仲雍、蔡叔、季历、孟庄等；有时采用金、银等贵重金属的名称起名，起一些诸如金锁、银童、铁柱之类的名字，明朝靖江王朱守谦的小名就是铁柱；有时用日月星辰或动物飞鸟的名字起名，起名为星河、小熊、天龙、金牛、玉夫等。战国时魏国有一位大将名叫乐羊，元朝有位蒙古军将领名叫石抹狗狗，还有位钱塘人名叫丁野鹤，清朝有位知县名叫张鹭；有时选用充满阳刚之气的字起名，起出的名字如唐朝名将罗成的儿子罗霄、明代《水浒传》中的好汉林冲，一听就可以想到是硬汉子；有时喜欢采用梦中所得的灵感起名，起一些诸如梦熊、梦周、梦蛟之类的名字。相传岳飞的母亲在怀他的时候，梦见有只大鹏鸟飞来，落在自家的屋脊之上，等生下他以后，便起名为"飞"，字"鹏举"。又如宋代诗人陆游还在娘胎的时候，因母亲梦见过北宋词人秦少游，等生了他后便起名为"游"。特别是当代著名音乐家冼星海的名字，来历更有意思。据说他母亲在怀他的时候做过一个梦，梦中的她抱着孩子坐在船头，仰望天空，忽见一颗流星从头顶飞过，落入海中。她让人把船划到流星入海的地方，把星星捞了上来。梦醒以后，她把梦中的情景告诉丈夫，丈夫觉得挺有意思，便受星星入海的启发，为儿子起名"星海"。

为男宝宝起名的传统方法其实还有很多，如利用婴儿特征起名、用谐音起名、用姓氏起名、用时间地点起名、用世界万物起名，以及起乳名、起学名、起别名、起字号、起别号等都有所见，其中的一些方法已见于本书前面章节所述，有些方法因为目前已不采用故未提及。此外，还有一些起名方法值得一提。如当男宝宝生下来满周岁的时候，一些地方习惯上准备些纸笔玩具让宝宝去抓，抓到什么就起什么名字。这种起名方法，古时候称为"试儿"，现在则多称为抓阄起名法。早在南北朝时期，江南地区就有试儿起名的风俗。据《颜氏家训》记载，当时的孩子在生下来满周岁的时候，要全身上下洗得干干净净，穿上新衣接受测试。测试的用品主要是弓箭、纸、笔等男性用品，以及一些吃的东西和金银珠宝、儿童玩具等。当时人相信，宝宝从小喜欢什么，长大以后就会干什么。所以，试儿的目的不仅是为宝宝定下一个名字，而且还有"以验贪廉愚智"的想法。后来，这种试儿风俗便被传承下来，以至到明清时期，《红楼梦》中还完整记录了贾宝玉在周岁生日时抓周的过程，因为抓了脂粉钗环而使父亲贾政很不高兴，认为他"将来酒色之徒耳"。又如当代著名作家钱钟书的名字，来源也是因为他在周岁试儿时抓了一本书，被父母认为他对书籍情有独钟，于是起名为"钟书"。他后来果然与书籍打了一辈子交道，成为学贯中西的著名学者。

有些民间还把宝宝出生的时间与个人发展联系起来，并据以起出相应的名字。如有些地方流传"初一的娘娘十五的官"说法，意思是说，初一出生的女宝宝是娘娘命，将来要得贵婿；十五出生的男宝宝是贵命，将来要做高官。《红楼梦》中的元春生在初一，便被认为命好；但"巧姐"生在七月初七的"乞巧节"，被认为不吉利，一生命薄如织女，她母亲王熙凤才托刘姥姥给女儿起名"巧姐"。像上述这样的民间风俗也影响起名的用字，特别是男宝宝的起名用字，大多与所在的家族和国家联系在一起，期望他担当起光宗耀祖、继承家业、报效祖国的重任，或者希望他长得英俊威武、充满阳刚之气，进而使用"刚""正""坚""强""伟""文""武""杰"等字起名，这实际上也就是"将降大任于斯人也"，表现了突出的起名性别特征。

二、男宝宝起小名风俗

由于男宝宝大都被父母寄以厚望，起名时往往被父母投入了较同胞姊妹更多的感情。在我国民间，还一直有根据男宝宝不同年龄阶段起名字的风俗，其中在刚生下来或婴儿、儿童期起小名，进了幼儿园或上了学起学名（大名），长大后再起字、号。一些少数民族地区的人们甚至要给宝宝起很多名字，以便于在不同场合使用，或者随时更换，其目的不过是希望借此便于宝宝长大成人。

由于我国过去的户籍制度不像现在这样严格，不必在宝宝出生后就填报出生证明、报户口，因此，许多父母往往在宝宝落地后先为宝宝起一个小名（乳名），等到上学时再起一个正式的名字。这时的小名由于只在家庭内部使用，信手拈来的因素居多，但也并非没有规律可寻。其中如很多人喜欢按排行或数字起名，如果老大叫"柱子"，后来出生的男孩就依次叫"二柱子""三柱子""四柱子"，或者叫"二子""小二"之类。唐朝大诗人李白的小名叫"李十二"，杜甫的小名叫"杜二"，都是以排行起名的。白居易有兄弟四人，在家族的兄弟中排行22，起的小名是"白二十二"。唐代诗歌中带有排行或数字名的例子更多，仅篇名就有《寄白二十二舍人》《巴陵送李十二》《送元二使安西》《早春呈水部张十八员外》《祭周氏二十娘子文》《赴江陵途中寄赠王二十补阙李十一拾遗李二十六员外翰林三学士》等，说明当时这种起小名风俗很流行。不仅唐代如此，北宋文学家苏辙的小名是"苏二"，词人秦少游的小名是"秦七"，文学家欧阳修的小名是"欧阳九"，也都是典型的数字名。宋朝人洪迈所著《夷坚志》也记载当时"如云兴国军民熊二，又云刘十二鄱阳城民也。又云南城田夫周三，又云鄱阳小民隗六，又云符离人从四，又云楚州山阳县渔者尹二，诸如此类，不可胜举"。更有甚者，有些家族还连续多代以排行或数字起名。明朝开国皇帝朱元璋的小名是"重八"，他父亲原名朱五四，祖父叫朱初一，曾祖父叫朱四九，高祖父叫朱百六，都与数字有关。而他之所以小名"重八"，是因为在他出生以前，他父亲朱五四的哥哥朱五一已有四个儿子：重一、重二、重三、重五；他父亲也有三个儿子：重四、重六、重七，所以到他时只能起名重八。

  当然，在历史上某些特殊时期，起名的方式也变得特殊。清朝人俞樾所著《春在堂随笔》中就曾记载："徐诚庵见德清《蔡氏家谱》有前辈书小字一行云：元制庶人无职者不许起名，止以行第及父母年齿合计为名，此于《元史》无征。然证以明高皇所称其兄之名，正是如此，其为元时令甲无疑矣。"意思是说，元朝有规定，不允许普通百姓起名，只能用排行或父母的年龄相加后的数字起名，所以朱元璋及其祖先都只能如此取名。此外，俞樾还考证了明朝几位开国功臣的祖辈名字，发现与朱元璋的情况基本一致，其中如："开平王常遇春曾祖四三，祖重五，父六六。东瓯王汤和曾祖五一，祖六一，父七一，亦以数目字为名。"由此可见，按排行起名的原因还颇为复杂。

  我国传统的一些起名习惯，直到现在的某些地区仍有所见。如在今青海东部一带的某些汉族人，相传祖先是在明初从南京珠玑巷迁来，当地人至今还保留着用数字起名的习惯，只是把朱元璋那样的按排行起名改为按年龄起名：如果孩子的祖母或曾祖母在孩子出生时还健在，就以她的年龄来为孩子起名，像六三、八四、三辈、四辈等名字都是这样来的，从中不难看出某些历史因素。另外在鲁迅小说中，也有不少是根据孩子父母的排行甚至根据孩子生下来时的重量起的，如《社戏》里有"六一公公"，《风波》里有"七斤""赵七爷""八一嫂""九斤老太"，这些名字都属于这种情况。究其原因，也是历史影响使然。俞樾《春在堂随笔》便记载其老家浙江绍兴一带自宋元以来就流行这些风俗,"在绍兴乡间颇有以数目字为名者,如夫年二十四,妇年二十二,合为四十六,生子即名四六。夫年二十三,妇年二十二,合为四十五,生子或为五九,五九四十五也"。

当然,有些人为男宝宝起名字,事先并没有这样或那样的考虑,只是一时兴起,随手拈来。诸如此类的名字,在历代男性名字中也不在少数。如鲁迅小说《故乡》里的主人公名叫闰土,名字来源于他生在闰月、据说命里缺土。从上述例子不难看出,为男宝宝起小名具有较大的随意性,并不一定要墨守成规。

三、男宝宝的女名与丑名

在我国民间,有些人在给男宝宝起名时,喜欢起一个非常女性化的名字,甚至为他穿上女孩的衣服,做女孩打扮,这种做法有些是反映了父母对宝宝的特别钟爱和宠幸,有些则与轻视妇女的传统观念有关,认为女孩子命贱,好养活,假扮女孩有助于让男宝宝顺利长大成人。仔细分析起来,这种起名方法其实由来已久。春秋战国时期的知名人物姬息姑、石曼姑、冯妇、徐夫人等都是男性。汉代,有一个男子的名字叫丁夫人。南朝时,名将鲁爽幼名马仙陴,原名仙婢。唐及五代时,李君羡幼名五娘,李存儒原名杨婆儿,五代十国之一的吴越国开国君主钱镠幼名婆留。宋朝,少数民族中也有一位名叫罗妹的男性首领。近当代,一些男性作家为了掩盖身份或其他一些特殊原因,也用春燕(马春)、芳茵(方殷)、露明(赵景深)、舞心(张若兴)、萍云(周作人)、许霞(鲁迅)、碧珊(巴人)、安娜(郭沫若)、冬芬(茅盾)等十分女性化的名字作为笔名。还有人为了从事秘密工作的需要,出于方便掩护身份的考虑,起一个女性化的名字。如我国早期革命家肖楚女,原名萧树烈,学名汝,字秋,肖楚女是他后来改的名字,据说出自《楚辞》中"忽反顾以流涕兮,哀高丘之无女",改名的原因便如上述。此外,在我国目前一些边远地区,为男宝宝起女名的现象仍有所见,其原因还是出于希望宝宝能够便于养活的心理。不过,如果太多的人故意如此,特别是在人际交往十分密切的城市里如此，有时也会给宝宝增加额外的心理负担，毕竟不同人际环境对相同事物的接受能力有差别。根据有人对北京、天津、上海、广州的调查显示，近年在这些城市的男孩子起女名的现象有增加的趋势，如男孩起名"王静"、女孩起名"念军"的人都有所见，甚至被一些人当作时髦。殊不知这样起名也给孩子性别角色定位带来困扰，甚至在某些特定场合还会给孩子造成难以承受的压力。前些年就有一家报纸报道，有个男孩因为父母给起了个女性化名字，忍受不了同学们的嘲笑而选择自杀。这种以生命为代价而留下的教训，是值得我们汲取的。

在过去，我国民间的家族观念特别重，普遍流行让男宝宝传宗接代的思想，对男宝宝寄予的希望特别大，生怕他将来长不大，无法传承香火。受这种思想影响，许多地方流行为男宝宝"起贱名"的习惯，也就是生怕他活不长，特意为他起一个很难听的名字，如狗、羊、牛、虎甚至毛蛋、狗剩、拴住等"贱"到不可思议的名字，觉得这样就便于养活，能够像那些狗、牛、羊等牲口一样不管生活环境多么艰苦，多苦多累都能贱生贱长、平安度日。还有人是故意用"贱名"的低贱遮掩富贵出身，这种起名方法，其实也是一种变相的祝福，反映了父母希望宝宝健康平安的心理。至于在历史上，如汉代名将霍去病、宋朝词人辛弃疾、吏部侍郎彭龟年、清朝进士苏去疾等人的名字，也都是与众不同，其实也属于这类的名字。

四、男宝宝起名用字

名字是通过文字表达的人类称谓符号，与文字之间的关系已见于前述各章。仅就男宝宝的起名用字看，其实也有规律可循。尽管由于我国有十分悠久的传统文化，一个时代有一个时代的起名用字特点，但是，如果把历代起名用字归纳在一起进行研究，仍可以发现各个时代的起名用字规律基本上都是相同的。

近年来，曾有专家对我国的起名用字情况进行过研究，发现无论是男宝宝还是女宝宝，起名用字的总数不过三四千个，其中常用的字不到1000个，最常用的字只有几十个甚至几个，用字过于集中是最为突出的特点。在这些字中，"英、华、玉、秀、明、珍"6字都曾是使用频律最高的字，其覆盖率在10%以上；加上"文、芳、兰、国、丽、桂、荣、树、德、春、金、建、志、凤"等14个字，总覆盖率在25%以上。也就是说，我国每10个人里面就有1个人用前面的6个字中的1个起名，每4个人里面就有1个人用这20个字中的1个起名。另据笔者对从公安部获得的全国户籍人口数据和网络统计资料的研究，发现我国人数最多的户籍名字是王伟、王芳、王秀英、李秀英、张秀英、刘伟、张敏、李静、王静、张丽、李强、王丽、张静、王勇、李伟、张勇、李军、刘洋、王军、李杰、张伟、张军、王刚、刘勇、李刚、王玉兰、王丹、陈秀英、张英等，每个名字的人数都超过10万。使用较多的18个字有：伟、芳、秀、英、敏、静、丽、强、勇、军、洋、杰、刚、玉、兰、丹、波、海。如果剔除"芳、秀、英、敏、静、丽、玉、兰、丹"这9个基本是女宝宝起名的专用字外，属于男宝宝的用字更少之又少了，可见起名用字集中的特点多么突出。

　　关于男宝宝的起名用字，另一个特点是具有超常的稳定性。在长达几千年的历史上，尽管起名用字呈现阶段性变化规律，但个别的波动和基本的稳定仍是其主要特点。社会的动荡在一定程度上会影响起名用字的使用频率，但这种影响基本上仅仅存在于那些最常用字中。笔者发现我国几千年来的男宝宝起名常用字不过几十个，这些字大体有：刚、正、坚、强、松、海、石、猛、伟、雄、亮、明、文、章、诗、武、山、杰、军、毅、兵、俊、峰、力、保、平、涛、辉、和、忠、永、昌、世、成、子、建、广、志、义、荣、兴、康、良、天、光、波、仁、宁、安、福、生、龙、健、元、全。而有关部门统计出的1949年以来男宝宝起名最常用的前30个字是：明、国、文、华、德、建、志、永、林、成、军、平、福、荣、生、海、金、忠、伟、玉、兴、祥、强、清、春、庆、宝、新、东、光。这些字的形、音、义等综合特征在体现男性特质方面优于其他字，从而才成为男宝宝起名的常用字。

　　为了给男宝宝起名提供用字参考，以下选取最常用的50个字，即：伟、强、勇、军、杰、刚、波、海、涛、龙、俊、毅、峰、平、文、辉、明、健、志、兴、良、仁、国、胜、学、祥、武、新、清、彬、昌、成、康、安、亮、浩、豪、乐、松、磊、民、哲、雄、远、鹏、吉、盛、凯、鸿、魁，从字音、字义、使用方法、起名实例等几个方面分别进行诠释，也可借以了解我国起名文化的某些具体特征。当然，由于这些字的使用频率特别高，为了避免与别人重名，选用时一定要慎之再慎。

（1）伟（wěi）："伟"是一个含义较好的字，主要意思包括两个方面：一是高大、壮美，人们常说的伟人、伟丈夫都是这个意思；二是盛大，如伟业、伟观、丰功伟绩等所指都是如此。在用作人名时，"伟"字大都单独成名，或者与别的字一起组成双名。常见双名有大伟、志伟。

（2）强（qiáng）："强"字的本义是指一种虫，后来又引申为强壮有力，作人名时用的是引申义。此外，古人认为人到40岁就进入不惑之年，对什么事情都有了正确的识别能力，这个年龄的人也被称为强。起名时，用"强"字作为单名或双名者都有所见，双名如文强、国强等。

（3）勇（yǒng）："勇"指勇敢、胆大，常用语有英勇、勇往直前。因为习惯上希望男宝宝要有勇敢顽强的品质，起名时也往往使用"勇"字，常见的名字有小勇、大勇、会勇等。

（4）军（jūn）："军"字指武装起来的斗士，最早指以打仗作战为职业的人，后来也指相关的组织，如军队等。20世纪50—80年代，用"军"字起名的人很多，使用频率仅次于"伟""刚""永""杰"等字。起名时有些用作单名，也有些起双名，双名例如英军、军生等。

（5）杰（jié）："杰"字的原义是指才智过人的人，如《淮南子·泰族训》："故智过万人者谓之英，千人者谓之俊，百人者谓之豪，十人者谓之杰。"又如《滕王阁序》："物华天宝，人杰地灵。"此外，又引申指特别突出的，如杰作、杰构等。如《诗经·周颂·载芟》："有厌其杰。"孔颖达疏："厌者，苗长茂盛之貌。杰，谓其中特美者。"由于"杰"字能表现人的才能、智慧、品格等方面的出类拔萃，因此多被用作人名，起单名、双名的都十分常见，常见双名有士杰、国杰等。

（6）刚（gāng）："刚"主要有两个意思，即坚硬和刚强。由于人们要求男性有阳刚之美，因此，"刚"字也常被用来为男宝宝起名。其中常见的双名有志刚、成刚等。此外，与"刚"同音的又有"钢""纲"等字，也常用作起名,其中,"钢"有刚强之义,"纲"字指具有伦理纲常和高尚操守。

(7) 波(bō):"波"字原指江河湖海等因振荡而一起一伏的水面,后来也指像波浪一样的事物,作人名用时也是希望宝宝将来能够乘风破浪。常见的人名中有单名也有双名,双名有宋代农民军首领王小波,其他双名如永波、海波等。

(8) 海(hǎi):"海"字原指大洋靠近陆地的广阔水域,因其面积宏大,所以又引申有广大、博深之义。人名用"海"字主要是用引申义,表示能量大,办法多,见多识广,非同常人。在人名中作单名和双名都比较多,其中常见的双名有长海、海鹏等。

(9) 涛(tāo):"涛"字的原义是指水面涌起的大波大浪,引申指像波涛一样的事物或声音。《淮南子·人间训》:"起波涛。"高诱注:"波者涌起,还者为涛。"苏东坡《水调歌头·赤壁》:"惊涛拍岸,卷起千堆雪。"作人名时,单名、双名都有所见,常见的双名有海涛、雪涛等。

(10) 龙(lóng):"龙"字原指我国古代传说中一种长形、有鳞、有角的动物,后来也把皇帝比作龙的化身,被赋予了特殊的文化内涵,用以起名也很常见,代表性的名字有先秦学者公孙龙、三国名将赵子龙等。

(11) 俊(jùn):"俊"字一般指才智过人、容貌俊美、气势博大的人,因为都符合父母和社会对男性的期待,用作起名十分常见。在名字中,"俊"字可单独成名,也可以与别的字组成双名。常见的主要有俊杰、英俊、俊彦等。

(12) 毅(yì):"毅"指意志坚定、果断、有毅力,孔子在《论语》中曾说男子的一生责任重大,"任重而道远",所以"不可不弘毅"。起名用"毅"字既有让男宝宝自勉之义,也带有父母的期盼和渴望。在名字中,"毅"字大多单独成名,也有与其他字合在一起作双字名的情况。代表性的名字有春秋战国时军事家乐毅、传说中的历史名人柳毅等。

(13) 峰(fēng):"峰"字的本义是指高大而又尖尖的山头,常见词语山峰、顶峰、峰峦等都有此义。起名用"峰"字则多表示希望宝宝成为杰出的人才,出人头地。常见的人名有单名也有双名,常见的双名有青峰、海峰等。此外,在"峰"的同音字中还有一个"锋"字,也常被用来起名。"锋"

的本义原指刀、枪、剑等锐利武器的刃口，引申指其他器物的尖锐部分，或人群中的带头人。起名用"锋"字的也很普遍，代表性的人物姓名有青年榜样雷锋。

（14）平（píng）："平"字原义是指不倾斜、无凹凸、像静止水面那样平整，后来又引申指平定、太平、公平、平稳。作为名字时，古今男女兼用，单双名俱全，代表性的有先秦楚国诗人屈原（名平）、汉初名臣陈平等。

（15）文（wén）："文"字的本义是指丝织品上纵横交错的纹理、图案，后来也指其他相关事物，如文章、文彩、文明、文化等。用作人名时，主要是希望宝宝有文化、文质彬彬。常见的人名中单双名都有，双名如敬文、秀文等。

（16）辉（huī）："辉"字的意思是指闪耀的光彩，也有光彩照人、辉煌无比之义。用作人名时，主要是期望宝宝能够焕发光辉，照亮自己也照亮别人。常见的名字中单名、双名都有，常见双名如志辉、辉光等。

（17）明（míng）："明"字的本义是指光亮，引申为明亮、明白、清楚，作人名用时主要是指聪明、英明、明智、神明、光彩照人。先秦《道德经》说"知人者智，自知者明"，成语有"自知之明"，两者都含有聪明的意思。起名时用作单名和双名的都有，常见双名如明亮、光明等。

（18）健（jiàn）："健"字的意思是指人的体格强壮、身体好，另外也指人在某一方面才华出众、超越常人。作人名用时，有单名也有双名，双名如健夫、华健。此外，与"健"字同音的字中还有一个"建"字，也常被用作起名，表示一生中有成就、有建树。五代十国前蜀国君王建就是使用"建"字作名。

（19）志（zhì）："志"字的含义主要指决定、意向、意志等。如《尚书·尧典》中的"诗言志"和秦末农民军首领陈胜的名言"燕雀安知鸿鹄之志"以及俗语"有志者事竟成"等，包含的就有上述含义。作人名用时，主要表示立志、意志之义，单名双名都有所见。较常见的是双名，常用的有伟志、宏志、鸿志、志远、志红等。

（20）兴（xīng）："兴"字的本义是起、起来的意思，如成语"夙兴夜寐"的原义就是白天起来，晚上休息。后来，"兴"字又有兴起、建立、发动、旺盛、兴旺等义。作人名用时，"兴"字的意思是兴旺发达，在人名中有时单独成名，有时与其他字一起组成双名。其中，单名中有"兴"字的人如十六国时期的后秦国王姚兴，双名组合字有东兴、艺兴等。

（21）**良**（liáng）："良"字的含义较多，主要有良好、杰出、优秀、贤良、善良、温良、和悦等。作人名用时，上述含义都有所取，起出的代表性单名有汉初政治家张良、三国名将马良，双名有唐代书法家褚遂良等。

（22）**仁**（rén）："仁"的意思主要有两种，其一是指果核中能孕育生命的部分，如果仁、杏仁、核桃仁等；另一个意思是指人与人之间的道德、友爱关系，与义、礼、智、信并列。用"仁"字起名时，多取其仁爱、仁义之义，作为单名或双名。作单名的例子如三国名将曹仁，作双名的例子如唐朝名臣狄仁杰。此外，较常见的双名还有仁贵、教仁、仁之、守仁、世仁等。

（23）**国**（guó）："国"字的含义较为简单，即指国家或政权，在传统说法"精忠报国""修身、齐家、治国、平天下""国家兴亡，匹夫有责"等之中都是指国家。在人名中，单名比较少见，起双名时往往加一个修饰词，放在"国"字的前面或后面，如建国、卫国、保国、国安、国忠、国光等都是如此。历史上，名字中有"国"的还有汉代名将赵充国、清朝重臣曾国藩等。

（24）**胜**（shèng）："胜"字的含义较多，一般指优越的地位、优美的境地，以及具备某种才华等，常用词"胜利""胜地""胜任""不胜感激"等都有上述意义。在起名时，用"胜"字作单名和双名的都有。作双名时，如果位置在后，与它搭配的另一个字往往起修饰作用，如继胜、万胜、常胜等。

（25）**学**（xué）："学"字的意思是指学习或学问，以及通过做学问而形成的学派，或学习的场所学校等，作人名用时也指学问或学习、模仿。当用作人名时，主要是作双名用，在名中多起修饰作用，常见双名有学东、学军、学忠、学文、文学、体学、继学等，都含有向某一类人（或物）学习或学习的方式等意义。此外，用"学"字作名字的名人有明朝文学家曹学佺等。

（26）**祥**（xiáng）："祥"字的原义是指吉凶的征兆，后特指吉兆，引申指吉利、吉祥、吉庆、祥瑞。由于字义较好，过去也多与其他字一起组成固定说法，如成语"龙凤呈祥"意即大吉大利，"祥英"指瑞雪飘落，"祥麟威凤"

指难得的人才等。作人名时,"祥"字主要有吉利、吉祥的意思,大多与其他字一起组成双名,南宋名臣文天祥名字中就用了"祥"字。此外,还有人用"祥"字的固定词组"呈祥""祥英""祥麟"等作名字,或者起名福祥、永祥、安祥等,并表示与之相关的意义。

孙武,战国军事家,被人尊为孙子

(27)武(wǔ):"武"的字义一般是指勇猛、刚健、威武有力,以及与"文"相对的、与武力或军事有关的事物。作人名用时,主要采用它的勇武、刚健之义,希望宝宝能够长得英武,充满虎虎生气,或者以武力安邦定国。在人名中作单名、双名的都有,名人有战国军事家孙武、汉代名臣苏武等。此外,常见双名还有心武、孝武、成武、武军等。

(28)新(xīn):"新"字的含义主要与"旧"相对,指万事万物的开始、更新,或者指刚出现或刚经历过的,如万象更新、新事物、新办法、新郎、新娘等。作人名用时,主要是希望宝宝将来能不辜负全家人的厚望,为家庭增添新活力、作出新贡献。常见的名字中单名、双名都有,常见双名如立新、新生等。

(29)清(qīng):"清"字的原义是指流水清澈见底,后来也指其他事物纯净透明,或者说话思路清楚明白,以及环境清静整洁、世道安康太平、为官廉洁公正等。作人名用时,主要取其清白、高洁之义,作为单名或双名。作单名的例子如清朝官吏刘清,双名如太平天国东王杨秀清。此外,常见双名还有华清、继清、河清等。

(30)彬(bīn):"彬"字的字义与同音字"斌"相通,一般指温文尔雅、品德出众的人。如《论语·雍也》:"文质彬彬,然后君子。"意思是说,只有具备了优雅的文采和良好的品质,才能算是一个有修养的君子。作人名时,"彬"字有时单独成名,有时则重叠为双名,或与其他字一起组成双名。至于

"斌"字，则由于具备"文武兼备"的字形，也经常被用作单名或双名，双名如纪彬、文彬等。

（31）昌（chāng）："昌"字的本义是指兴盛、繁荣，也泛指有生命的东西，以及表示壮盛美好之义。如《荀子·礼论》："江河以流，万物以昌。"《庄子·在宥》："今夫百昌皆生于土而反于土。"《诗经·齐风·猗嗟》："猗嗟昌兮，颀而长。"毛传："昌，盛也。颀，长貌。"郑玄注："昌，佼好貌。"在作人名时，"昌"字多与其他字一起组成双名，名字中有"昌"的名人有古代射箭能手纪昌、近代实业家丁日昌、现代抗日名将吉鸿昌、当代画家吴昌硕、文学家田寿昌（田汉原名）等，另有双名如启昌、昌镐等。

（32）成（chéng）："成"字的主要含义是成功、成就，也有成为、变成、具备等义，常见成语"有志者事竟成""成人之美"等都有成功、促成之义。又《礼记·学记》："玉不琢，不成器。"《诗经·齐风·猗嗟》："仪既成兮。"作人名时，"成"字大多与其他字一起组成双名。名字中含"成"的名人有南朝皇帝萧道成、太平天国英王陈玉成、末代衍圣公孔德成、建筑学家梁思成等。

（33）康（kāng）："康"字的主要含义是安乐、健康，此外又有褒扬、广大之义。如《文选·屈原·离骚》："日康娱而自忘兮。"李善注："康，安也。"《诗经·唐风·蟋蟀》："无已大康，职思其居。"《毛传》："康，乐。"古乐府《孔雀东南飞》："命如南山石，四体康且直。""康"作人名用字时，单名、双名都有所见，名字中含"康"的名人有东汉人韩康、清代出版家汪康年、当代戏曲名家李维康等。

（34）安（ān）："安"字的含义主要是安全、舒适、平安，如《战国策·齐策六》："今国已定，而动安如山。"《孟子·离娄下》："君子深造之以道，欲其自得之也；自得之，则居之安。"平安如意、四季平安、竹报平安、岁岁平安、安居乐业等成语中的"安"都有平安的意思。名字中的"安"字也大多表示祝愿或期望，用为单名或双名，双名如汉代名将韩安国、名臣张安世等。

（35）亮（liàng）："亮"指明亮或光亮，以及人的坦荡无私、忠诚、讲信用。如《孟子·告子下》："君子不亮，恶乎直？"嵇康《杂诗》："皎皎亮月，丽于高隅。"作人名时，"亮"字既见于单名也用于双名，双名如三国政治家诸葛亮、南宋大思想家陈亮、当代京剧艺术家钱浩亮等。

（36）**浩**（hào）："浩"字的原义是指水面宽阔，即常见词语"浩瀚""浩浩"之义。如《尚书·尧典》："汤汤洪水方割，荡荡怀山襄陵，浩浩滔天。"《淮南子·俶真训》："储与扈冶，浩浩瀚瀚。"此外，"浩"字又有高大之义。如杜甫《自京赴奉先县咏怀》："取笑同学翁，浩歌弥激烈。"人名用"浩"字主要取其广大、众多之义，用于单名或双名。常见的双名有浩然、养浩等。

（37）**豪**（háo）："豪"字的意思一般是指有才华、威望或有权势的人，以及气派大、不拘束，如"豪放""豪迈""豪言壮语"等常见词语都是此义。又《管子·七法》："收天下豪杰。"杜甫《壮游》："性豪业嗜酒，嫉恶怀刚肠。"秋瑾《对酒》："不惜千金买宝刀，貂裘换酒也堪豪。"在人名中，"豪"字有时单独成名，有时也与其他字一起组成双名。常见双名如国豪、志豪等。

（38）**乐**（lè）："乐"字的原义是喜悦、快乐，引申为乐意、喜欢、笑。如《左传·隐公元年》："其乐也融融。""乐"字也是一个多音字，用于人名时一般读 lè，表示快乐、喜欢。除偶而用为单名或重叠名外，大多与其他字一起组成双名，常见双名有乐平、广乐等。

（39）**松**（sōng）："松"字的原义指树木中的松树，是高贵挺拔、凌霜不凋、冬夏常青的"百木之长"。孔子曾说"岁寒，然后知松柏之后凋"，民间也习惯用松比喻品德高尚的人。人名中的"松"字主要表示期望像松柏一样常青、长寿，或者希望像松柏一样凌霜傲雪、堂堂正正做人。名字中含"松"的人名有《水浒传》中的梁山好汉武松、清代文学家蒲松龄等。

（40）**磊**（lěi）："磊"字的原义是指垒积在一起的石头，后来也有高大之义。如《楚辞·九歌·山鬼》："石磊磊兮葛蔓蔓。"人名用"磊"字主要取其高大和光明正大之义，用于单名或双名，双名如晓磊、石磊等。

（41）**民**（mín）："民"字的含义是指人民或人类，如《论语·季氏》："困而不学，民斯为下矣。"《孟子·尽心下》："民为贵，社稷次之，君为轻。"用于人名时，"民"字一般用来表达志向、抱负、品格等，用为单名时的含义较为简单，在双名中常被别的词语修饰或修饰别的词语。常见的双名有世民、觉民、爱民、利民、为民、初民、民生、民乐、民益等。

（42）哲（zhé）："哲"字的意思主要是聪明、有才华，也指聪明、有才华的人。如《尚书·皋陶谟》："知人则哲。"《左传·成公八年》："赖前哲以免也。"在人名中，"哲"字用于单名、双名都有所见，其中双名如哲元、信哲等。此外，"哲"字还有一个异体字"喆"，也常用作人名，意思与"哲"字相同。

（43）雄（xióng）："雄"字本义是指阳性的生物，与"雌"相对。如《诗经·邶风·雄雉》"雄雉其飞，泄泄其羽"，意即雄鸡展翅飞翔。在引申义中，主要是指人勇敢有力，或指杰出的人才，常见词语"雄壮""英雄""雄姿""雄风""雄图""雄辩"等都有此义。人名中大多使用"雄"字的引伸义作为单名或双名，常见的有志雄、雄飞、伟雄等。

（44）远（yuǎn）："远"字的本义是指距离或时间上的久远，与"近"的含义相反，后来也指疏远或差距。如《论语·颜渊》"舜有天下，选于众，举皋陶，不仁者远矣"，其中"远"字的含义即为疏远或离去。"远"字用于人名时，单名或双名都有，双名常见的志远、光远等。

（45）鹏（péng）："鹏"字指传说中的一种由鲲变化而来的大鸟，《庄子·逍遥游》说它原是一种大鱼，身体奇大无比，达数千里，变为鹏后也有数千里，飞翔时的翅膀像天上的云，能到达九万里以上的高空。由于它身躯庞大，后来也用以形容大，鹏程万里、鲲鹏展翅等词语所指都是如此。人名中的"鹏"字也取远大或伟大之义，名人有南宋名将岳飞，字鹏举。常见双名又如志鹏、鹏程等。

（46）吉（jí）："吉"字的含义主要指善、利，与"凶"相对。如《逸周书·武顺》："礼义顺祥曰吉。"另外，"吉"字还指农历每月初一，称为初吉，常见词语"吉日"的原义即指每月初一，后来也称好日子为吉日。"吉"用于人名时，单名和双名都有，常见的双名有吉晨、吉昌等，或者直接用常见词语"吉祥""吉庆"等起名。

（47）盛（shèng）："盛"字的主要含义是兴盛、茂盛、丰盛等，有时也表示达到极点或对人、物的赞美。如《史记·萧相国世家》说"高祖以萧何功最盛"，意思是功劳最大。又如张衡《东都赋》"盛夏后之致美，爱敬恭于神明"，意即夏朝的功业值得称赞。作人名时，"盛"字多表示盛大之义，有单名或双名，常见双名有盛华、宗盛等。另外，"盛"字还有一个异体字"晟"，由于字形特别，也常被用于起名。

（48）凯（kǎi）："凯"字主要有温和、和善、和乐等义，以及表示军队出征后得胜归来，常见词语有：凯歌、凯旋、凯风、凯易、凯悌。另外在上古时，相传高阳氏有8个儿子，个个才华出众，且兄弟之间团结和睦，被誉为"八凯"，后人起名也用"凯"字表示和睦或杰出，用于单名或双名，双名如元凯、凯歌等。

（49）鸿（hóng）："鸿"字原指大雁或天鹅，是飞鸟中身体硕大的一类。如《诗经·小雅·鸿雁》："鸿雁于飞，肃肃其羽。"陆机《鸿鹄赋》："鸿鹄，羽毛光泽纯白，似鹤而大，长颈，今人直谓鸿也。"后来，"鸿"字也用来形容大或强、盛。如《史记·夏本纪》："当帝尧之时，鸿水滔天。"《吕氏春秋·执》："五帝以昭，神农以鸿。"在人名中，"鸿"字主要表示大或强盛，作单名或双名，常见的双名有鸿远、志鸿等。

（50）魁（kuí）："魁"字的本义是指汤勺，古代名词中的"羹魁""铜魁"等所指都是如此。后来，"魁"字又被引申指第一、最先、首领，常见词语如"魁首"。《礼记·檀弓》："请问居从父昆弟之仇，如之何？曰：不为魁。主人能，则执兵而陪其后。"原注："魁，犹首也。"古代也把为首的人称为魁，科举考试时的五经第一名都称为经魁，殿试的第一名称为大魁，都是第一的意思。在人名中，"魁"字作单名或双名的情况都有所见。常见的双名有天魁、魁元等。

第八讲 女宝宝起名方法

我国是一个讲究男女差别的国家，具体到起名上，男宝宝名字讲究阳刚之气，女宝宝名字则要求有阴柔之美，这种阳刚之气和阴柔之美，便是男女名字的最大区别。而就女宝宝的名字而言，由于我国传统社会里一向有女名不出家门的不成文规矩，女性的名字只限于出嫁以前使用，在出嫁以后因为变成了某男子的夫人，其名字也变成了"夫姓 + 己姓 + 氏"的固定格式，原来名字的使命也随着其出嫁而完成了。因此，只要翻一下历朝文献，就可知道古人除对未出嫁的女子称名外，其他大都是以姓相称的，女性名字的特殊性由此可见一斑。

一、女宝宝的传统起名方法

从遥远的历史上看，人类社会是由女性主导的社会发展而来的，女性名字出现的时间也要比男性早。在人类的蒙昧时代，人们过着群婚群居的原始生活，生下的孩子知母不知父，因此也多从母方加以区分。我国远古传说中的几位著名女性，无论是抟土造人的女娲还是商周始祖简狄、姜嫄都是女性，她们名字的影响力和受尊敬的程度一点儿也不比她们的配偶或后代伏羲、契、弃等人低。在三皇五帝时代以后，女性地位慢慢低于男性，女性的名字也大多不再像男性名字那样受关注，或者渐渐成为男性名字的附属物。特别是从周代开始，由于宗法制度和封建礼教的不断加强，女性在社会上的地位逐渐丧失，其名字也越来越变得"藏在深闺人未识"了。

另外，从我国古代对女性名字的总体称呼上，也能看出具有由社会性而向家庭性变化的规律。我国古代具有"女名不出门"的传统，习惯称女性名字为"闺名"或"阃名",意思是只能在闺阁中(家里)使用的名字。一旦出了闺阁之门,女性名字的使用就要大受限制,除非是吃了官司或者沦为奴婢,女性至亲之外的人很难知道她的真正名字。即使在女性订婚时,男方家里也要在通报了订婚意向、获得女方家里同意,男方家里再正式求婚以后才能问女方的名字和出生的年月日,女方家里也是直到这时才会把芳名相告。告诉了名字即等于彻底谈定了婚事,接下去便是订下吉日正式迎娶了。上述礼仪被称为"问名",属于婚姻礼仪"六礼"之中的第二种礼仪,被写进了《礼记·婚义》和《唐律》《明律》之中,可见古代把女性的名字看得多么重要。

历史上的女性名字尽管大多不出家门,但也不是说女性没有名字,卓文君、王昭君、蔡文姬、武则天、杨玉环、梁红玉等都是人们熟知的名字。只是更多的名字无法让世人得知,甚至也不被写进家谱,即使被写入也多是以父家的姓氏代替的。如在宋代的皇家族谱《仙源类谱》中,对皇族中的每个男性皇室成员都事无巨细地记录下来,对于女性的记录则极为简略,仅仅作为附录中的属籍,还不记录名字、不记录官爵,对已婚或再嫁女性只记录嫁给了某人。只是由于在宋代至明清时期特别重视女性操守,家族中如果出了节妇、烈女,会被认为是全族的光荣,并在家谱中各自立传。但即使这样的传记也与男性不同,被称为内传,以别于男性的外传。这种风俗,一直在历史上沿续了多年。只是因为20世纪80年代以来实行计划生育政策,一个家庭只允许生一个孩子,无论是男还是女,如果继续不把女性写进家谱,就可能有很多家庭从此没了传人,为了适应形势,不少家族在修谱时才允许女性入谱,规定"凡本族成员,不论男女,无论婚生、非婚生,均可入谱"。但即使这样,女性在家谱中的记载仍与男性不同,不仅规定家谱的记载"以男性己身为准",而且还对女性区别对待,规定"本族男性所娶女性,因参与本族繁衍,入谱""成年女性,记载某公之女,以及本名、曾用名、出生年月日时、供职处所、婚配日期、配偶姓名,生育几子几女及其详情,再下一代只记出生。已故者载明卒于何年、葬于何地""本族女性招婿入赘,所生子女若以本族姓为姓则入谱,否则不入谱"。从上述相关规定中,仍能看出历史的影响根深蒂固,女性名字仍然被采取了不同的标准对待。

传统社会中女性名字的特殊性,还有其他方面的表现。如由于我国古代还有一个不成文的习惯，即女性的名字基本上只属于母家，在其订婚和出嫁后，名字也就等于留在了母家，能带走和公开的只有人皆有之的姓了。如果在不得已的情况下必须使用自称时，也只能把原来的姓氏当名字使用，称姚氏、李氏、张氏等；或者与夫家的姓氏连接在一起，把自己的姓氏放在丈夫的姓氏之后，称黄姚氏、牛李氏、王张氏等。这种称呼习惯，在我国沿用了数百年，其影响甚至一直到今天。如刘家的两个女儿分别嫁给了张、李两家的儿子，一般习惯在人前自称是老张的爱人或老李的太太，街坊邻居多称她们为张太太或李太太，在这些情况下，女性的名字总是显露的机会少，隐藏的时间多。

由于受传统习惯的影响，女性起名有时也用一些男性化的字，起一些男性化的名字。如"男""弟""君""卿""子""文"等字，基本都是专指男性的字，但有时也出现在女性的名字中。其中使用"男"字作女名的例子，如亚男、亦男等；用"弟"字的有招弟、盼弟等。尽管使用上述两字的女性名字所表达的多是相反的意义，但它们也确实出现在女性的名字中。在历史上，女性起男性化名字不乏其例。如仅在两汉三国时，就有赵子儿、卫子夫、王君孺、卫少儿、王政君、桓少君、孙鲁班、孙小虎等女性，她们的名字都带有男性化的特征。另外在现当代女性中，使用像男性一样名字的人也屡见不鲜，代表性的有物理学家吴健雄、邮票设计家卢天骄、外交家丁雪松、象棋国手谢思明、田径运动员徐永久、中国工程界第一位女博士倪以信、电影编剧濮舜卿、雕塑家王静远、作家铁凝等。

二、女宝宝起名的随意与乖巧

谈到女宝宝起名，其实还有其他一些方法。有些人由于受重男轻女思想的影响，在为女宝宝起名时显得较为随意，即使是有子女多人，也一般不把女宝宝像男宝宝那样排行，更不把其名字写入家谱。至于像《红楼梦》中林黛玉母亲贾敏那样，与3位兄长一样在名字中共用"攵"字作偏旁，在历史上并不多见。还有人因为家中生了女宝宝显得无可奈何，希望通过宝宝的名字带来某些暗示，使之预示生下一个为男宝宝。对此，有人曾经这样举例说，过去有人家中第一胎生了个女儿，为她起名玲玲。怀第二个宝宝时很希望是个男宝宝，谁知生下来还是女宝宝，便为她起名"止玲"，意思是希望以后千万不要再生女宝宝。后来觉得她名字中的"止"字过于特别，加上汉字中又有个在"止"上加"艹"的"芷"字，于是又给她改名"芷玲"。这件事情乍听起来觉得有些好笑，但从另一方面看，却反映了为女宝宝起名的随意性以及重男轻女思想的顽固，同时还有对为女宝宝起名所用汉字的选择，是有一定代表性的。

在为女宝宝起名的传统方法中，还有一种源于历史又在近年流行的方法，即名字重叠法，也称起重叠名，就是把单字名所用的字重叠后变为双字名。这种起名方法究竟起源于何时尚有待进一步考证，但至少在唐代已经很普遍。当时人多以重叠字为民间那些有一定歌舞才华的女子起名。仅在唐代中叶及其以后，就有好好、端端、灼灼、惜惜以及大历才人张红红、薛琼琼，钱塘女子杨爱爱、武赛赛、范燕燕等名字见于记载。至北宋，有京师名妓李师师。明清，有使吴三桂"冲天一怒"的红颜知己陈圆圆。用这种方法起出的女性名字，会带给人人一种亲昵、乖巧的感觉，但也因过于乖巧而带有一定的局限性，其理由已见以前相关部分所述。

最后，历史上传统的一些为男宝宝起名的方法，也被用来为女宝宝起名。如周岁"试儿"起名法，对女宝宝也是适用的。只是在试儿时，把弓矢纸笔等传统的男性用品换成刀尺针缕等传统的女性用品便可以了。

三、女宝宝名字的相同现象

由于我国传统文化为女性赋予了特殊角色，加以可供女宝宝起名使用的字与男宝宝相比更为集中，同名现象也更为普遍。根据公安部门掌握的各地人口户籍资料统计，发现各地人数最多的同姓名的人很多都是女性。如我们在第七章的"男宝宝起名用字"部分涉及的最常见的 31 个名字中，属于女性名字的至少有 13 个，即：王芳、王秀英、李秀英、张秀英、李静、王静、张丽、王丽、张静、王玉兰、王丹、陈秀英、张英，其余名字如张敏、刘洋、刘波等也基本是男女兼用，而"芳""秀""英""敏""静""丽""玉""兰""丹"等字也基本是女宝宝起名的专用字。而在此以前，全国的十大姓名依次是李秀英、王秀英、张秀英、王玉兰、王军、张军、刘桂英、王秀珍、李军、李秀珍，后来变为王伟、王芳、王秀英、李秀英、张秀英、刘伟、张敏、李静、王静、张丽，无论怎么变，人数最多名字中的女性都要远远多于男性。

　　具体到各地的情况看，女性同名的人也多于男性。其中如北京人数最多的10个人名是张伟、王伟、李伟、刘伟、李静、王静、张静、王芳、刘洋、张勇，上海是陈洁、张敏、张伟、张燕、王秀英、张秀英、张磊、王伟、陈燕、张杰，天津是张伟、刘伟、王磊、王伟、王静、李娜、李静、张磊、李伟、刘洋，重庆是张勇、陈勇、刘勇、王勇、李勇、杨勇、陈伟、张伟、刘洋、李伟，广州是陈志强、黄志强、李志强、陈伟强、陈俊杰、陈妹、梁妹、黄俊杰、陈志明、陈丽华，杭州是王芳、陈燕、王伟、王燕、陈洁、陈伟、陈杰、陈敏、李萍、陈超，沈阳是刘洋、王丹、张伟、王伟、李丹、李伟、刘伟、王丽、张丽、王静，合肥是王芳、王伟、张伟、王勇、王军、王磊、张勇、王俊、张敏、王敏，南京是王秀英、张秀英、陈秀英、王芳、王伟、李秀英、张伟、张敏、王军、王萍。在这些名字中，同样也可以发现女性的名字更多一些。

　　在目前所知的对全国各地同名现象的研究中，值得一提的是南京的十大同姓名。这些同姓名是根据全国公民身份信息统计出来的，按人数多少依次是王秀英、张秀英、陈秀英、王芳、王伟、李秀英、张伟、张敏、王军、王萍，其中人数最多的前三位都是女性名，并且都是"秀英"。另外，如果从字面上看这10个姓名，明显具有女性姓名特征的共有7个，分别是王秀英、张秀英、陈秀英、王芳、李秀英、张敏、王萍，其中又有4个是"秀英"。在4个"秀英"中，又有王秀英3073人，张秀英2661人，陈秀英2290人，李秀英2038人。而把南京所有的"秀英"加在一起，总人数竟达10062人之多，几乎占前10名总人口的一半。至于当地为何多"秀英"，在有关专家看来，主要与时代性和地域性有关。如就其时代性而言，这些名字主要流行于20世纪初至50年代之间，当时父母似乎特别钟爱给女宝宝起名"秀英"。至于地域性，专家发现江浙等地起名"秀英"的人明显多于北方。如在北方的太原、石家庄、济南3个城市中，只有济南市的"王秀英"勉强排在第10位，而太原和石家庄的"秀英"名都在人数最多的前10名以外。究其原因，大约与南方人的性格、爱好等有关。起名为"秀英"，可能最容易通过名字表现江南女性温文尔雅的"秀"以及漂亮如花的"英"，从而才会有更多的人起名"秀英"。

四、女宝宝起名用字

尽管我国历史上女性的名字大多藏而不露，女性的生活环境和社会作用与男性也有较大的不同，但从可考知的一些名字和近现代以来众多的名字分析考察，女性的名字仍然具有较多的与男性不同的特点，如从起名用字上看，有些喜欢用与女性性别有关的字，有些用与女性用品有关的字，还有些用漂亮多彩的自然物入名，有些以表示季节、形容品德等的字入名，有些以美丽小巧的动物入名，有些则起像男性一样的名字，情况都有所不同。不过，起名时较多地使用女性字、花鸟字、闺物字、彩艳字、珍宝字、阴柔字、女德字等适合女性特征的文字，这一特点是男宝宝起名所未曾有的，也是女宝宝名字与男宝宝名字的主要区别。

在具有女性特征的文字中，许多人喜欢用带"女"旁的字，并且这种习惯由来已久。早在我国历史的传说时代，就有"女娲补天"的故事，女娲的名字也被认为是最早使用女性字的例子。此后，随着文字的出现和汉字数量的增多，一些带有"女"旁或女性特征的字常常被用来起名，其中如"女""姜""姬""嫄""娘""姑""姨""姐""妹""奴""妃""嫱""媛""娥""婵""娟""姣""好""娉""婷""姿""妙""娴"等字的使用频率都相当高，所起的名字或称号也有姜嫄、蔡文姬、红线女、林默娘（妈祖）、杜十娘、何仙姑、赵凤姨、杨八姐、十三妹、冯媛、金玉奴、王嫱、曹娥、貂婵、李娜、林姿妙等广为人知。

此外，还有不少女宝宝起名喜欢用花鸟字，常用的字有"梅""兰""菊"

"英""莲""卉""桃""桂""荔""莉""莎""莺""燕""鹃""凤"等，起出的名字有马兰、殷秀梅、奚秀兰、戴爱莲、郭兰英、张茜、方卉、王馥荔、蒋碧薇、徐小凤、新凤霞、茹志鹃等。喜欢用这些字起名的原因当然最主要的是人们常用花卉来比喻女性的美貌，都希望"姑娘好像花儿一样"，或像鸟儿那样快乐。加以自然界百花齐放，万紫千红，百鸟争鸣，以花鸟给女宝宝起名更显得女宝宝娇美、艳丽、活泼。如果女宝宝长得漂亮好看，人们喜用"羞花闭月"来夸张形容；如果女宝宝活泼可爱、爱说爱笑，人们喜欢把她比作一只快乐的百灵鸟。因此，父母把女儿比作花鸟，也在一定程度上表达了父母的爱和期望。当然，对于这些花鸟类的字，在女宝宝起名时也要有所选择，使用的频率也不是一样的。如我国传统习惯中最重牡丹、梅花，古人又称梅、兰、竹、菊为"四君子"，称松、竹、梅为"岁寒三友"。还认为牡丹有国色天香，素称"花中之王"，以牡丹为名有雍容华贵、艳美富丽之意；梅花花姿秀雅、风韵迷人、品格高尚，以梅花为名有冬梅耐寒、梅报春早、清香宜人之意，而梅芳、香梅、梦梅、玉梅、艳梅、冬梅、雪梅、春梅、评梅、寒梅、笑梅、爱梅、梅玉、梅竹、梅姿、梅影等名字也时常可见；兰花是我国传统名花，纤美精致，婀娜多姿，奇异潇洒，清新高雅，幽丽素净，以兰花为名除取它的花色特性之外，还多寄托幽雅之情、高洁之志；菊花与兰花同为花中君子，它傲霜挺立、凌寒盛开、花姿绰约、高雅秀逸，古人对它称赞有加，说"不是花中偏爱菊，此花开尽更无花"，以菊为名也有希望宝宝像菊花一样美丽之意。

至于女宝宝起名使用其他的字，如用"钗""钿""环""钏""纨""缦""文""秀""黛"等属于闺物字，"珍""珠""珮""珊""琼""瑶""莹""琳"等属于珍宝字，"彩""丹""翠""碧""艳""秀""美""丽""倩"等属于彩艳字，"云""虹""霞""雯""雪""春""爱"等属于阴柔字，"贞""淑""端""庄""娴""静""慧""巧"等属于女德字等，用来起名都同样普遍。用这些字起出的女性名字如果稍加留意就可举出一些，如潘玉儿、白素贞、李清照、貂婵、婉容、秋瑾等，都极具女性色彩。

关于女宝宝起名的用字，有些学者还从地域性的角度进行研究，证实了女性名用字更为集中的特点。这种研究是在对前些年人口普查抽样调查资料研究的基础上进行的，发现在北京、上海、辽宁、陕西、四川、广东、福建7个省（直辖市）中，起名使用率最高的20个字是：英、华、玉、秀、明、珍、文、芳、兰、国、丽、桂、荣、树、德、春、金、建、志、凤，这些字的总覆盖率在25%以上，而"英""华""玉""秀""明""珍"6字的覆盖率在10%以上。这些字中的大多数都是女宝宝起名的专用字，而名列前茅的几乎全是女名用字。这种特点即使具体到相关省市也同样可见，如北京人起名时使用率最高的20个字是：淑、秀、英、玉、华、兰、文、荣、珍、春、凤、宝、桂、德、明、国、志、建、红、永，上海是：英、华、芳、明、珍、妹、金、宝、林、秀、国、根、建、文、娟、玉、凤、娣、美、惠，辽宁是：玉、桂、英、华、素、兰、凤、秀、春、淑、德、文、丽、珍、荣、艳、国、云、芒、军，陕西是：英、芳、秀、玉、兰、文、华、建、明、军、平、林、国、春、红、志、霞、梅、永、小，四川是：华、秀、英、明、玉、清、琼、珍、德、成、芳、国、光、云、文、素、小、兴、贵、建，广东是：亚、英、华、明、玉、丽、珍、芳、文、秀、伟、荣、少、兰、惠、桂、妹、国、金、志，福建是：丽、秀、治、美、玉、华、水、英、金、明、文、花、国、清、志、珍、惠、淑、建、庆，用字集中的特点都明显可见。

由于女宝宝起名用字更为集中，加上许多人仍喜欢起单名，因此也就造成了女宝宝重名更多的现象。此外，与男宝宝起名一样，女宝宝起名也有自己的最常用字，过去有人统计出前30名的字是：英、秀、玉、华、珍、兰、芳、丽、淑、桂、凤、素、梅、美、玲、红、春、云、琴、惠、霞、金、萍、荣、清、燕、小、艳、文、娟，近年即使随着人名统计和调查手段越来越先进，统计或研究结果与上述相比仍是大同小异，最常用字的稳定性也与男宝宝一样。根据目前所见资料结合笔者的研究成果，剔除与男宝宝用字相同的部分，我国目前女宝宝起名最常用的50个字是：英、秀、玉、华、珍、兰、芳、丽、淑、静、春、娟、花、巧、美、惠、珠、翠、敏、雅、芝、萍、红、玲、芬、彩、菊、凤、洁、梅、云、莲、环、雪、荣、霞、月、艳、黛、姣、婉、颖、丹、琴、菲、馨、卉、蕙、梦、婕。为了给读者起名提供参考，以下仍采用第七讲对男宝宝用字的做法，从字音、字义、使用方法、起名实例等几个方面分别对这些字进行诠释，以明女宝宝起名用字具体特征之一斑。

（1）英（yīng）："英"字的原义是指植物所开的花，成语"落英缤纷"中的"英"字就有此义。后来，"英"字又指人的才华出众、智慧过人，以及优美华丽的词藻和文采，如"天下英雄""文章英华"等都是如此。作人名时，"英"字的含义主要是指才华出众、智慧超群、美丽英俊。当指人的智慧时，"英"字一般作男名用，如新四军的创建人和主要领导人之一项英；作女名时主要取其漂亮美丽之义，常见名字有玉英、秀英、美英、海英、英芝等。

（2）秀（xiù）："秀"字的本义是指植物的吐穗开花，后也指才华出众、品貌秀丽的人。作人名时，主要取其杰出、美丽之义。在过去，"秀"字多用于男性起名，如东汉光武帝刘秀、宋代爱国志士陆秀夫、清朝太平军领袖杨秀清等都是男性。近代以后，"秀"字才主要用于女性，常见名字有秀梅、秀英、秀兰、建秀等。

（3）玉（yù）："玉"字是指一种质地柔软、透明有光泽的石头，可用来制造装饰品或做雕刻的材料，由于较为贵重难得，历史上常与"金"并称为"金玉"，形容珍贵的事物。此外，"玉"字还引申有洁白美丽之义，作单名、双名和男名、女名。其中如《红楼梦》中的贾宝玉和林黛玉就是一男一女，宋代名将梁红玉和清代大学问家罗振玉则是一女一男，现代著名将领冯玉祥也是男性。至于女性名字，较常见的有张玉、赵玉、李玲玉、王玉蓉等。

（4）华（huá）："华"字主要指美丽、光彩、精华、华丽，以及富贵荣华、豪华奢侈。作人名时，"华"字有时单独成名，有时作双名用，并且男名、女名都有。如张华、李文华等都是男性，而王玉华、阴丽华则都是女性。此外，常见的女名还有桂华、志华、华玲、华芳等。

（5）珍（zhēn）："珍"字主要是指珠玉等宝物，也用来比喻贵重器物或人才。如《左传·文公八年》："书曰公子遂，珍之也。"卢谌《答刘琨》："不待卞和显，自为命世珍。"此外，"珍"字还有珍惜、珍爱、重视、尊贵等义。作人名时，在过去一般用作男名，如明代有医学家李时珍、清朝有文学家龚自珍，都是男性；现在则常用于女性起名，常见双名有巧珍、玉珍、珍珍等。

（6）兰（lán）："兰"字原指兰花和兰草两种植物，都有优雅、高贵、馥香浓郁的品质，历史上一直被与人的高雅品德相比，或者直接比作美人。用于人名时，常见双名有春兰、秀兰、爱兰、小兰、兰玉、兰芝、梦兰等。著名京剧艺术家梅兰芳、叶盛兰则都是男性，说明"兰"字也可以用于男性起名。

（7）芳（fāng）："芳"字的原义是指花草发出的香气，后来也指充满芳香的花草，或引申指美好的德行或声名。如《荀子·宥坐》："芷兰生于深林，非以无人而不芳。"杜甫《叹庭前甘菊花》："篱边野外多众芳。"上述两例中，"芳"字都指香气。至于屈原《离骚》"惜三后之纯粹兮，固众芳之所在"，"芳"字则指美名。常见成语"流芳百世"的"芳"字，所指也是美名。女性常见的名字有艳芳、瑞芳、玉芳等。

（8）丽（lì）："丽"字的含义主要是好看、漂亮、光彩焕发，常用词语"美丽""秀丽""明丽""绚丽""富丽""风和日丽"等都有这方面的含义。又《楚辞·招魂》"被文服纤，丽而不奇些"，汉王逸注："丽，美好也。"古时又常用天生丽质形容女子的美貌，用美丽婀娜作女子的代称。可作单名或双名，常见的双名有家丽、丽莹等。

（9）淑（shū）："淑"字的本义是指流水清澈，后来也指女性的外表美丽，心地善良，《诗经》中的"窈窕淑女，君子好逑"所指就是漂亮女性。用于人名时，常见的有淑梅、淑媛、英淑、玉淑等。

（10）静（jìng）："静"字的原义是指树木等安稳不动，或者没有声响、平静，后引申指人遇事时能静心静气、淡泊相处、与世无争，或静若处子、处静不处动的女性。用于人名时，常见的有静宜、静娴、晓静等。

（11）春（chūn）："春"字的本义是指春季，是一年中的第一个季节，引申指万物生长良机或少女所怀的爱慕之情。如《诗经·野有死麕》："有女怀春，吉士诱之。"刘禹锡《酬乐天扬州初逢席上见赠》："沉舟侧畔千帆过，病树前头万木春。"两首诗中的"春"字一指少女情感，一指树木生机。用于人名时，"春"字在男名和女名中都有所见，常见的女名有春桃、玉春、春芳、春秀等。

（12）娟（juān）："娟"字的原义是指女子的容貌秀丽、姣好，常见词语"婵娟""娟秀"等都有此义。作人名时，"娟"字有时重叠为双名，有时与其他字组成复合名，常见的有文娟、小娟、美娟、娟玲、瑞娟等。另外，在"娟"字的同音字中还有一个"鹃"字，意为杜鹃鸟或杜鹃花，既指花，又可指鸟，因此也常用作女宝宝起名。

（13）花（huā）："花"字的原义是五颜六色的花朵，后来也指像花一样的事物或人。用于人名时，主要是希望人长得像花一样美丽动人，常见的名字有秀花、玉花、琼花、蓉花、梅花等。

（14）巧（qiǎo）："巧"字的原义是指技艺、技术，后来指人的心思灵敏、技艺高明，常见词语中的"能工巧匠""巧夺天工""心灵手巧"等都有此义。另外，我国习惯把女性所做的针线活之类称为巧，每年农历七月初七还是乞巧节。因为常与女性联系起来，用于起名的情况也多，常见的名字有巧琳、巧雅、巧儿等。

（15）美（měi）："美"字的本义是指肉的味道鲜美，后来也指其他事物或人的美丽、美好。在指人时，又特指容貌、才德、声色、品质等方面出众动人。由于我国常把美与女性联系起来，因此也常用来起女性名，常见的名字有美龄、美嘉、美娟等。当然，男性起名也偶有用"美"字者。

（16）惠（huì）："惠"字一般指恩惠或好处，以及指女性的贤惠、柔顺，或与"慧"字相通，表示聪明、仁厚之义。用于人名时，单名、双名都有所见，有代表性的双名有惠芳、惠玲、小惠等。

（17）珠（zhū）："珠"字的原义是指珍珠或像珠子一样的东西，后也引申指珍贵、贵重。女宝宝起名时，多取"珠"字的本义或引申义中的珍贵之义，用于单名或双名。用于双名时，多在"珠"字前加修饰词，如玉珠、明珠、宝珠、彩珠、珍珠、绿珠等。

（18）翠（cuì）："翠"字的本义是指翠鸟的羽毛，呈青绿色，后也指一种青绿色的玉，即翡翠。由于"翠"字所指大多与青绿色有关，后来也成为青绿色的代名词。起名用"翠"字时，用于双名者较多，常见的有柳翠、翠翠、翠红、翠霞、玉翠等。

（19）敏（mǐn）："敏"字的原义是指快捷、灵活、迅速，后来也指聪明、机智。用于人名中，男名、女名、单名、双名都有，所取多是聪敏之义，常见的有玉敏、惠敏、小敏等。至于敏中、志敏、敏行等名字，使用者则多是男性。

（20）雅（yǎ）："雅"字一般指文雅、大方、高尚，作人名时单独使用或作双名，常见双名有雅芝、小雅、丽雅、静雅、雅琴、雅红等。

（21）芝（zhī）："芝"字原指灵芝，是一种对人有益的瑞草，此外还指一种名为白芷、又名芝兰的香草。用于人名中，单名、双名、男名、女名都有所见，如三国名臣邓芝、南明宰相郑芝龙等都是男性。至于女性，常见的名字有秀芝、玉芝、芝兰等。

（22）萍（píng）："萍"字的原义指浮萍，按种类又分为青萍、紫萍等。人名用"萍"字，主要是用其同音字"平"的字义，表示平安、平坦等，可作单名、双名，常见的双名有玉萍、丽萍、翠萍等。

（23）红（hóng）："红"字指常见颜色之一的红色，也指人的一帆风顺、红运、走红等，过去还把女性的刺绣、纺织等称作女红（"红"读 gōng）。作女名时，可用于单名、双名，常见的双名有红玉、小红、红红、玉红、红芳、秀红等。此外，"红"字还有个同音字"虹"，指雨后天边出现的彩虹，也常用于女性起名，所起的名字单、双名都有，常见的双名有彩虹、丽虹、霓虹等。

（24）玲（líng）："玲"字的原义是指玉器碰撞时发出的声音，常用成语"玲玲盈耳"所用的就是"玲"字的本义。又如晋曹杼《述志赋》："饰吾冠之岌岌，美吾之玲玲。"作人名时，"玲"字一般是指像玉石一样珍贵，有时也取玉石声音之义。用于单名或双名，常见的双名有玲玉、喜玲、艳玲等。

（25）芬（fēn）："芬"字原指花草的香气，如晋人傅咸《感别赋》中有"兰蕙含芬"，其中"芬"字所指即香气；也指人在历史上留名，如《晋书·桓载传》有"扬芬千载之上"，意思是要千载留名。此外，"芬"字有时还表示同音字"纷"的意思，指众多。由于"芬"字的主要含义与象征女性的花草、香气有关，因此也常被用来起女性之名，常见双名有玉芬、春芬、忆芬、少芬等。

（26）彩（cǎi）："彩"字较早的含义指印染成色的丝绸，后来也指丝绸及其他五光十色的颜色。如南朝江淹《别赋》"日下壁而沉彩，月上轩而飞光"，其中的"彩"字即指挂在天边的彩霞。用于人名时，"彩"字主要有光彩鲜艳、风姿绰约之义，常见的名字有彩霞、彩红、彩凤、玉彩、彩莲等。

（27）菊（jú）："菊"字原指菊花，秋天开花，花朵漂亮，民间常与牡丹、梅花等相比，并称为著名花卉。过去的戏曲界还习惯把戏班称为菊部，把班主称为菊部头。用于起名时大多是起双名，如秋菊、秀菊、爱菊等。

（28）凤（fèng）："凤"字的原义是指凤凰中的凤，是传说中的一种雄性鸟王，与雌性的凰并称为凤凰。"凤"字后来几乎成了专指女性的名词，结婚时常见的吉祥语"龙凤呈祥"中的"凤"也指女性。过去还常把皇后称为凤，皇后的帽子称凤冠，乘坐的车称凤辇，身上的装饰品称凤珮等。在起名时，"凤"字大多与其他字一起组成双名，常见的名字有丹凤、金凤、小凤、彩凤、秀凤、凤芝、玉凤等。

（29）洁（jié）："洁"字的本义是指干净、清洁，后又用来指人的纯洁善良、高尚无私。用"洁"字起名有单名、双名，常见的双名有玉洁、洁萍等。

（30）梅（méi）："梅"字指梅花，是一种能够"凌寒独自开""喜报三春先"的花卉，古代常把它比作"天下尤物"或"琼肌玉骨，物外佳人，群芳领袖""岁寒之友""冷艳美人"。用于名字时，常见的双名有玉梅、秀梅、红梅、春梅、冬梅、梅英等。

（31）云（yún）："云"字的本义是指天上飘浮的云彩，又有飘动、聚集之义。在人名中，"云"字用于单名、双名、男名、女名都有所见。如三国名将赵云、晋代文学家陆云、宋朝民族英雄岳飞之子岳云等都是男性，而素云、巧云、云仙等则是常见的女性名字。

（32）莲（lián）："莲"字一般指荷花，又称荷或莲花、芙蕖、菡萏，花朵艳丽，常用来比作人的美貌，或被认为是花中君子，因此也常被用来起名。常见的名字有忆莲、爱莲、红莲、玉莲、莲英等。

（33）环（huán）："环"字的原义是指四周圆形、中间有孔的玉珮，后来也指像环一样的东西，以及表示围绕之义。用于人名时，主要取其珍贵的环玉之义，常见的名字有玉环、金环、银环、环环、瑞环等。

（34）雪（xuě）："雪"字的意思是指冬天飘落的雪花，也指二十四节气中的大雪、小雪两个节气。由于雪花洁白无瑕，人们也习惯把雪作为纯洁的象征，并用以表示人的操守坚贞、纯正，用于单名、双名、男名、女名。作女名常见的有雪莹、雪秋、晓雪、雪玲等。

（35）荣（róng）："荣"字的本义是指草木开花，又指草木茂盛，引申为光荣、荣耀。陶渊明《桃花源诗》"草荣识节和",白居易《赋得古原草送别》"离离原上草,一岁一枯荣",所指都是花开。常用词语"欣欣向荣"则是指草木茂盛,《三国志·吴主传》"荣福喜戚,相与共之"又指荣耀。起名用"荣"字时,对上述字义都有所取,女名、男名都有所见。其中,爱荣、玉荣、海荣、荣英等都是典型的女性名字。

(36)霞(xiá):"霞"字的原义是指天空中早晚出现的彩云,其中早晨出现的称朝霞,晚上出现的称晚霞。由于霞光迷人,又引申指色彩艳丽。用于人名时一般作双名,常见的名字有红霞、海霞、玉霞、秋霞、彩霞、美霞等。

(37)月(yuè):"月"字的原义是指月亮,后来也指像月亮一样圆圆的东西,以及根据月亮的圆亏而分成的月份。在过去,月亮又被认为是太阴之物(与太阳相对而言),关于月亮的传说也多与女性有关,因此又常被用于女性起名,有单名或双名。常见的双名有月久、月明、月娥、月平、月月等。

(38)艳(yàn):"艳"字的原义是指色彩鲜艳、明丽,后来又引申指喜爱、羡慕,以及人长得漂亮、美丽。如《韩非子·外储说左上》"不谋治强之功,而艳乎辩说文丽之声","艳"字义即喜爱、热衷。又如李白《古风五十九首》中"碧荷生幽泉,朝日艳且鲜","艳"字即指朝阳似火,鲜艳夺目。人名用"艳"字则多取美丽之义,用于单名或双名,常见的名字有艳玲、艳芳、艳丽、艳梅、月艳、玉艳、红艳、艳青等。三国时吴国权臣暨艳,则是男性,这说明"艳"字也偶作男性起名用字。

(39)黛(dài):"黛"字原指一种青黑色的颜料,古代女子常用来画眉。如陶渊明《闲情赋》"愿在眉而为黛,随瞻视以闲扬",所指便是画眉的颜料。此外,"黛"字又引申指女性的眉毛,如梁元帝《代旧姬有怨》"怨黛舒还敛,啼红拭复垂",所指便是眉毛。由于含义都与女性有关,因此"黛"字也常用作女性起名,如《红楼梦》中人物林黛玉,常见的名字有黛云、黛丽、黛琳等。

(40)姣(jiāo):"姣"字的意思是美好,如《慎子·威德》"毛嫱、西施,天下之至姣也";《西京杂记》"文君姣好,眉色如望远山,脸际常若芙蓉",所指都是姣美的女性。此外,"姣"字又与同音字"娇"字含义相同,指人妩媚可爱。如左思《娇女》："吾家有娇女，皎皎颇白皙。"又李商隐《碧瓦》："他时未知意，重选赠娇娆。"权德舆《玉台体十二道》："婵娟二八正娇羞。"起名用"姣""娇"单名、双名、重叠名都有所见，常见的有阿姣、凤娇、娇莹等。

（41）婉（wǎn）："婉"字的原义是指顺从或婉转，引申为温柔或美好。如《诗经·齐风·甫田》："婉兮娈兮，总角丱兮。"《左传·昭公二十六年》："姑慈而从，妇听而婉。"张华《永怀赋》："扬绰约之丽姿，怀婉娩之柔情。"用于人名时，"婉"字常与其他字一起组成双名，常见的有婉芬、清婉、婉玉、婉玲等。

（42）颖（yǐng）："颖"字的原义是指谷穗上的苞片，引申指尖端或聪明杰出的人。《诗经·大雅·生民》："实坚实好，实颖实栗。"《疏》："颖是禾穗之梃，言其穗重而颖垂也。"又陶渊明《饮酒》："规规一何愚，兀傲差若颖。"李白《与韩荆州书》："使白得颖脱而出，即其人焉。"用于人名时，"颖"字主要有聪颖或脱颖而出之义，单双名都有，常见的双名有靓颖、颖超、佳颖等。

（43）丹（dān）："丹"字的原义是指丹砂，俗称朱砂，后也引申指朱红色，或与其他字一起组成丹心、丹寸、丹府、丹悃、丹素、丹款、丹诚、丹魄等词语，表示心地赤诚，忠心耿耿。如南宋文天祥《过零丁洋》："人生自古谁无死，留取丹心照汗青。"南朝江淹《萧重让扬州表》："素心丹魄，皦然靡疚矣。"作人名时，"丹"字在男名、女名中都有所见。常见的名字有晓丹、丹阳、丹华等。

（44）琴（qín）："琴"字的原义是指一种可以弹拨或吹奏的乐器，后来又指钢琴、月琴、提琴、柳琴、口琴、手风琴等，《诗经·小雅·鹿鸣》"我有嘉宾，鼓瑟吹琴"所指就是一种出现于周朝的琴。人名用琴字，单名、双名都有所见，常见的双名有宝琴、志琴等。

（45）菲（fēi）："菲"字原是一种植物名，俗称诸葛菜，即《诗经·邶风·谷风》"采葑采菲"中所采的菲菜。后来，"菲"字又指香味浓郁和女性容貌美艳，如屈原《离骚》："芳菲菲而难亏兮，芬至今犹未沫。"左思《吴都赋》："郁兮莈茂，晔兮菲菲。"原注："菲菲，美貌。言花卉丛生，郁茂华盛而美之。"用于人名时，"菲"字的主要含义是香馥美艳，作为单名、双名或重叠名，常见的双名有芳菲、菲菲等。

（46）馨（xīn）："馨"字的原义是指香气浓郁，在很远的地方都能闻到。如《尚书·君陈》："黍稷非馨，明德惟馨。"后来，"馨"字又指香。《九歌·山鬼》："被石兰兮带杜衡，折芳馨兮遗所思。"束晳《补亡》："馨尔夕膳，絜尔晨餐。"用于人名时，"馨"字所表示的也是含香如馨等意义，一般用为双名，常见的有馨馨、乃馨、可馨等。

（47）卉（huì）："卉"字是对草的总称，古时写作"芔"，是花草丛生的象形字。后来，"卉"字又因此表示兴起之义。《诗经·小雅·四月》："山有嘉卉。"原注："山有美善之草。"司马相如《上林赋》："卉然兴道而迁义，刑错而不用。"在人名中，"卉"字即指花卉草木，用于单名、双名或重叠名，常见的有小卉、卉卉等。

（48）蕙（huì）："蕙"字原是一种香草名，俗名佩兰或蕙兰。古时习惯烧蕙兰以薰除灾邪，因此蕙兰又称为薰草。屈原《离骚》："兰芷变而不芳兮，荃蕙化而为茅。"南朝鲍照《芜城赋》："东都妙姬，南国丽人，蕙心纨质，玉貌绛唇。"此外，"蕙"字又引申指香草，古代诗文中还常把女子纯美的心灵称为蕙心。用于人名时，"蕙"字有时单独使用，有时与其他字一起组成双名，常见的有蕙娟、美蕙等。

（49）梦（mèng）："梦"字的原义是指睡眠时所产生的幻觉，后又引申指想象等。《荀子·解蔽》："不以梦剧乱知，谓之静。"原注："梦，想象也。"《墨子》："梦，卧而以为然也。"在人名中，"梦"字大多与其他字一起组成双名，表示梦幻不明或朦朦胧胧等含义。常见的名字有梦鸽、梦华、茵梦、如梦等。

（50）婕（jié）："婕"字原指古代宫廷的一种女官，即婕妤，著名的西汉才女班昭就是汉成帝的婕妤。起名用"婕"字主要是表示女性或女官之义，用于单名或双名，常见的双名有亚婕、梦婕等。

第九讲 二胎起名方法

生二胎、起名字，是从 2015 年开始热起来的事情。2015 年 10 月以前，我国提倡一对夫妇只生一个孩子的计划生育政策实行了 30 多年。在这种政策下，原来复杂的起名方法也变得简单化，只为这个男宝宝或女宝宝起名就好。最多在遇到生双胞胎或多胞胎时，再多起一两个名字。在 2015 年政策调整为"一对夫妇可生育两个孩子"之后，生二胎的时间可能是在生一胎之后的一两年，甚至可能是多年以后，起名的环境与生一胎时已经有所不同，对二胎宝宝的起名与一胎宝宝相比也会有更多的想法、技巧与方法。因此，本章专门介绍为二胎宝宝起名的技巧与方法，以便帮助您为宝宝起出适合二胎的好名字。

一、生好二胎，起好名字

生二胎，是我国"全面实施一对夫妇可生育两个孩子政策"、即生"二孩"的俗称。从严格意义上说，生二胎并不完全等同于生"二孩"，因为根据相关的政策规定，一对夫妇所被允许生育的"二孩"是指第二个孩子，如果在第一胎时生了双胞胎或多胞胎，实际上已经有了"二孩"，就不再允许生二胎。长期以来，我国实行的是以控制人口过快增长为目的的计划生育政策，其政策依据甚至可以追溯到 1954 年，当年就有专家提出要适当控制人口。后来，国家逐渐接受了这一建议，1978、1980 年又先后写进《宪法》《婚姻法》，把实行计划生育当成一项基本国策。在这一国策下，要求采取立法的、行政的、经济的措施，提倡国家干部和职工、城镇居民中的一对夫妇只生育一个孩子，"夫妻双方都有实行计划生育的义务"，只是对于农村确有实际困难的某些群众、边远地区的少数民族才适当放宽。为了便于政策执行，国家还专门成立了计划生育委员会，作为贯彻这一政策的最高领导机构；各省（自治区、直辖市）及其以下的各级单位也成立计划生育委员会或办事机构，并依据《宪法》和中央有关法令的规定、结合本地区情况制订地方性法规、规章。在政策执行了几十年后，为了应对人口老龄化、性别比例失调等问题，决定适当允许生育"二孩"。以此为基础，在2015年10月召开的党的十八届中央委员会第五次全体会议发布的公报中，明确提出在坚持计划生育基本国策的前提之下，实施全面"二孩"政策，标志着国家的计划生育政策发生了根本性地转变。

事实上，国家无论是在当年大力推行计划生育政策，还是2015年调整为全面允许生"二孩"政策，其间的变化都有历史的原因。关于前者，正如中央在1980年9月25日发表的《关于控制我国人口增长问题致全体共产党员、共青团员的公开信》中所说的那样，1949年以后，由于卫生工作的进步和生活条件的改善，致使人口增长过快，仅在1949—1979年的30年中出生的人口就有6亿多，其中4.3亿多人为净增人口。因为人口增长过快，在吃饭、穿衣、住房、交通、教育、卫生、就业等方面都遇到越来越大的困难，因此便从当年开始全面提倡一对夫妇只生育一个孩子，进而上升为国策，全面贯彻执行。但通过30多年的严格实施，国家迅速实现了从高生育率到低生育率的转变，甚至临近了超低生育率水平。根据相关专家对2010年第六次人口普查资料的计算，我国当年的平均生育率是1.18，远远低于世界平均生育率2.1。这种超低生育率是一个重大人口信号，它不仅会导致人口红利的消失，还会带来独生子女家庭养老负担过重、人口锐减、老龄化、经济需求与供给的同步萎缩等问题。正是考虑到多方面的因素，国家最终才决定调整计划生育政策，把一对夫妇只生一个孩子调整为允许生"二孩"。

根据2010年全国人口普查统计数据，我国0～3岁婴幼儿人口超过6000万，在人口基数中占有较大比重。随着"二孩"政策的推行和对生育"二孩"的提倡和鼓励，将会在一定程度上推动人口红利的释放。在生二胎成为人们的生育新选择后，将二胎宝宝生好，为他们取一个好名字，也变成了许多再度成为父母的夫妇需要认真考虑的问题。

二、二胎男宝宝起名法

为二胎男宝宝起名，可以从他的排行入手，按排行起名法为他起名。在我国传统社会里，对排行第二的人有特殊的表述习惯，称为"仲"，俗称"老二"。古代著名思想家孔子就排行第二，他的字"仲尼"中"仲"的意思也是排行第二，"尼"则是他家乡附近尼丘山的简称。此外，古代排行第二的名人，还有传说中的中华民族人文始祖黄帝，相传他是炎帝的弟弟，父亲是少典。兄弟二人都是名人，并称炎黄二帝。在唐代，第二位皇帝唐太宗李世民也排行第二，是唐高祖李渊之子、太子李建成的弟弟。唐代之前的隋朝第二位皇帝隋炀帝杨广也是排行第二，隋炀帝父亲是开国君主隋文帝杨坚、哥哥是太子杨勇。唐朝大诗人李白有首诗《鲁郡东门送杜二甫》，其中的杜二甫即杜甫，因为他排行第二。北宋有位大将潘美字仲询，也是排行第二。

杜甫

在传统风俗中，还有对"第二"或"二"的其他表述方法，如：双、两、俩、次、亚、小，喝酒猜拳时还习惯把"二"说成"宝"，都与第二或二有关。此外，传统成语中还有东南西北、春夏秋冬、冰雪、文武等词语，用排在第二的文字起名也有表示排行第二的意思。当代电影界有姜文和姜武兄弟俩，名字中的"文""武"便代表排行。

为二胎男宝宝起名除用排行的方法外，还有其他方法。如可以借用一胎名字中的一个字起名，长子名力宏，次子可取名力凯。如果与一胎性别不同，也可以用同音字的办法进行起名。著名演员刘涛为第一胎女儿起名王紫嫣，为第二胎儿子起名王子京，"紫"和"子"就是同音字。台湾歌手张韶涵有一个弟弟和一个妹妹，分别起名张韶杰和张韶轩，不仅借用了她名字中的一个字，还通过用字区别了性别。此外，还有一胎和二胎共用名字的情况，仅通过父母的姓氏加以区别，让两个孩子分别随了父姓或母姓。如父姓张，母姓文，为孩子起名晓鹏，一胎和二胎的名字分别是张晓鹏、文晓鹏，看上去也颇有创意。

总之一句话，为二胎男宝宝起名要特别在新颖别致方面下功夫，最好不要落入俗套，所起的名字应尽量适合二胎男宝宝的身份。

三、二胎女宝宝起名法

像二胎男宝宝一样，为二胎女宝宝起名也有不少方法。首先是使用数字排行。其次，还可以借用一胎名字中的一个字起名。台湾娱乐界名人林志玲名字中的"志"，来自哥哥的名字林志鸿，便是用一胎名字中的一个字起名的。相同的情况还有新加坡著名歌手孙燕姿，名字中的"燕"来自姐姐孙燕佳，又被妹妹孙燕美借用。再者，也可以用一胎名字中的偏旁起名。台湾娱乐界有两位被称为"大小S"的女名人，本名是徐熙媛、徐熙娣，名字中的"熙"来自姐姐徐熙娴，最后一个字共用了相同的偏旁，便是这类名字中有代表性的名字。还有，为二胎女宝宝起名时，又可以用一胎名字中的字义起名。著名演员李冰冰有位妹妹李雪，妹妹的名字不仅用了她名字的字义，还可以与她的名字连在一起组成常用词语"冰雪"。如果与一胎性别不同，还可以用同音字的办法进行起名，香港著名演员谢霆锋和妹妹谢婷婷便是用的这种起名方法。他们名字中的"霆"和"婷"是同音字，分别表示男性的伟岸霸气或女性的亭亭玉立，不失为这类名字中有代表性的例子。此外，还有与一胎共用名字的情况，其方法已见前述为二胎男宝宝起名部分。

在民间传统习惯中，女性往往被赋予了亲切可爱、美丽动人、温文尔雅的性别角色，为二胎女宝宝起名也可参考这种性别因素。比如，可以为女宝宝起重叠字名，起名为盈盈、素素、冰冰等，不仅简单易记还亲切可爱。也可以利用诗文典故为宝宝起名，特别是从《诗经》等典籍中选取名字。我国民间一直有"男《楚辞》，女《诗经》，文《论语》，武《周易》"的说法，意思是《诗经》是一部适合女性命名取字的典籍，用其中的某些词句、典故起名不仅显得很有书卷气，而且也清新可人。现代著名才女林徽因的祖父林孝恂曾是清朝翰林，在她出生后，祖父就是利用《诗经》为她起了名字。她的名字出自《诗经·大雅·思齐》，原文中有一段"思齐大任，父王之母。思媚周姜，京室之妇。大姒嗣徽音，则百斯男"，意思是说，周王室大任、周姜两位老祖母有贤惠美德，奠定了周王室发展壮大、儿孙满堂的基础。诗中的"徽音"是美誉的意思，便被林徽因的祖父用来为她起名，也是她的原名，后来因为常被人误认为是当时一位男作家"林微音"，才改名徽因。与林徽因近似的情况还有台湾著名女作家琼瑶，本名陈喆，与弟弟陈钰是龙凤胎兄妹，因为酷爱《诗经》，便把《诗经·国风·木瓜》中"投我以木桃，报之以琼瑶"的"琼瑶"当作笔名，创作了一系列让人耳熟能详的作品。不仅如此，她还把对《诗经》的热爱当作创作的源泉，不仅直接用其中的诗句当作作品的一部分，甚至用来作为书名。她的小说《在水一方》及由她作词的同名歌曲，歌词"蒹葭苍苍，白露为霜，所谓伊人，在水一方"，便是直接改写自《诗经》中的《蒹葭》。其他小说如《心有千千结》《几度夕烟红》《青青河边草》《匆匆太匆匆》《烟雨朦朦》《一帘幽梦》等，书名或直接借用诗句，或由诗句演绎而来，其凄美元素与《诗经》的委婉缠绵风格也很近似。像她这种用《诗经》中的诗句起名的情况，在《诗经》中的素材还有很多，如诗句"有美一人，清扬婉兮""青青子衿，悠悠我心""窈窕淑女，君子好逑""我行其野，芃芃其麦""瞻彼淇奥，绿竹青青""兕觥其觩，旨酒思柔""有匪君子，充耳琇莹""英英白云，露彼菅茅""猗嗟名兮，美目清兮""素衣朱襮，从子于沃""有杕之杜，其叶菁菁""采苓采苓，首阳之巅""文茵畅毂，驾我骐馵""山有嘉卉，侯栗侯梅""以雅以南，以龠不僭""苾芬孝祀，神嗜饮食""桃之夭夭，灼灼其华""匪女之为美，美人之贻""巧笑倩兮，美目盼兮""他山之石，可以攻玉""青青子佩，悠悠我思"等，甚至《诗经》中的篇名《小雅》《思齐》《子矜》《白华》《采苓》《静女》等，都可以用来为宝宝起名，起出的名字可以是小雅、思齐、子矜、白华、采苓、静女、清扬、青青、淑女、芃芃、绿竹、思柔、琇莹、英英、美清、素衣、菁菁、采苓、文茵、嘉卉、雅南、苾芬、其华、为美、笑倩、石玉、子佩等。只是在起名时，要多留意是否会与其他人家的宝宝重名。因为《诗经》作为中华民族共有的文化资源，每个人都可以从中选取合适的名字起名，一旦很多人都这么做，就会造成多人同起一个名字的现象。因此，当采用这种方法为宝宝起名时，要尽量避免与别人重名。

为二胎女宝宝起名当然还有更多的方法，同时也还有一些特别的禁忌。仅就禁忌而言，性别不分、粗俗低级、过于时髦、用字生僻、意义陈旧等都是应当加以注意的。对此，本书第四章"宝宝起名禁忌"中已经系统论及，可以参见。

第十讲 多胞胎起名方法

前些年，我国实行计划生育政策，提倡一对夫妇只生一个孩子，新生儿出生率大为降低。不过，有个有趣的现象是，出生的宝宝数量少了，但一胎生两个宝宝或两个以上宝宝的人却越来越多。多胞胎的出生无疑给宝宝的父母带来了单胞胎所没有的乐趣，但由于宝宝几乎同时来到人间，当然也让父母增加多倍的忙乱，同时也需要为他们起更多的名字。这时的新生儿父母如果能在忙乱和欢乐的同时再给宝宝们起出有意义的名字，无疑是一件锦上添花的事情。

一、双胞胎起名法

在一胎多育的情况下，数量最多的是双胞胎。由于双胞胎大多来自同一个受精卵，在生理和性情上都有许多相似的地方。加上双胞胎大多是同一个性别，且出生时间相距较短，相貌往往十分酷似。因此，为双胞胎起名也应与单胞胎的兄弟姐妹有所不同。当然，如果要为双胞胎起一个像一般人那样的名字，也未尝不可，但这样无法突出双胞胎的特点，显然不如起更能突出这一特点的名字。在这时，双胞胎父母通常的做法是为孩子起一个能相互联系的名字，以便彰显这种联系性。如在我国20世纪60年代的足球运动场上，曾活跃着一对双胞胎兄弟，他们的名字分别是李维妙、李维肖。如果把两人的姓氏去掉，名字合在一起就是成语"维妙维肖"。仔细分析起来，这对兄弟的名字起得相当绝妙、贴切。因为两人是孪生兄弟，长得酷似，本来就可以用"维妙维肖"来形容；进而把形容两人相貌的词语分解成两人的名字，依次各用两字，并且"维妙"为大，"维肖"为小，既照顾了两兄弟的排行，又不打乱原来成语的次序，可见是有较高艺术性的。而这种利用成语起名并把它们连在一起的做法，在起名学上叫作成语连贯法，可用来这样起名的成语还有很多。如：山清水秀、鹏程万里、山高水长、温文尔雅、文质彬彬、天经地义、水木清华、龙舞凤姿、白璧无瑕、毕恭毕敬、阳春白雪、任重道远、金榜题名、阳关大道、安然无恙、金玉满堂、治邦安家、欣欣向荣、碧血（雪）丹心、万象更新、锦绣河山，每个成语都可以分成两个人的名字。

此外，如果有双胞胎宝宝的父母喜欢为宝宝起两字词语的名字，或者把两字分别拆开来与某个固定的字搭配在一起，或者使用某些词语的谐音字，其实也可以起出很别致的名字。前些年风靡网络的一对台湾双胞胎小姐妹，姐姐叫周玗希，妹妹叫周玗函，姐妹二人名字的最后一个字就是用了"稀罕"二字的谐音。还有一部名叫《双子神偷》的电影，剧情本来就是双胞胎的故事，为了便于宣传，在拍摄之前还在全国各地选拔双胞胎，结果片中云集了多对双胞胎，成为该片上演以后的一大卖点。片中饰演 Mona 和 Lisa 的是一对双胞胎姐妹梦娜和丽莎，姐妹的名字连在一起就是达·芬奇的名画《蒙娜丽莎》的谐音；饰演云豹和云龙的是双胞胎兄弟梁自强和梁自立，他们的名字自强、自立也是常被连在一起使用的词语；饰演铁头和铜头的是双胞胎兄弟梁冠尧和梁冠舜，兄弟名字中的尧、舜是历史上常常并称的两位传说中的圣贤。至于其他双胞胎起名的事例，如一对双胞胎姓康，可以为他们起名康佳康、康艾康，或康志希、康志奇，康乃馨、康温馨、康定美、康定丽，康婷婷、康玉立。像上述这样可以用来起名的词语，还有和平、进步、力量、国家、民族、文化、鲜花、芙蓉、百灵、花卉、北京、上海、郑州等。

在我国民间或某些农村，还有一些比较随意的双胞胎起名法。如先为两个宝宝选定一个字，然后以大、小进行区别，起一些诸如大双小双、大林小林、大孙小孙、大丽小丽之类的名字；有些人用相同的两个字为双胞胎宝宝起名，只是把两字的排列次序颠倒一下，表示两个宝宝有所区别。如有户人家在一个明月当空的夜晚生下两个宝宝，便为先生下来的宝宝起名"明月"，另一个宝宝起名"月明"。这种起名方法，其实也是匠心独具的。

在为双胞胎宝宝起名时，还有一些变通方法。如可以从宝宝是父母情感结晶的方面考虑，让宝宝的名字从父母的姓名中产生；或者打破传统的让宝宝随父姓的方法，让两个宝宝一个随父姓，一个随母姓。如一对双胞胎的父母分别姓孙、杨，并为宝宝起名为"明月"，那么两个宝宝的名字就可以叫孙明月、杨明月，这样的名字也很有意义。再如，如果父母的姓氏不同，且两个姓氏联在一起又比较文雅，生下双胞胎以后，也可以用改变姓氏排列顺序的方法为宝宝起名。比如假如夫妇两个一个姓张，一个姓文，生下双胞胎后，就可以为其中的一个起名"张文"，另一个起名"文章（'张'的谐音）"。

二、多胞胎起名法

除为双胞胎宝宝起名外，为多胞胎宝宝起名的方法也大抵如上所述。特别是由于生多胞胎的情况比较少见，在为这些宝宝起名时更应该发挥宝宝父母及其亲朋好友的聪明才智，为宝宝们起出更加不同寻常的名字。而在事实上，许多父母其实早就这样做了，所起出的名字也大多很有意义。如湖南邵阳一位母亲生了全男4胞胎，专家称全世界每352.5万人才可能出现这样一例"稀世珍宝"，加上湖南人习惯把婴儿昵称为毛毛，于是便把他们依次称为大毛、二毛、三毛、四毛，显得既随意自然又亲切可人。又如一位母亲在上海生下了龙凤4胞胎宝宝，受到上海各界多方面的关怀和照顾，东方明珠移动电视和上海市慈善基金会等还设立专项基金，关心和帮助他们。为了表示感谢，这对夫妇特地给宝宝分别起名东东、方方、明明、珠珠，名字合在一起就是"东方明珠"，寓意深刻。再如我国台湾一户许姓人家在1995年生了1龙3凤4胞胎，分别按他们的性别和大小排行，为他们起名为许圣懋、许惇雅、许惇景、许惇祺，体现了男女有别和浓浓的书卷味。同样在台湾，嘉义也有姓庄的1龙3凤4胞胎，分别起名为庄芷涵、庄芷晴、庄邵宇、庄芷珊，从名字上也可以看出老三是男孩。另外，在安徽太湖县，一位母亲生下了3女2男5胞胎，依次为他们起名为陈鑫雅、陈圣奥、陈杰欧、陈渔美和陈灿菲，其中老二和老三是男孩。据他们的解释，这5个名字是找专业人士起的，分别含有金、土、木、水、火和亚（雅）、澳（奥）、欧、美、非（菲）这些地名名，构思巧妙，寓意深刻，要起出这样的名字有相当的难度。

由于多胞胎并不多见，有些在出生前就引起社会的关注，出生后更受到多方面的照顾，不少人还主动为宝宝起名字，或者公开向社会征集名字。其中如在广东潮州市潮阳区，一户姓林的家庭诞生了3男2女5胞胎，一时引起轰动，他们的父亲为了给这些宝宝起出有意义的名字，特意找到一家报社，希望通过报纸征集名字，结果很快征集到许多不错的名字。其中，有人建议用东、西、南、北、中这5个字依次作为这些宝宝名字的第一个字，用"华"作为这些宝宝名字的共用字，分别起名为林东华、林西华、林南华、林北华、林中华。还建议说，这个"华"字在古汉语中与"花"谐音同义，寓意5个宝宝是受到来自东、西、南、北、中各方热心人士关爱的"众人之花"，也象征"文明之花"在祖国大地绽放；还有人建议用林思翰、林思熹、林思道、林恩慧、林恩萱为这些宝宝起名，其中3个男宝宝共用"思"，两个女宝宝共用"恩"，寓意他们从小得到好心人恩惠，将来要回报社会、快乐成长；又有人建议用这些宝宝出生的时间和时代起名，共用表示时间旭日东升的"旭"字，然后再从"创建文明花"5字中各选一个字，起名为林旭创、林旭建、林旭文、林旭明、林旭花，而其中的"林旭文"和"林旭花"两个名字正好又为两个女宝宝使用，符合女宝宝的起名规律。由于征集到的名字接连而至，其中都饱含对这些宝宝的关爱，报社最后还专门召开5胞胎起名座谈会。宝宝们的父母及其亲友在认真听取座谈专家意见后，一致决定为他们起名为林东华、林西华、林南华、林北华和林中华。再如有人在互联网上为一家何姓人所生的5胞胎征询名字，同样受到不少人响应，所起的名字有暗含金、木、水、火、土这五行的名字何鑫、何森、何淼、何焱、何垚，也有把"请团结起来"5个字及其谐音分别用在他们名字中的何青、何团、何洁、何绮、何莱，以及他们的昵称青青、团团、洁洁、绮绮、莱莱，还有把"金银珠宝珍"用在名字中的何金雅、何银筱、何珠梦、何宝虞、何珍淑，或者起名为何清乐、何雅乐、何燕乐、何语乐、何韵乐，等等，都是些不错的名字。

第十一讲

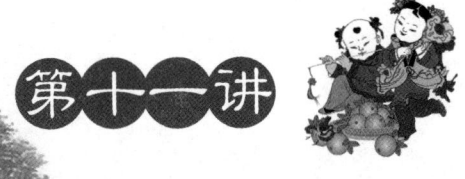

宝宝起名参考

起名实际上是人生中的一件大事。在为宝宝起名时，起名者也许由于这样或那样的原因，对所起的名字没有太周全的考虑，但若想到自己所起的名字将伴随宝宝的一生，甚至还会对宝宝在某些方面发生影响，也就不能不慎之再慎了。正是由于这种原因，早在几千年前的孔子就曾说过，"必也正名乎，名不正则言不顺"，一语道破了名字的重要性。为了帮助读者给宝宝起个好名字，这里选取一些含义或词意搭配较好的名字，根据名字首字的汉语拼音顺序进行分类，供读者在起名时参考。不过，在这里必须要提醒的是，如果直接从中选名字还应当慎重，因为其中有些是使用率较高的名字。

一、男宝宝起名参考

如前所述，在我国传统习惯上，男宝宝起名多讲究阳刚之气，起出的名字大多带有阳光伟岸、积极向上、兴家立业、家国情怀、诗书传家、风流倜傥等含义。以下选取的一些便是如此。

A

岸冰 结冰的江岸。宋代吴文英《倦寻芳》："暮帆挂雨，冰岸飞梅。"

岸飞 鸟从岸边飞过。宋代欧阳修《采桑子》："无风水面琉璃滑，不觉船移，微动涟漪，惊起沙禽掠岸飞。"

岸柳 岸连杨柳。宋代张元干《贺新郎》："凉生岸柳催残暑。耿斜河，疏星淡月，断云微度。"

岸青 青山绿水映照两岸。清代端木国瑚《沙湾放船》："一溪绿水皆春雨，两岸青山半夕阳。"

安仁 安心于仁义道德。先秦《论语·里仁》："仁者安仁，知者利仁。"

B

白冰 心灵纯洁如冰。南朝宋鲍照《代白头吟》："直如朱丝绳，清如白壶冰。"

白驹 白色的骏马。先秦《庄子·知北游》："人生天地之间，若白驹之过隙，忽然而已。"

白雨 白色的雨点。宋代苏轼《六月二十七日望湖楼醉书》："黑云翻墨未遮山，白雨跳珠乱入船。"

百川 江河。汉代《淮南子·泰族训》："百川并流，不汇海者不为川首。"

邦彦 国家的贤才。先秦《诗经·郑风·羔裘》："彼其之子，邦之彦兮。"

碧松 青松。唐代杨巨源《题五老峰下费君书院》："解向花间栽碧松，门前不负老人峰。"

秉德 保持美好的品德。先秦屈原《楚辞·九章》："秉德无私，参天地兮。"

博文 博学有文才。先秦《论语·子罕》："夫子循循然善诱人，博我以文，约我以礼，欲罢不能。"

C

草青 草木青青。宋代苏舜钦《淮中晚泊犊头》："春阴垂野草青青，时有幽花一树明。"

尘远 心气平和，犹如尘世远离。清代张康衢《纵棹园》："坐觉尘嚣远，晴天卷片霞。"

成德 成就道德。先秦《周易·乾》："君子以成德为行，日可见之行也。"

成栋 成为栋梁之材。宋代包拯《包拯集·附录》："秀干终成栋，精钢不作钩。"

诚明 真诚而聪明。汉代《礼记·中庸》:"自诚明,谓之性;自明诚,谓之教。"

澄辉 清莹澄澈的光辉。宋代晁元礼《绿头鸭》:"烂银盘、来从海底,皓色千里澄辉。"

崇德 崇尚贤德。先秦《荀子·不苟》:"崇人之德,扬人之美,非谄谀也。"

崇光 光芒。宋代苏轼《海棠》:"东风袅袅泛崇光,香雾空蒙月转廊。"

春波 春水泛起碧波。宋代晏殊《浣溪沙》:"红蓼花香夹岸稠,绿波春水向东流。"

春海 春深似海。清代谭嗣同《幽州》:"一百里间春似海,孤城掩映万花中。"

春晖 春天的阳光。唐代孟郊《游子吟》:"谁言寸草心,报得三春晖。"

春鸣 飞鸟在春天鸣叫。南朝谢灵运《登池上楼》:"池塘生春草,园柳变鸣禽。"

春水 春风使水荡起涟漪。五代南唐冯延巳《谒金门》:"风乍起,吹皱一池春水。"

春育 春风化育万物。明代洪应明《菜根谭》:"念头宽厚的,如春风煦育,万物遭之而生。"

D

达人 博通达观之人。明代洪应明《菜根谭》:"达人观物外之物,思身后之身。"

大成 大的成就。先秦《诗经·小雅·车攻》:"允矣君子,展也大成。"

大钧 天地运行。晋代陶渊明《形影神·神释》:"大钧无私力,万物自森著。"

大年 年寿长。先秦《庄子·逍遥游》:"小知不及大知,小年不及大年。"

道朋 志同道合的人。宋代欧阳修《朋党论》:"君子与君子以同道为朋，小人与小人以同利为朋。"

得昌 因得到而昌盛。汉代韩婴《韩诗外传》："得贤则昌，失贤则亡。"

德光 品德高尚的人。先秦《谷梁传·僖公十五年》："德厚者流光，德薄者流卑。"

得强 因得到而强大。汉代东方朔《答客难》："得士者强，失士者亡。"

得兴 因得到而兴旺。西汉司马迁《史记·商君列传》："得人者兴，失人者崩。"

德本 道德为本。汉代《礼记·大学》："德者，本也；财者，末也。"

德成 品德高尚，事业有成。先秦《管子·内业》："敬守勿失，是谓成德，德成而智出。"

得春 万物在春天获得生机。宋代徐俯《卜算子》："绿叶阴阴自得春，草满莺啼处。"

德合 品德相合。先秦《周易·坤》："坤厚载物，德合无疆。"

德立 有德而立。先秦《管子·君臣》："所求于己者多，故德行立。"

德邻 有德之人能赢得邻里尊敬。先秦《论语·里仁》："德不孤，必有邻。"

德明 品德，光明。先秦《易·乾》："夫大人者，与天地合其德，与日月合其明。"

德业 德行，事业。明代洪应明《菜根谭》："宠利毋居人前，德业毋落人后。"

德音 美德传扬。先秦《诗经·大雅·皇矣》："貊其德音，其德克明。"

F

凡修 修炼。明代冯梦龙《醒世恒言·李道人独步云门》："神仙本是凡人做，只为凡人不肯修。"

芳原 芬芳的原野。唐代韦应物《东郊》："微雨蔼芳原，春鸠鸣何处。"

飞鸿 飞翔的鸿雁。宋代苏轼《和子由渑池怀旧》："人生到处知何似，恰似飞鸿踏雪泥。"

飞雪 飞翔的江鸥像雪一样白。宋代董颖《江上》："万顷沧江万顷秋，镜天飞雪一双鸥。"

飞雨 大雨飘飘而下。宋代周邦彦《越调春雨》:"对宿烟收,春禽静,飞雨时鸣高屋。"

风鸣 风吹树叶,沙沙作响。唐代孟浩然《宿桐庐江寄广陵旧游》:"风鸣两岸叶,月照一孤舟。"

G

高博 登高望远。先秦《荀子·劝学》:"吾尝跂而望矣,不如登高之博见也。"

顾言 言行一致。汉代《礼记·中庸》:"言,顾行;行,顾言。"

广川 辽阔的原野。唐代上官仪《入朝洛堤步月》:"脉脉广川流,驱马历长洲。"

光曜 光芒闪闪夺目。唐代李白《古风》:"明月出海底,一朝开光曜。"

贵详 可贵在于考虑周详。明代张居正《陈六事疏》:"天下之事,虑之贵详。"

国栋 国家的栋梁之材。宋代王安石《王文公文集·材论》:"材之用,国之栋梁也。"

国器 国家的宝贵人才。汉代刘向《新序》:"智士者,国之器。"

国祥 国家的祥瑞。汉代《礼记·中庸》:"国家将兴,必有福祥。"

H

海立 海水被风吹起巨浪。宋代苏轼《有美堂暴雨》:"天外黑风吹海立,浙东飞雨过江来。"

海波 海中的波浪。唐代李贺《啁少年》:"少年安得长少年,海波尚变为桑田。"

海天 大海蓝天。清代梁启超《自勉》:"世界无穷愿无尽,海天寥廓立多时。"

海江 海风江月。唐代李白《望庐山瀑布(其一)》:"海风吹不断,江月照还空。"

寒冰 寒冷的冰。先秦《荀子·劝学》:"冰,水为之,而寒于水。"

涵清 池塘水清而浅。宋代谢逸《卜算子》:"烟雨幂横塘,绀色涵清浅。"

浩然 形容正大刚直。先秦《孟子·公孙丑上》:"吾善养吾浩然之气。"

荷举 荷叶飘扬。宋代周邦彦《苏幕遮·燎沉香》:"叶上初阳乾宿雨,水面清圆,一一风荷举。"

弘道 发扬光大美德。先秦《论语·卫灵公》:"人能弘道,非道弘人。"

弘毅 坚强而有毅力。先秦《论语·泰伯》:"士不可以不弘毅,任重而道远。"

洪波 波涛巨浪。东汉曹操《观沧海》:"秋风萧瑟,洪波涌起。"

洪生 有大学问的人。晋代阮籍《咏怀》:"洪生资制度,被服正有常。"

鸿飞 大雁展翅飞翔。宋代苏轼《和子由渑池怀旧》:"泥上偶然留指爪,鸿飞那复计东西。"

厚德 宽厚的品德。明代洪应明《菜根谭》:"德随量进,量由识长。故欲厚其德,不可不弘其量。"

华野 花朵开遍原野。东汉王粲《登楼赋》:"华实蔽野,黍稷盈畴。"

怀玉 胸怀美玉一样的品质。先秦《道德经》:"是以圣人被褐怀玉。"

怀德 胸怀仁义道德。先秦《论语·里仁》:"君子怀德,小人怀土。"

黄华 开放长久的花朵。明代王永彬《围炉夜话》:"对绿竹得其虚心,对黄华得其晚节。"

J

霁光 雨后的阳光。宋代秦观《春日》:"一夕轻雷落万丝,霁光浮瓦碧参差。"

霁华 明丽的月光。宋代刘克庄《生查子·元夕戏陈敬叟》:"繁灯夺霁华,戏鼓侵明发。"

家雨 秋雨飘落在千家万户。唐代杜牧《题宣州开元寺水阁,阁下宛溪,夹溪居人》:"深秋帘幕千家雨,落日楼台一笛风。"

见明 发出光明。先秦《荀子·劝学》："天见其明，地见其光，君子贵其全也。"

江林 江岸边的树林。唐代宋之问《题大庾岭北驿》："江静潮初落，林昏瘴不开。"

江春 江边春早。唐代杜审言《和晋陵陆丞早春游望》："云霞出海曙，梅柳渡江春。"

江南 长江以南。唐代韦庄《菩萨蛮》："人人尽说江南好，游人只合江南老。"

江清 江水清清。唐代刘禹锡《竹枝词》："白帝城头春草生，白盐山下蜀江清。"

江流 江水奔流。南朝谢朓《暂使下都夜发新林至京邑赠西府同僚》："大江流日夜，客心悲未央。"

江雨 雨天江水。宋代史达祖《八归》："秋江带雨，寒沙萦水，人瞰画阁愁独。"

江天 辽阔天空。宋代柳永《八声甘州》："对潇潇暮雨洒江天，一番洗清秋。"

介石 耿介如石。先秦《周易·系辞下》："介于石，不终日，贞吉。"

金波 金色的光芒。宋代辛弃疾《太常引》："一轮秋影转金波，飞镜又重磨。"

锦章 漂亮的文采。唐代杨炯《巫峡》："绝壁横天险，莓苔烂锦章。"

谨德 谨言慎行的品德。明代洪应明《菜根谭》："谨德须谨于至微之事，施恩务施于不报之人。"

进德 不断进步的美德。晋代陶渊明《读史述·屈贾》："进德修业，将以及时。"

晋明 朝霞。先秦《周易·晋》："晋，进也，明出地上。"

精卫 一种神鸟。晋代陶渊明《读山海经》："精卫衔微木，将以填沧海。"

景村 山村景色。宋代蒋捷《如梦令》："村景，村景，樵斧耕蓑渔艇。"

景风 南风。西汉司马迁《史记·律书》："景风居南方，景者，言阳气道竟，故曰景风。"

景殊 景色与别处不同。明代刘基《题王润和尚西湖图》："大江之南风景殊，杭州西湖天下无。"

敬德 崇尚美德。先秦《周易·坤》："君子敬义直内，义以方外，敬义立而德不孤。"

敬之 尊敬。先秦《孟子·离娄下》："爱人者，人恒爱之；敬人者，人恒敬之。"

静江 静静的江水。宋代汪藻《点绛唇》："新月娟娟，夜寒江静山衔斗。"

静溪 静静的小溪。明代刘泰《小景》："云溪一带静无沙，门对青山是我家。"

九思 谨慎多思。先秦《论语·季氏》："君子有九思：视思明，听思聪，色思温，貌思恭，言思忠，事思敬，疑思问，忿思难，见得思义。"

觉春 感知春天。宋代李清照《蝶恋花》："暖雨晴风初破冻，柳眼梅腮，已觉春心动。"

觉远 心气平静，似觉远离尘世。清代张康衢《纵棹园》："坐觉尘嚣远，晴天卷片霞。"

君诚 诚实君子。汉代《礼记·中庸》："君子诚之为贵。"

君儒 有道德的文化人。先秦《论语·雍也》："女为君子儒，无为小人儒。"

君义 仁义君子。先秦《论语·里仁》："君子喻于义，小人喻于利。"

俊驰 才华俊秀，如星空闪耀。唐代王勃《滕王阁序》："雄州雾列，俊采星驰。"

俊杰 英雄豪杰。南朝裴松之《三国志注》："识时务者，在乎俊杰。"

俊哲 聪明有智慧。先秦《尚书·舜典》："俊哲文明，温恭允塞。"

K

凯歌 得胜凯旋之歌。明代于谦《望雨》："不愿千金万户侯，凯歌但愿早回头。"

开明 聪明，通达事理。西汉司马迁《史记·五帝本纪》："嗣子丹朱开明。"

克己 约束和克制自身的言行、私欲，以合乎某种规范。东汉班固《汉书·王嘉传》："重百金之费，克己不作。"

克家 治理家族事务、管理家业。先秦《周易·蒙》："子克家。"唐代杜甫《奉送苏州李二十五长史丈之任》："食德见从事，克家何妙年。"

克俭 勤劳而节俭。先秦《尚书·大禹谟》："克勤于邦，克俭于家。"

克明 能够明察一切。先秦《尚书·伊训》："居上克明，为下克忠。"

克仁 克制和约束自己，具有高尚品德。先秦《论语·颜渊》："克己复礼为仁。"清代陈确《别集·不乱说》："求仁之方，无过克己。"

可贞 保持美好品德。先秦《周易·坤》："含章可贞。"

L

乐道 以通晓所追求的道理为快乐。汉代《礼记·乐记》："君子乐得其道，小人乐得其欲。"

乐民 与别人同欢乐。先秦《孟子·梁惠王下》："乐民之乐者，民亦乐其乐。"

乐善 以做善事为快乐。汉代黄石公《素书》："乐莫乎大于好善。"

乐天 乐观向上。先秦《孟子·梁惠王下》："乐以天下，忧以天下。"

立本 树立根本。先秦《论语·学而》："君子务本，本立而道生。"

立德 树立高尚品德。先秦《左传·襄公二十四年》："太上有立德，其次有立功，其次有立言，虽久不废，此之谓不朽。"

立峰 山峰独立，悠闲宁静。宋代王禹偁《村行》："万壑有声含晚籁，数峰无语立斜阳。"

立行 树立行为准则。先秦《道德经》："企者不立，跨者不行。"

立业 创立事业。明代王永彬《围炉夜话》："立业无论大小，总要此身做得来。"

丽泽 水泽相连，滋润万物。先秦《周易·兑》："丽泽，兑；君子以朋友讲习。"

连星　与星星连在一起。清代郑板桥《访青崖和尚和壁间晴岚学士虚亭侍读原韵》："夜深更饮秋潭水，带月连星舀一瓢。"

林繁　丛林。明代高攀龙《夜坐》："繁林乱莹照，村屋人语响。"

林岫　群山、丛林。明代洪应明《菜根谭》："诗思在灞陵桥上，微吟就，林岫便已浩然。"

林耀　出类拔萃，在林中耀眼。晋代陶渊明《和郭主簿》："芳菊开林耀，青松冠岩列。"

灵均　为政公平、公正。先秦屈原《楚辞·离骚》："名余曰正则兮，字余曰灵均。"

灵耀　灵光闪耀。宋代赜藏《古尊宿语录》："灵光独耀，迥脱根尘。"

凌风　展翅高飞翔。晋代阮籍《咏怀》："鸿鹄相随飞，飞飞适荒裔。双翮凌长风，须臾万里逝。"

凌翔　高高飞翔。唐代韦应物《郡斋雨中与诸文士燕集》："神欢体自轻，意欲凌风翔。"

柳飞　柳絮翻飞。宋代刘仙伦《盱江道中》："过雨青山啼杜鹃，池塘水满柳飞绵。"

柳明　在繁花绿柳之间看到光明。宋代陆游《游山西村》："山重水复疑无路，柳暗花明又一村。"

柳轻　杨柳在风中飘舞。宋代晏殊《蝶恋花》："六曲阑干偎碧树，杨柳风轻，展尽黄金缕。"

露白　清露盈盈。唐代杜甫《月夜忆舍弟》："露从今夜白，月是故乡明。"

M

满春　满目春光。唐代李群玉《汉阳太白楼》："江上层楼翠霭间，满帘春水满窗山。"

蒙正　在年幼时培养纯正的品质。先秦《周易·蒙》："蒙以养正，圣功也。"

梦远　梦境遥远。五代南唐后主李煜《望江南》："闲梦远，南国正清秋。"

民川 百姓如山川江河。先秦《国语》："防民之口，甚于防川。"

民生 人生。先秦屈原《楚辞·离骚》："民生各有所乐兮，余独修以为常。"

敏行 行动敏捷、勤劳。先秦《论语·里仁》："君子欲讷于言而敏于行。"

敏学 才思敏捷而又喜爱学习。先秦《论语·公冶长》："敏而好学，不耻下问。"

明哲 通晓事理。先秦《尚书·说命上》："知之曰明哲。"先秦《诗经·大雅·烝民》："既明且哲，以保其身。"

明理 了解事物发展的规律、道理。宋代《二程遗书·二先生语》："明理可以治惧。"

N

年华 岁月。宋代欧阳修《玉楼春》："雪云乍变春云簇，渐觉年华堪送目。"

念慈 一念之间的慈悲祥和。明代洪应明《菜根谭》："一念慈祥，可以酝酿两间和气；寸心洁白，可以昭垂百代清芬。"

P

平康 平安康乐。隋代王通《文中子·魏相篇》："平康正直，夫如是故全。"

平林 平原上的树木。《诗经·小雅·车舝》："依彼平林，有集维鷮。"

平野 广阔的平原旷野。唐代李白《渡荆门送别》："山随平野尽，江入大荒流。"

Q

齐光 像太阳一样放出光辉。先秦屈原《楚辞·离骚》："与天地兮同寿，与日月兮齐光。"

启明 开启光明。明代方孝孺《逊志斋集·牖》："启之启之，勿蔽汝天明。"

启林 开创新的事业。先秦《左传·宣公十二年》："筚路蓝缕，以启山林。"

千驹 少壮的良马，英俊少年。先秦《三国志·曹休传》："此吾千里驹也。"

千林 众木成林。宋代张炎《绮罗香·红叶》："万里飞霜，千林落木，寒艳不招春妒。"

谦益 谦逊有益于自己。先秦《尚书·大禹谟》："满招损，谦受益。"

乔木 高大、挺拔的树。先秦《诗经·小雅·伐木》："出自幽谷，迁于乔木。"

青来 青山绿水让人满目青幽。宋代王安石《书湖阴先生壁》："一水护田将绿绕，两山排闼送青来。"

青雨 青青云端，飘落烟雨。唐代李白《梦游天姥吟留别》："云青青兮欲雨，水澹澹兮生烟。"

清川 广袤的原野。唐代王维《归嵩山作》："清川带长薄，车马去闲闲。"

清欢 清新之气令人欢悦。宋代苏轼《浣溪沙》："雪沫乳花浮午盏，蓼茸蒿笋试春盘，人间有味是清欢。"

清辉 皎洁的月光。唐代王昌龄《同从弟南斋玩月忆山阴崔少府》："清辉淡水木，演漾在窗户。"

清泉 泉水清澈。唐代杜甫《佳人》："在山泉水清，出山泉水浊。"

清扬 眉目清秀。唐代刘商《送刘南史往杭州拜觐别驾叔》："清扬似玉须勤学，富贵由人不在天。"

清野 清新的原野。宋代周邦彦《夜飞鹊》："迢递路回清野，人语渐无闻，空带愁归。"

清源 源头清澈，水常流不竭。宋代朱熹《观书有感》："问渠那得清如许，为有源头活水来。"

清云 清静如云。董必武《中秋望月》："太清云不滓，永夜露无声。"

晴川 晴朗的天空和山川旷野。唐代崔颢《黄鹤楼》:"晴川历历汉阳树,芳草萋萋鹦鹉洲。"

晴光 明媚的阳光。唐代杜审言《和晋陵陆丞早春游望》:"淑气催黄鸟,晴光转绿萍。"

庆长 福禄绵长。明代洪应明《菜根谭》:"仁人心地宽舒,便福厚而庆长。"

庆云 彩云。晋代阮籍《咏怀》:"飘若风尘逝,忽若庆云晞。"

秋枫 秋天的枫叶。清代陈文述《渔父词》:"枫叶萧萧几点秋,芦碕曲曲漾清流。"

秋江 秋天的江上。唐代刘禹锡《晚泊牛渚》:"芦苇晚风起,秋江鳞甲生。"

秋雨 秋天的雨。唐代李贺《李凭箜篌引》:"石破天惊逗秋雨。"

泉泓 泉眼流出的水洼。宋代刘子寰《沁园春》:"云壑泉泓,小者如杯,大者如罂。"

R

人杰 人中的豪杰。汉代《淮南子·泰族训》:"智过十人者谓之杰。"宋代李清照《乌江》:"生当作人杰,死亦为鬼雄。"

仁安 因有仁德而安康。汉代《春秋繁露·仁义法》:"以仁安人,以义正己。"

仁静 有仁德的人恬静康乐。先秦《论语·雍也》:"知者乐水,仁者乐山。知者动,仁者静。知者乐,仁者寿。"

任平 听任自然。宋代苏轼《定风波》:"竹杖芒鞋轻胜马,谁怕?一蓑烟雨任平生。"

任重 责任重大。先秦《论语·泰伯》:"任重而道远。"

日新 每日都有新的进步、收获。宋代晁说之《晁氏客语》:"君子之学必日新,日新者,日进也;不日新者,必日退。"

如鸿 心胸开阔,把人间的事情当作鸿毛一样微不足道。唐代李颀《送陈章甫》:"东门酤酒饮我曹,心轻万事如鸿毛。"

如水 轻柔似水。宋代苏轼《永遇乐》:"明月如霜,好风如水。"

如斯 如此,这样。先秦《论语·子罕》:"子在川上曰:逝者如斯夫,不舍昼夜。"

如璋 像圭璋美玉一样志趣高昂。先秦《诗经·大雅·卷阿》:"颙颙卬卬,如圭如璋,令闻令望。"

瑞星 天上的繁星。宋代朱敦儒《念奴娇》:"碧空寥廓,瑞星银汉争白。"

润身 以美德修润自身。汉代《礼记·大学》:"德润身,心广体胖,故君子必诚其意。"

若冰 像冰一样。宋代陆游《忧国》:"养心虽若冰将释,忧国犹虞火未然。"

若飞 像飞一样。北朝《木兰诗》:"万里赴戎机,关山度若飞。"

若木 神木。先秦屈原《楚辞·离骚》:"折若木以拂日兮,聊逍遥以相羊。"

若愚 谦虚而不随意卖弄才华。宋代苏轼《贺欧阳少师致仕启》:"大勇若怯,大智如愚。"

S

三思 做事情要多思考。宋代辛弃疾《瓢泉之什·哨遍》:"请三思,而行可矣。"

三省 经常反思自己的言行。先秦《论语·学而》:"曾子曰:吾日三省吾身。"

三元 天、地、水,事物的根本。宋代张君房《云笈七签》:"夫混沌分后,有天、地、水三元之气,生成人伦,长养万物。"

沙白 流沙雪白。唐代杜甫《登高》:"风急天高猿啸哀,渚清沙白鸟飞回。"

山雨 山上飘落的细雨。唐代王维《送梓州李使君》:"山中一夜雨,树杪百重泉。"

山月 山中的月亮。唐代李白《下终南山过斛斯山人宿置酒》:"暮从碧山下，山月随人归。"

善能 积德行善而有所作为。先秦《道德经》："居善能，心善渊，与善仁，言善信，正善治，事善能，动善时。"

善心 心地善良，品德高尚。先秦《荀子·非相》："形相虽恶，而心术善，无害为君子也。"

善昌 积德行善才能发达昌盛。三国《诸葛亮集》："善积者昌，恶积者丧。"

善志 好的志向。汉代《淮南子·主术训》："人无善志，虽勇必伤。"

尚贤 崇尚贤能。先秦《荀子·君道》："尚贤使能之为长功也。"

韶光 美好的时光。宋代柳永《黄莺儿》："此际海燕偏饶，都把韶光与。"

韶华 大好时光。宋代秦观《江城子》："韶华不为少年留，恨悠悠，几时休。"

声松 风吹青松起涛声。唐代王勃《咏风》："日落山水静，为君起松声。"

诗华 学问渊博的人气度不凡。宋代苏轼《和董传留别》："粗缯大布裹生涯，腹有诗书气自华。"

诗乐 如诗如乐。唐代《毛诗正义》："诗是乐之心，乐为诗之声。"

诗志 诗歌是心志的驰骋扩展。汉代《毛诗序》："诗者，志之所之也，情动于中，而形于言。"

石坚 像石头一样坚硬。晋代鲍照《拟古八首》："石以坚为性，君勿轻素诚。"

石泉 山石林泉，清而忘忧。明代洪应明《菜根谭》："林间松韵，石上泉声，静里听来，识天地自然鸣佩。"

时敏 时刻勤奋努力。先秦《尚书·说命下》："惟学逊志，务时敏，厥修乃来。"

时雨 及时飘落的雨。晋代陶渊明《五月旦作和戴主簿》："神萍写时雨，晨色奏景风。"

士勤 勤奋做人。先秦《道德经》："上士闻道，勤而行之。"

守逸 栖守平静安逸的生活。明代洪应明《菜根谭》："栖恬守逸之味，最淡亦最长。"

守愚 保持努力好学姿态。汉代刘向《说苑·敬慎》："聪明睿智而守以愚者益，博闻多记而守以浅者广。"

守正 保持纯朴和浩然正气。明代洪应明《菜根谭》："宁守浑噩而黜聪明，留此正气还天地。"

舒波 碧波荡漾。唐代韩愈《八月十五夜赠张功曹》："纤云四卷天无河，清风吹空月舒波。"

树春 春风吹拂绿树。唐代白居易《杨柳枝词》："一树春风千万枝，嫩于金色软于丝。"

思诚 追求诚实、诚恳，是做人的法则。先秦《孟子·离娄上》："是故诚者，天之道也；思诚者，人之道也。"

树茂 树木浓密繁茂。汉代曹操《步出夏门行》："树木丛生，百草丰茂。"

思敏 善于思考。明代方孝孺《逊志斋集·耒耜》："劳思，善敏，丰财。"

思明 向往光明。先秦《论语·季氏》："君子有九思：视思明，听思聪，色思温，貌思恭，言思忠，事思敬，疑思问，忿思难，见得思义。"

思齐 向品德高尚的人学习、看齐。唐代吴兢《贞观政要·教戒太子诸王》："见善思齐，足以扬名不朽。"

思危 居安思危，危难时考虑至安之策。先秦《战国策·楚策四》："于安思危，危则虑安。"

思永 坚持不懈。先秦《尚书·皋陶谟》："慎厥身，修思永。"

思远 志向远大。先秦《诗经·鄘风·载驰》："视尔不臧，我思不远。"

松风 松间吹过的微风。唐代李白《下终南山过斛斯山人宿置酒》："长歌吟松风，曲尽河星稀。"

松茂 严寒中茂盛的松柏。晋代葛洪《抱朴子·论仙》："谓冬必凋，而松柏茂。"

松明 苍松中透出光明。宋代舒岳祥《十月初三日自邑夜归》："溪上人家应夜绩，松明一点出疏篱。"

松雪　苍松上的积雪。宋代周密《献仙音》："松雪飘寒，岭云吹冻，红破数椒春浅。"

松雨　松树上的雨滴飘落。宋代姜夔《庆宫春》："双桨莼波，一蓑松雨，暮愁渐满空阔。"

T

陶然　心旷神怡。唐代李白《下终南山过斛斯山人宿置酒》："我醉君复乐，陶然共忘机。"

特立　特然独立，意志坚定。明代朱舜水《朱舜水集·毅》："毅然特立，有为之士也。"

天海　天空苍茫似海。唐代李白《暮秋扬子江寄孟浩然》："林山相晚暮，天海空青苍。"

天汉　天上的银河。先秦《诗经·小雅·大东》："维天有汉，监亦有光。"

天朗　天色晴朗。晋代王羲之《兰亭集序》："天朗气清，惠风和畅。"

天星　天空闪烁的繁星。唐代李贺《天上谣》："天河夜转漂回星，银浦流云学水声。"

天野　蓝天下的原野。北朝民歌《敕勒歌》："天苍苍，野茫茫，风吹草低见牛羊。"

天佑　上天的保佑。先秦《周易·系辞上》："佑者，助也。天之所助者，顺也。"

天宇　宇宙天空。宋代朱敦儒《水调歌头》："天宇著垂象，日月共回旋。"

天远　蓝天高远。宋代黄庭坚《登快阁》："落木千山天远大，澄江一道月分明。"

W

万法 万事万物。宋代普济《五灯会元》:"万法齐观,归复自然。"

万里 江山辽阔,鹏程万里。明代唐寅《无题》:"立锥莫笑无余地,万里江山笔下生。"

万年 健康长寿,永享幸福。先秦《诗经·大雅·既醉》:"君子万年,介尔景福。"

万沙 黄河万里。唐代刘禹锡《浪淘沙》:"九曲黄河万里沙,浪淘风簸自天涯。"

望海 东望苍海,茫茫无际。唐代白居易《江楼夕望招客》:"海天东望夕茫茫,山势川形阔复长。"

微之 以小见大。先秦《战国策·秦策》:"识乎微之为著者强。"

惟明 目光明亮。先秦《尚书·太甲中》:"视远惟明,听德惟聪。"

文刚 以阴柔文饰阳刚,追求事物的平衡。先秦《周易·贲》:"贲,亨,柔来而文刚。"

文进 以自我勉励为美好。汉代《礼记·乐记》:"故礼主其减,乐主其盈。礼减而进,以进为文。"

文祥 吉祥的礼节。先秦《诗经·大雅·大明》:"文定厥祥,亲迎于渭。"

闻乐 喜闻乐见。晋代陶渊明《移居》:"闻多素心人,乐与数晨夕。"

问裕 勤学好问,知识充裕。先秦《尚书·仲之诰》:"好问则裕,自用则小。"

X

习风 微风徐徐吹来。先秦《诗经·国风·谷风》:"习习谷风,以阴以雨。"

喜晨 明朗的晨曦令人欣喜。晋代陶渊明《丙辰岁八月中于下潠田舍获》:"悲风爱静夜,林鸟喜晨开。"

夏清 清新的夏天。唐代李商隐《晚晴》:"深居俯夹城,春去夏犹清。"

向风 面向吹来的风声倾听。汉代司马迁《史记·司马相如列传》:"向风而听,随流而化。"

向山 朝向群山。唐代熊孺登《送僧》:"云心自向山山去,何处灵山不是归。"

向阳 向着太阳。宋代苏麟《断句》:"近水楼台先得月,向阳花木易为春。"

霄宇 天空飘浮的云。晋代陶渊明《时运》:"山涤余霭,宇暖微霄。"

晓白 天色破晓。唐代柳宗元《早梅》:"朔吹飘夜香,繁霜滋晓白。"

晓春 春天向人报晓。唐代孟浩然《春晓》:"春眠不觉晓,处处闻啼鸟。"

晓光 破晓的曙光。宋代黄大受《早作》:"星光欲没晓光连,霞晕红浮一角天。"

晓声 飞鸟破晓的叫声。唐代熊孺登《青溪村居》:"浑树黄鹂晓一声,林西江上月犹明。"

晓天 天空破晓。唐代陈子昂《春夜别友人》:"明月隐高树,长河没晓天。"

晓涛 晨风吹起波涛。宋代吴潜《水调歌头》:"长江万里东注,晓吹卷惊涛。"

心安 身心平安。宋代邵雍《心安吟》:"心安身自安,身安室自宽。"

心澄 心情清朗明澈。明代洪应明《菜根谭》:"当雪夜月天,心境便尔澄澈。"

心镜 心如明镜,纯净整洁。唐代神秀《菩提偈》:"身是菩提树,心如明镜台。"

心清 心境清净无尘杂。唐代柳宗元《晨诣超师院读禅经》:"汲井漱寒齿,清心拂尘服。"

心远 心性超然,淡泊宁静。晋代陶渊明《饮酒》:"问君何能尔,心远地自偏。"

心源 内心。唐代唐彦谦《游清凉寺》"一尘不到心源净,万有俱空眼界清。"

欣德 愉悦于高尚的德行、操守。晋代陶渊明《答庞参军》:"伊余怀人,欣德孜孜。"

新雷 报春的惊雷。清代张维屏《新雷》:"千红万紫安排著,只待新雷第一声。"

新欣 新交好友心情欢欣。晋代陶渊明《乞食》:"情欣新知欢,言咏遂赋诗。"

新雨 新落的春雨。唐代丘为《寻西山隐者不遇》:"草色新雨中,松声晚窗里。"

信昌 诚信的人兴旺发达。先秦《孙子兵法·威王问》:"素信者昌。"

信芳 心地纯洁。先秦屈原《楚辞·离骚》:"不吾知其亦已兮,苟余情其信芳。"

星汉 天上的银河。汉代曹操《步出夏门行》:"星汉灿烂,若出其里。"

星天 星星闪烁的天空。宋代辛弃疾《西江月》:"七八个星天外,两三点雨山前。"

行恭 做事谨慎而态度谦让。先秦《战国策·赵策》:"贤者任重而行恭,知者功大而辞顺。"

修己 修炼自己的品德。明代王永彬《围炉夜话》:"闻人誉言,加意奋勉;闻人谤语,加意警惕,此君子修己之功也。"

修龄 修炼自己以延年益寿。晋代阮籍:"列仙亭修龄,养志在冲虚。"

修身 自身的修养。汉代《礼记·曲礼上》:"修身践言,谓之善行。"

修永 加强品德修养,坚持不懈。先秦《尚书·皋陶谟》:"慎厥身,修思永。"

修远 把加强修养当作长期目标。先秦屈原《楚辞·离骚》:"路漫漫其修远兮,吾将上下而求索。"

徐来 清风习习吹来。宋代苏轼《前赤壁赋》:"清风徐来,水波不兴。"

玄通 通达事物的原理。晋代阮籍《咏怀》:"招彼玄通士,去来归羡游。"

学德 培养良好品德。东汉班固《汉书·董仲舒传》:"常玉不琢,不成文章;君子不学,不成其德。"

学君 树立君子之风。宋代晁说之《晁氏客语》:"君子莫大于学,莫害于昼,莫病于自足,莫罪于自弃。"

学理 了解事物本源。先秦《荀子·大略》:"善学者尽其理,善行者究其难。"

学良 通过学习成为杰出人才。汉代王符《潜夫论·赞学》:"凡欲显勋绩、扬光烈者,莫良于学矣。"

学思 学会思考、理解。先秦《论语·学而》:"学而不思则罔,思而不学则殆。"

学智 好学有智慧。汉代《礼记·中庸》:"好学近乎知(智)。"

雪芹 雪中寒芹。宋代苏轼《东坡八首》:"雪芹何时动,春鸠行可脍。"

汉代王符《潜夫论》,其中有对"学良"的解释

Y

烟涛 烟波浩渺。唐代李白《梦游天姥吟留别》:"海客谈瀛洲,烟涛微茫信难求。"

言明 善于接受别人建议而聪明。清代魏源《默觚·治篇》:"君子受言以达聪明。"

业勤 事业成功在于勤奋。唐代韩愈《进学解》:"业精于勤,荒于嬉。"

叶帆 船上挂起风帆。宋代柳永《迷神引》:"一叶扁舟轻帆卷,暂泊楚江南岸。"

叶荣 枝叶繁茂。明代洪应明《菜根谭》:"心者后裔之根,未有根不植而枝叶荣茂者。"

叶声 风吹树叶响。宋代张耒《夜坐》:"梧桐真不甘衰谢,数叶迎风尚有声。"

叶田　荷叶相连成片。汉乐府民歌："江南可采莲，莲叶何田田。"
叶阳　夕阳映照树叶。宋代周邦彦《夜游宫》："叶下斜阳照水，卷轻浪，沉沉千里。"
叶映　绿叶掩映。宋代柳永《黄莺儿》："观露湿缕金衣，叶映如簧语。"
叶舟　一叶小舟。宋代谢逸《渔家傲》："蓼花汀上西风起，一叶小舟烟雾里。"
一飞　高飞。晋代阮籍《咏怀》："云间有玄鹤，抗志扬哀声。一飞冲青天，旷世不再鸣。"
一鹤　展翅高飞的仙鹤。唐代李白《怀仙歌》："一鹤东飞过沧海，放心散漫知何在。"
忆南　思念在南方岁月。唐代白居易《忆江南》："日出江花红似火，春来江水绿如蓝，能不忆江南。"
亦友　也是好朋友。元代翁森《四时读书乐》："好鸟枝头亦朋友，落花水面皆文章。"
益青　珍视旺盛的志向。唐代李隆基（唐玄宗）《赐新罗王》："益重青青志，风霜恒不渝。"
逸群　才华出类拔萃。西晋陈寿《三国志·关羽传》："孟起兼资文武，犹未及髯之绝伦逸群也。"
逸真　安闲以守纯真。明代洪应明《菜根谭》："能者劳而耐怨，何如拙者逸而全真。"
意清　心情清静开朗。明代洪应明《菜根谭》："意净则心清，不了意而求明心，如索镜增尘。"
毅仁　刚毅果断的美德。先秦《论语·子路》："刚、毅、木、讷，近仁。"
懿行　美好的品行。明代洪应明《菜根谭》："让，懿行也。"
盈克　实力超群，无往不胜。《左传·庄公十年》："彼竭我盈，故克之。"
永年　健康长寿。东汉曹操《龟虽寿》："养怡之福，可得永年。"
悠然　轻松愉快。晋代陶渊明《饮酒》："采菊东篱下，悠然见南山。"
友德　结交益友是优良品德。明代王永彬《围炉夜话》："友以成德也。

人而无友，则孤陋寡闻，德不能成矣。"

友仁 以有修养之人为友。先秦《论语·颜渊》："君子以文会友，以友辅仁。"

有恒 坚持不懈，持之以恒。汉代崔瑗《座右铭》："行之苟有恒，久久自芬芳。"

有朋 有良师益友。先秦《论语·学而》："有朋自远方来，不亦乐乎？"

有为 有所作为。先秦《孟子·离娄下》："人有不为也，而后可以有为。"

有志 有志向，有理想。先秦《道德经》："知足者富，强行者有志。"

于飞 展翅飞翔。先秦《诗经·周南·葛覃》："黄鸟于飞，集于灌木，其鸣喈喈。"

于海 归于大海。汉代扬雄《法言》："百川学海而至于海。"

余光 落日余晖。明代蔡复一《夕阳》："短笛牛羊归，余光照童子。"

余庆 祖先留下的福泽。先秦《周易·坤·文言》："积善之家，必有余庆。"

宇梁 屋宇的栋梁。唐代史俊《题巴州福寺楠木》："凌霜不肯让松柏，作宇由来称栋梁。"

雨帆 雨中风帆。宋代张元干《满江红》："绿卷芳洲生杜若，数帆带雨烟中落。"

雨来 时雨徐徐而来。宋代李清照《摊破浣溪沙》："枕上诗书闲处好，门前风景雨来佳。"

雨林 雨后山林。宋代杨万里《桧迳晓步》："雨歇林间凉自生，风穿迳里晓逾清。"

雨浓 烟雨浓重。元代刘因《村居杂诗》："黄昏雨气浓，喜色满南亩。"

雨奇 细雨濛濛，令人称奇。宋代苏轼《饮湖上初晴后雨》："水光潋滟晴方好，山色空濛雨亦奇。"

雨青 雨濛濛，草青青。宋代张先《千秋岁》："惜春更把残红折，雨轻风色暴，梅子青时节。"

雨润　细雨润滋万物。唐代韩愈《早春呈水部张十八员外》："天街小雨润如酥，草色遥看近却无。"

雨新　雨后万象更新。明代洪应明《菜根谭》："雨后观山色，景象便觉新妍。"

玉润　像玉石一样细腻光滑。唐代张文琮《咏水诗》："方流涵玉润，圆折动珠光。"

玉树　仙界的树木。唐代李白《怀仙歌》："仙人浩歌望我来，应攀玉树长相待。"

郁青　青山绿水郁郁葱葱。宋代朱熹《水口行舟》："郁郁层峦夹岸青，青山绿水去无声。"

育德　培育良好美德。先秦《周易·蒙》："君子以果行育德。"

裕民　百姓富足安康。先秦《荀子·富国》："足国之道，节用裕民。"

元亨　大通，大吉。先秦《周易·大有》："其德刚健而文明，应乎天而时行，是以元亨。"

元化　造化。宋代苏舜钦《寒夜十六韵答子履见寄》："陶然任元化，慎勿损天真。"

元良　大善至德。汉代《礼记·文王世子》："一有元良，万国以贞，世子之谓也。"

月波　月下水波。唐代韩愈《八月十五夜赠张功曹》："纤云四卷天无河，清风吹空月舒波。"

月帆　月下船帆。清代李思曾《送庄子涵》："半夜乌啼霜正满，一帆斜月过枫桥。"

月明　月光明媚。唐代张若虚《春江花月夜》："滟滟随波千万里，何处春江无月明。"

月轩　月上廊轩。南朝江淹《别赋》："日下壁而沉彩，月上轩而飞光。"

云度　白云飘浮。宋代张元干《浣溪沙》："雾柳暗时云度月，露荷翻处水流萤。"

云飞　彩云翻飞。汉代刘邦《大风歌》："大风起兮云飞扬，威加海内兮归故乡。"

云帆　出没在云雾之中的高高的船帆。唐代李白《行路难》："长风破浪会有时，直挂云帆济沧海。"

云峰　白云缭绕山峰。唐代沈佺期《入少密溪》："云峰苔壁绕溪斜，江路香风夹岸花。"

云海　白云似海。唐代李白《关山月》："明月出天山，苍茫云海间。"

云汉　天上的银河。唐代李白《月下独酌》："永结无情游，相期邈云汉。"

云龙　云中的巨龙。先秦《周易·乾·文言》："云从龙，风从虎，圣人作而万物睹。"

云轻　轻云飘飘。唐代温庭筠《瑶瑟怨》："冰簟银床梦不成，碧天如水夜云轻。"

云舒　白云随风舒卷。先秦尹喜《文始真经》："云之卷舒，鸟之飞翔，皆在虚空中，所以变化不穷。"

云水　行云流水。宋代范仲淹《出守桐庐道中十绝》："素心爱云水，此日东南行。"

云松　白云青松。唐代李白《登庐山五老峰》："九江秀色可揽结，吾将此地巢云松。"

云涛　云海似波涛。宋代李清照《渔家傲》："天接云涛连晓雾，星河欲转千帆舞。"

云影　浮云倒影水中。宋代朱熹《观书有感》："半亩方塘一鉴开，天光云影共徘徊。"

云悠　白云悠然飘浮。唐代崔颢《黄鹤楼》："黄鹤一去不复返，白云千载空悠悠。"

Z

泽风　大泽上和风吹拂。先秦《周易·中孚》："泽上有风，中孚。"

昭明　耀眼的光明。先秦《荀子·劝学》："是故而冥冥之志者，无昭昭之明。"

朝闻　早晨懂得（做人的道理）。先秦《论语·里仁》："朝闻道，夕死可矣。"

真如 人的本性。唐代法海集录《六祖坛经》:"人性本净,为妄念故,盖覆真如。"

之信 言而有信。先秦《周易·乾》:"庸言之信,庸行之谨。"

知春 草木报春。宋代张栻《立春偶成》:"律回岁晚冰霜少,春到人间草木知。"

知明 知人知己,智慧聪明。先秦《道德经》:"知人者智,自知者明。"

知学 知道学习(而获得动力)。汉代王充《论衡·效力》:"人有知学,则有力矣。"

知彰 从隐微处看到事物本质。先秦《周易·系辞下》:"君子知微知彰,知柔知刚,万夫之望。"

知之 知晓、明白。先秦《论语·为政》:"知之为知之,不知为不知,是知也。"

至诚 最为善良、坦诚。汉代黄石公《素书》:"神莫神于至诚。"

至德 最高尚的品德。唐代吴兢《贞观政要·教戒太子诸王》:"树至德于生前,流遗爱于身后。"

至哲 最聪明的人。清代刘嗣绾《贻友人书》:"人即至哲,必不能掩己之短,以兼人之长。"

志安 淡泊自处,乐道安贫。晋代阮籍《咏怀》:"猗欤上世士,恬淡志安贫。"

志高 抱负远大。先秦《战国策·齐策一》:"家殷而富,志高而扬。"

志坚 志向坚定。宋代张孝祥《论治体札子》:"立志欲坚不欲锐,成功在久不在速。"

志清 心志清远。唐代李善《昭明文选》注:"登高使人意遐,临深使人志清。"

志圣 追求不懈,志在圣贤。清代黄宗羲《宋元学案》:"善学者志在乎圣人,而行无忽乎卑近。"

志言 用言语表达志向。唐代吴叔达《言行相顾》:"立志言为本,修身行乃先。"

志远 志向远大。三国诸葛亮《诫外甥书》："夫志当存高远，慕先贤。"

致远 追求远大目标。汉代《淮南子·主术训》："是故非澹薄无以明德，非宁静无以致远。"

智成 以智慧获得成功。汉代《淮南子·主术训》："众智之所为，则无不成也。"

中正 得当，不偏不倚。先秦屈原《楚辞·离骚》："跪敷衽以陈辞兮，耿吾既得此中正。"

钟鸣 钟声鸣响。宋代谢逸《夜香》："梦觉疏钟鸣远寺，一池明月发荷香。"

钟晓 晨钟报晓。宋代陆叡《瑞鹤仙》："千金买光景，但疏钟催晓，乱鸦啼暝。"

卓然 卓荦不群。晋代陶渊明《饮酒》："凝霜殄异类，卓然见高枝。"

竹青 翠竹青青。先秦《诗经·卫风·淇奥》："瞻彼淇奥，绿竹青青。"

竹清 竹子滴水的清脆声音。唐代王昌龄《夏日南亭怀辛大》："荷风送香气，竹露滴清响。"

竹虚 空心的竹子，比喻人的谦虚美德。唐代白居易《池上竹下作》："水能性淡为吾友，竹解心虚即我师。"

子敬 恭恭敬敬。先秦《周易·坤》："君子敬以直内，义以方外。"

自成 自然有成。汉代《礼记·中庸》："诚者，自成也，而道自道也。"

自正 做人正直无邪。唐代孟郊《游终南山》："心中人自正，路险心亦平。"

自明 有自知之明。先秦《道德经》："知人者智，自知者明。"

二、女宝宝起名参考

像男宝宝一样，女宝宝起名也可引经据典，但名字的来源更加丰富多彩。由于我国民间对女性，往往希望她们能温柔、美丽、贤淑，拥有仪态美、风度美、气质美，为女宝宝起名也多是以美为内涵的名字，富有深意，往往让人有丰富的联想。下面从传统诗文典故中选取一些音、义都较好的名字，供为女宝宝起名参考。

A

霭芳　细雨滋润芳草。唐代韦应物《东郊》："微雨霭芳原，春鸠鸣何去。"

B

白露　白露时节，秋高气爽。宋代仲殊《南柯子》："白露收残暑，清风衬晚霞。"

白雪　洁白如雪。宋代王禹偁《村行》："棠梨叶落胭脂色，荞麦花开白雪香。"

碧芳　芳草碧绿。李叔同《送别》："长亭外，古道边，芳草碧连天。"

冰晴　阳光下的冰池。宋代严仁《玉楼春》："冰池晴绿照还空，香径落红吹已断。"

冰姿　冰清玉洁的姿容。宋代杨无咎《柳梢青》："为爱冰姿，画看不足，吟看不足。"

冰心　心地纯洁如水。唐代王昌龄《芙蓉楼送辛渐》："洛阳亲友如相问，一片冰心在玉壶。"

C

采香　采摘香花。唐代李贺《天上谣》："玉宫桂树花未落，仙妾采香垂佩缨。"

常静　保持宁静。明代洪应明《菜根谭》："水流任急境常静，花落虽频意自闲。"

晨云　晨曦中的彩云。元代黄清老《福山庵》："晨光海上来，云气生万壑。"

春草　春天的花草。南朝谢灵运《登池上楼》："池塘生春草，园柳变鸣禽。"

春芳　春天里花草芬芳。唐代孟效《古离别》："春芳役双眼，春色柔四支。"

春花　春天的花朵。清代魏源《读书吟示儿耆》："秋花不及春花艳，春花不及秋花健。"

春絮 春天的杨柳飞絮。清代徐灿《踏莎行》:"芳草才芽,梨花未雨,春魂已作天涯絮。"

春妍 妍丽的春天。宋代苏轼《一丛花》:"今年春浅腊侵年,冰雪破春妍。"

春阳 明媚的春天。明代吴承恩《杂言赠冯南淮此部谪茂名》:"男儿通塞宁有常,层冰之后生春阳。"

翠玉 翠绿的美玉。宋代姜夔《念奴娇》:"翠叶吹凉,玉容消酒。"

D

黛云 青绿色的云。宋代刘辰翁《永遇乐》:"璧月初晴,黛云远淡。"

淡春 淡淡的春色。宋代张先《醉垂鞭》:"朱粉不深匀,闲花淡淡春。"

丹青 赤诚之心在史册中永放光芒。宋代文天祥《过零丁洋》:"人生自古谁无死?留取丹心照汗青。"

点梅 梅花点点。宋代朱熹《四时读书乐》:"读书之乐何处寻,数点梅花天地心。"

东菊 东边的菊花。晋代陶渊明《饮酒》:"采菊东篱下,悠然见南山。"

F

方怡 心情怡然自乐。宋代黄公度《道间即事》:"方寸怡怡无一事,粗裘粝食地行仙。"

芳辰 佳日良辰。宋代欧阳修《和梅圣俞杏花》:"何如艳风日,独自占芳辰。"

芳菲 芳草芬芳。唐代韩愈《晚春》:"草树知春不久归,百般红紫斗芳菲。"

芳林 充满生机的树林。唐代刘禹锡《乐天见示伤微之、敦诗、晦叔三君子,皆有深分,因成是诗以寄》:"芳林新叶催陈叶,流水前波让后波。"

飞梅 梅花飞舞。宋代吴文英《倦寻芳》:"暮帆挂雨,冰岸飞梅,春思零乱。"

飞琼 飞舞的奇花。宋代周密《瑶花慢》:"朱钿宝珓,天上飞琼,比人间春别。"

飞霞 霞光飞洒。唐代李白《望庐山瀑布》:"飞珠散轻霞,流沫沸穹石。"

飞雪 雪花飞舞。宋代董颖《江上》:"万顷沧江万顷秋,镜天飞雪一双鸥。"

丰容 容貌优美。南朝宋范晔《后汉书·南匈奴传》:"昭君丰容靓饰,光明汉宫。"

丰姿 姿态秀美。清代洪昇《长生殿·定情》:"德性温和,丰姿秀丽。"

风荷 风吹荷叶摇曳。宋代周邦彦《苏幕遮》:"叶上初阳干宿雨,水面清圆,一一风荷举。"

风秋 秋风习习。唐代上官仪《入朝洛堤步月》:"鹊飞山月曙,蝉噪野风秋。"

风燕 风中飞舞的燕子。唐代杜甫《水槛遣心》:"细雨鱼儿出,微风燕子斜。"

风莺 风中的黄莺。宋代周邦彦《满庭芳》:"风老莺雏,雨肥梅子,午阴嘉树清圆。"

馥香 花香郁烈。宋代范成大《余杭》:"忍冬清馥蔷薇醲,熏满千村万落香。"

H

海花 春深似海,万朵繁花。清代谭嗣同《豳州》:"一百里间春似海,孤城掩映万花中。"

含容 隐含容纳。明代冯梦龙《醒世恒言·一文钱小隙造奇冤》:"含容终有益,任意是生灾。"

含英 蕴含光辉。清代李果《示两儿》:"蕴辉珠处渊,含英金在矿。"

荷风 风送荷香。唐代孟浩然《夏日南亭怀辛大》:"荷风送香气,竹露滴清响。"

荷露 荷叶雨露。唐代白居易《放言》:"草萤有耀终非火,荷露虽圆岂是珠。"

红芳 红花吐芳。宋代欧阳修《蝶恋花》:"翠苑红芳晴满目,绮席流莺,上下长相逐。"

画秋 秋色如画。宋代柳永《倾杯》:"鹜落霜洲,雁横烟渚,分明画出秋色。"

黄芸 花朵鲜艳金黄。先秦《诗经·小雅·裳裳者华》:"裳裳者华,芸其黄矣。"

惠风 和风。晋代王羲之《兰亭集序》:"天朗气清,惠风和畅。"

蕙兰 香气袭人的蕙草和兰花。宋代魏庆之《诗人玉屑·爱憎对》:"蛇蝎性灵生便毒,蕙兰根异死犹香。"

蕙心 蕙草之心。宋代孙光宪《浣溪沙》:"残香犹暖绣熏笼,蕙心无处与人同。"

蕙雪 蕙草白雪。宋代蒋捷《女冠子》:"蕙花香也,雪晴池馆如画。"

J

江红 晚霞映照江面。唐代白居易《暮江吟》:"一道残阳铺水中,半江瑟瑟半江红。"

江静 江面寂静。唐代宋之问《题大庾岭北驿》:"江静潮初落,林昏瘴不开。"

江丽 江山美丽如画。唐代杜甫《绝句》:"迟日江山丽,春风花草香。"

江梅 江边的梅花。宋代李邴《汉宫春》:"潇洒江梅,向竹梢疏处,横两三支。"

江秋 一江的秋意。清代王士禛《题秋江独钓图》:"一曲高歌一樽酒,一人独钓一江秋。"

江雪 寒冬飘雪的江上。唐代柳宗元《江雪》:"孤舟蓑笠翁,独钓寒江雪。"

际云 云际。明代沈倬《松际月》:"月出松际云,清光满篱舍。"

霁华 明亮的月光。宋代刘克庄《生查子》:"繁灯夺霁华,戏鼓侵明发。"

佳音 动听的音乐。宋代曾几《苏秀道中》:"千里稻花应秀色,五更桐叶最佳音。"

剪红 剪下鲜红花朵。宋代吴文英《祝英台近》:"剪红情,裁绿意,花信上钗股。"

娇莺 娇美的黄莺。唐代杜甫《江畔独步寻花》："留连戏蝶时时舞，自在娇莺恰恰啼。"

晶盈 明媚亮丽。唐代欧阳詹《秋月赋》："皎皎摇摇，晶晶盈盈。"

竞秀 争比美丽。南朝刘义庆《世说新语·言语》："千岩竞秀，万壑争流。"

净娟 干净美丽。唐代杜甫《咏竹》："雨洗娟娟净，风吹细细香。"

静帆 行船落帆夜泊。宋代柳永《满江红》："暮雨初收，长川静，征帆夜落。"

静芳 花开芬芳。宋代范成大《余杭》："春晚山花各静芳，从教红紫送韶光。"

静姝 美丽文静的姑娘。先秦《诗经·邶风·静女》："静女其姝，俟我于城隅。"

静月 静静的月光。晋代陶渊明《祭从弟敬远文》："静月澄高，温风始逝。"

涓涓 细细流淌的水。晋代陶渊明《归去来兮辞》："木欣欣以向荣，泉涓涓而始流。"

娟娟 美丽动人。唐代杜甫《小寒食舟中作》："娟娟戏蝶过闲幔，片片轻鸥下急湍。"

君兰 品德像兰花一样高洁。汉代戴德《大戴礼记》："与君子游，如入芝兰之室，久而不闻芳芬，则与之化矣。"

君秀 秀美可人。唐代李商隐《题小松》："怜君孤秀植庭中，细叶轻阴满座风。"

K

昆玉 昆仑山出产的宝玉。秦代李斯《谏逐客书》："今陛下致昆山之玉，有随和之宝。"

L

兰芳 兰花芬芳怡人。明代洪应明《菜根谭》："兰芳桂馥，水天一色，上下空明，使人神骨俱清。"

兰洁　兰花芬芳皎洁。唐代张九龄《感遇》："兰叶春葳蕤，桂华秋皎洁。"

兰芷　香草。宋代贺铸《人南渡》："兰芷满汀洲，游丝横路。"

兰舟　小船的雅称。宋代柳永《雨霖铃》："都门帐饮无绪，留恋处，兰舟催发。"

阑静　夜深人静。宋代苏轼《临江仙》："夜阑风静縠纹平。小舟从此逝，江海寄余生。"

蓝青　青出于蓝。先秦《荀子·劝学》："青，取之于蓝，而青于蓝。"

乐佳　快乐最佳。清代阮葵生《茶余客话》："为善最乐，读书更佳。"

乐琴　从弹琴（读书）中获得快乐。晋代陶渊明《归去来分辞》："悦亲戚之情话，乐琴书以消忧。"

丽明　附丽于人的美德。先秦《周易·旅》："柔得中乎外，而顺乎刚，止而丽乎明，是以小亨，旅贞吉也。"

莲如　美如莲花。清代朱彝尊《越江词》："一自西施采莲后，越中生女尽如花。"

林静　清幽的山林。南朝王籍《入若耶溪》："蝉噪林逾静，鸟鸣山更幽。"

令仪　端庄有威仪。先秦《诗经·小雅·湛露》："岂弟君子，莫不令仪。"

令姿　姣美的姿容。晋代陶渊明《闲情赋》："夫何环逸之令姿，独旷世以秀群。"

灵珠　宝珠。宋代王安石《四皓》："灵珠在泥沙，光景不可昏。"

岭云　山岭上的白云。南朝陶弘景《诏问山中何所有赋诗以答》："山中何所有，岭上多白云。"

柳娇　娇软的垂柳。宋代陈克《菩萨蛮》："赤阑桥尽香街直，笼街细柳娇无力。"

柳媚　细柳妩媚。宋代苏轼《浣溪沙》："细雨斜风作晓寒，淡烟疏柳媚晴滩。"

柳丝　飘舞的垂柳。清代陈文述《渔父词》："明镜里，月华凉。荷花世界柳丝乡。"

露凝　凝结的雨露。晋代陶渊明《和郭主簿》："露凝无游氛，天高肃景澈。"

芦笛　芦花深处听笛声。五代南唐后主李煜《望江南》："芦花深处泊孤舟，笛在月明楼。"

M

梅心　红梅点点。宋代李元膺《洞仙歌》："更风流多处，一点梅心，相映远，约略颦轻笑浅。"

梅英　梅花。宋代秦观《望海潮》："梅英疏淡，冰澌溶泄，东风暗换年华。"

媚笑　笑容妩媚。唐代白居易《长恨歌》："回眸一笑百媚生，六宫粉黛无颜色。"

媚妍　娇媚柔和。晋代陶渊明《闲情赋》："神仪妩媚，举止详妍。"

梅妆　漂亮的装扮。宋代欧阳修《蝶恋花》："清晨帘幕卷轻霜，呵手试梅妆。"

美芳　芳草美丽。晋代陶渊明《桃花源记》："芳草鲜美，落英缤纷。"

梦和　像梦中一样祥和。明代洪应明《菜根谭》："吉人无论作用安详，即梦寐神魂，无非和气。"

梦花　梦中繁花似锦。宋代普济《五灯会元》："梦幻空花，何劳把捉，得失是非，一时放却。"

梦回　梦中醒来。宋代周密《大圣乐》："燕语梦回，千点碧桃吹雨。"

梦梅　在梅花下梦醒。清代魏际瑞："山鸟月中寒，梦醒梅花下。"

弥贞　坚贞可人。清代郑世元《感怀杂诗》："木槿争朝荣，松柏弥见贞。"

妙雪　神奇美好的雪。清代张潮、朱锡绶《幽梦续影》："雪之妙在能积，云之妙在不留，月之妙在有圆有缺。"

明虹　明丽的彩虹。宋代罗椅《清平乐》："明虹收雨，两桨能吴语。"

明洁　光亮洁白。唐代孟郊《投所知》："铄金索坚贞，洗玉求明洁。"

明霞　晚霞。宋代叶梦得《水调歌头》："徙倚望沧海，天净水明霞。"

N

内美　内在的良好素质。先秦屈原《楚辞·离骚》："纷吾既有此内美兮，又重之以修能。"

凝香 芳香浓艳。唐代李白《清平调》："一枝红艳露凝香，云雨巫山枉断肠。"

P

飘红 花瓣在水中飘浮。宋代吴文英《扫花游》："水圆沁碧，骤夜雨飘红。"

娉婷 姿态美好。宋代苏轼《江神子》："何处飞来双白鹭，如有意，慕娉婷。"

Q

纤云 薄云飘舞。宋代周邦彦《解语花》："桂华流瓦，纤云散，耿耿素娥欲下。"

巧倩 笑容姣美。先秦《诗经·卫风·硕人》："巧笑倩兮，美目盼兮。"

巧沁 美妙沁人心脾。宋代史达祖《东风第一枝》："巧沁兰心，偷粘草甲，东风欲障新暖。"

青萍 青青的浮萍。元代吴昌龄《张天师断风花雪夜杂剧》："青萍一点微微发，万树千树和根拔。"

青青 杨柳青青。明代李先芳《道中作》："村原处处垂杨柳，一路青青到永城。"

青竹 青翠的竹林。唐代徐寅《避世金马门赋》："严霜降处，难伤夫翠松青竹。"

清芳 清新芬芳。唐代李白《赠孟浩然》："高山安可仰，徒此揖清芬。"

清秋 秋色清清。五代南唐后主李煜《望江南》："闲梦远，南国正清秋。"

清婉 明媚动人。先秦《诗经·郑风·野有蔓草》："有美一人，清扬婉兮。"

晴翠 天气晴朗滴翠。宋代陈德武《水龙吟》："十里荷花，三秋桂子，四山晴翠。"

晴柔 晴空里和风轻柔。宋代杨万里《小池》："泉眼无声惜细流，树阴照水爱晴柔。"

庆云 祥瑞云彩。晋代阮籍《咏怀》:"飘若风尘逝,忽若庆云晞。"

琼华 美玉。先秦《诗经·齐风·著》:"尚之以琼华乎而。"

琼瑶 佩玉。先秦《诗经·卫风·木瓜》:"投我以木桃,报之以琼瑶。"

琼英 美玉。先秦《诗经·齐风·著》:"尚之以琼英乎而。"

琼羽 琼花飞羽,美妙迷人。唐代李白《春夜宴诸从弟桃李园序》:"开琼筵以坐花,飞羽觞而醉月。"

秋荣 像秋天一样硕果累累。唐代刘禹锡《答乐天所寄咏怀且释其枯树之叹》:"莫羡三春桃与李,桂花成实向秋荣。"

秋桐 秋天的梧桐。唐代孟郊《与韩愈李翱张籍话别》:"秋桐故叶下,寒露新雁飞。"

秋纨 秋天的纨扇。明代唐寅《题秋风纨扇图》:"秋来纨扇合收藏,何事佳人重感伤。"

秋月 秋天的月亮。唐代刘禹锡《望洞庭》:"湖光秋月两相和,潭面无风镜未磨。"

秋韵 秋天的韵味。宋代欧阳修《玉楼春》:"夜深风竹敲秋韵,万叶千声皆是恨。"

秋云 秋天的云彩。唐代李白《听蜀僧浚弹琴》:"不觉碧山暮,秋云暗几重。"

R

柔惠 温柔仁爱。先秦《诗经·大雅·崧高》:"申伯之德,柔惠且直。"

柔水 柔弱如水。先秦《道德经》:"天下莫柔弱于水,而攻坚强者莫之能胜。"

如虹 貌美如彩虹。清代龚自珍《夜坐》:"万一禅关砉然破,美人如玉剑如虹。"

如眉 细柳如眉毛。宋代欧阳修《阮郎归》:"青梅如豆柳如眉,日长蝴蝶飞。"

如梦 像梦一样。宋代苏轼《正月二十日与潘郭二生出郊寻春忽记去年是日同至女王城作诗乃和前韵》:"人似秋鸿来有信,事如春梦了无痕。"

如水 像水一样。唐代杜牧《秋夕》:"天阶夜色凉如水,坐看牵牛织女星。"

如雪 像雪一样。五代南唐后主李煜《清平乐》:"砌下落梅如雪乱,拂了一身还满。"

如茵 绿草如茵。陈毅《宿欧西》:"花香时伴鸟语来,草地如茵沁心腹。"

如玉 像美玉一样。宋代杨万里《好事近》:"如今才是十三夜,月色已如玉。"

如云 如同浮云一样。宋代曾巩《西楼》:"海浪如云去却回,北风吹起数声雷。"

蕊珠 仙女闺阁。宋代宋徽宗《燕山亭》:"新样靓妆,艳溢香融,羞杀蕊珠宫女。"

瑞雪 冬雪。唐代宗楚客《奉和圣制喜雪应制》:"飘飘瑞雪下山川,散漫轻飞集九埏。"

若虹 美艳如虹。唐代李白《望庐山瀑布》:"欻如飞电来,隐若白虹起。"

若皎 明亮洁白。晋代阮籍《咏怀》:"西方有佳人,皎若白日光。"

若秋 像秋天一样。明代洪应明《菜根谭》:"不若秋日云白风清,兰芳桂馥,水天一色。"

若雪 像飞雪一样。三国曹魏曹植《洛神赋》:"仿佛兮若轻云之蔽月,飘摇兮若流风之回雪。"

若云 像云一样。先秦《庄子·北冥有鱼》:"怒而飞,其翼若垂天之云。"

S

沙白 白色的沙。唐代杜甫《登高》:"风急天高猿啸哀,渚清沙白鸟飞回。"

韶华 美好年华。宋代秦观《江城子》:"韶华不为少年留,恨悠悠,几时休。"

社燕 家中的燕子。宋代周邦彦《满庭芳》："年年，如社燕，飘流瀚海，来寄修椽。"

深秀 春深而秀，生机盎然。宋代欧阳修《醉翁亭记》："望之蔚然而深秀者，琅玡也。"

神萍 雨师。晋代陶渊明《五月旦作和戴主簿》："神萍写时雨，晨色奏景风。"

诗秀 秀美的诗篇。宋代史达祖《八归》："烟蓑散响惊诗思，还被乱鸥飞去，秀句难续。"

石兰 香草。先秦屈原《楚辞·九歌·山鬼》："被石兰兮带杜衡，折芳馨兮遗所思。"

石玉 石中的美玉。先秦《诗经·小雅·鹤鸣》："他山之石，可以攻玉。"

时敏 时时聪敏有长进。先秦《尚书·说命下》："惟学逊志，务时敏，厥修乃来。"

守静 保持平静心态。明代洪应明《菜根谭》："守静而后知好动之过劳。"

淑君 圣人和君子。先秦《诗经·国风·鸤鸠》："淑人君子，其仪不忒。"

舒月 月光舒展。唐代杜审言《八月十五夜赠张功曹》："纤云四卷天无河，清风吹空月舒波。"

疏香 淡淡的香味。宋代林逋《山园小梅》："疏影横斜水清浅，暗香浮动月黄昏。"

双燕 双飞燕。宋代欧阳修《采桑子》："垂下帘栊，双燕归来细雨中。"

霜晴 霜天放晴。宋代陆游《龟堂杂兴》："丹枫吹尽鸦声乐，又得霜天一日晴。"

爽月 皎洁的月光。唐代卢照邻《含风蝉》："高情临爽月，急响送秋风。"

水静 水面平静。唐代赵嘏《越中寺居》："水静鱼吹浪，枝闲鸟下空。"

水云 水中倒映的彩云。明代洪应明《菜根谭》:"草际烟光,水心云影,闲中观去,见乾坤最上文章。"

舜华 貌美如木槿花。先秦《诗经·郑风·有女同车》:"有女同行,颜如舜华。"

松琴 风声如琴。唐代王维《酬张少府》:"松风吹解带,山月照弹琴。"

松雪 松树上的雪。宋代周密《献仙音》:"松雪飘寒,岭云吹冻,红破数椒春浅。"

松云 松林云霭。唐代李白《赠孟浩然》:"红颜弃轩冕,白首卧松云。"

素琴 清素的琴。明代洪应明《菜根谭》:"素琴无弦而常调,短笛无腔而自适。"

T

探梅 踏雪寻梅。明代于谦《题画》:"探梅诗客多清趣,瘦蹇冲寒溪上去。"

天霞 满天云霞。清代张康衢《纵棹园》:"坐觉尘嚣远,晴天卷片霞。"

天香 香飘天外。唐代宋之问《灵隐寺》:"桂子月中落,天香云外飘。"

亭亭 高洁、孤峻。宋代张先《江南柳》:"愿身能似月亭亭,千里伴君行。"

W

婉若 婉柔婀娜。三国曹魏曹植《洛神赋》:"翩若惊鸿,婉若游龙。"

婉如 婉然艳丽。先秦《诗经·郑风·野有蔓草》:"有美一人,婉如清扬。"

微云 微薄的云雾。唐代孟浩然《断句》:"微云淡河汉,疏雨滴梧桐。"

微月 微微的月光。唐代常建《宿王昌龄隐居》:"松际露微月,清光犹为君。"

惟贞 以贞洁为美。先秦《尚书·旅獒》:"不役耳目,百度惟贞。"

惟静 心胸怡静。唐代姚崇《口箴》:"惟静惟默,澄神之极。"

无双 美艳无与伦比。唐代皮日休《牡丹》:"竞夸天下无双艳,独占人间第一香。"

X

惜芳 珍惜美好时光。宋代欧阳修《减字木兰花》："爱惜芳时,莫待无花空折枝。"

溪云 秀溪、彩云。唐代杨巨源《题五老峰下费君书院》："已将心事随身隐,认得溪云第几重。"

夏莺 黄莺在夏天鸣唱。唐代杜牧《齐安郡后池绝句》："菱透浮萍绿锦池,夏莺千啭弄蔷薇。"

闲云 白云飘飘。唐代王勃《滕王阁序》："闲云潭影日悠悠,物换星移几度秋。"

香彩 彩袖飘香。明代何景明《游黔国公鱼池》："荷叶拂衣香袖举,秋风吹浪彩舟轻。"

香凝 香气凝聚不散。宋代吴文英《风入松》："黄蜂频扑秋千索,有当时,纤手香凝。"

香如 花香依旧。宋代陆游《咏梅》："零落成泥碾作尘,只有香如故。"

香韵 香味别致。唐代崔道融《梅花》："香中别有韵,清极不知寒。"

小荷 刚刚露出水面的荷叶。宋代杨万里《小池》："小荷才露尖尖角,早有蜻蜓立上头。"

晓燕 飞燕随晨光起舞。唐代丁仙芝《余杭醉歌赠吴山人》："晓幕红襟燕,春城白项乌。"

晓红 晓看花红。唐代杜甫《春夜喜雨》："晓看红湿处,花重锦官城。"

晓云 破晓的天空云开雾散。宋代秦观《满庭芳》："晓色云开,春随人意,骤雨才过还晴。"

晓霞 朝霞。宋代黄大受《早作》："星光欲没晓光连,霞晕红浮一角天。"

晓白 天色破晓。唐代柳宗元《早梅》："朔吹飘夜香,繁霜滋晓白。"

晓风 微风习习。宋代柳永《雨霖铃》："杨柳岸,晓风残月。"

笑英 笑对英雄豪杰。宋代苏轼《南歌子》："求田问舍笑豪英。自爱湖边沙路、免泥行。"

心悦 心中欢悦。先秦《孟子·公孙丑上》："以德服人者,中心悦而诚服也。"

心莹　心灵纯洁自然。明代洪应明《菜根谭》："不知心体莹然本来不失，即无寸功只字，亦自有堂堂正正做人处。"

心香　诚挚的心愿。清代瞿式耜《登茅山》："左拍右携非我事，心香一炷要争先。"

杏香　红杏清香。宋代俞国宝《风入松》："红杏香中箫鼓，绿杨影里秋千。"

杏雪　杏花如雪。宋代范成大《秦楼月》："东厢月，一天风露，杏花如雪。"

杏春　红杏报春。宋代宋祁《玉楼春》："绿杨烟外晓寒轻，红杏枝头春意闹。"

修美　培养良好品德。汉代《淮南子·修务训》："君子修美，虽未有利，福将在后至。"

玄英　冬天。汉代《尔雅·释天》："冬为玄英。"

玄冰　冻结在一起的厚冰。晋代葛洪《抱朴子·广譬》："玄冰未结，白雪不积，则青松之茂不显。"

学静　静心向学。清代张睿《张季子九录》："学须静，静可以一心志，凝思虑。"

雪云　冬云。宋代欧阳修《玉楼春》："雪云乍变春云簇，渐觉年华堪送目。"

雪晴　雪后放晴。唐代戴叙伦《调笑令》："山南山北雪晴，千里万里月明。"

雪雰　雨雪飞扬。先秦《诗经·小雅·信南山》："上天同云，雨雪雰雰。"

雪霏　雪花纷飞。先秦《诗经·邶风·北风》："北风其喈，雨雪其霏。"

Y

烟霞　烟波云霞。宋代释斯植《山家》："一溪流水绕烟霞，路入青松第几家。"

嫣然　美好的样子，常指笑容。宋代汪藻《春日》："桃花嫣然出篱笑，似开未开最有情。"

燕燕　燕子。宋代张炎《浪淘沙》："寒食不多时，燕燕才归。"

燕莺　春天的燕子、黄莺。宋代万俟咏《三台》："乍莺儿百啭断续，燕子飞来飞去。"

燕云　鸿燕在云中飞翔。宋代姜夔《点绛唇》："燕雁无心，太湖西畔随云去。"

雁秋　秋天的鸿雁。五代南唐冯延巳《抛球乐》："坐对高楼千万山，雁飞秋色满阑干。"

瑶华　洁白如玉的花。唐代张九龄《立春日晨起对积雪》："忽对亭林雪，瑶华处处开。"

瑶玉　瑶台美玉。宋代陈师道《十七日观潮》："漫漫平沙走白虹，瑶台失手玉杯空。"

叶帆　扁舟如叶。宋代柳永《迷神引》："一叶扁舟轻帆卷，暂泊楚江南岸。"

叶桐　桐叶。宋代晏殊《清平乐》："金风细细，叶叶梧桐坠。"

叶喧　树叶沙沙作响。宋代周邦彦《过秦楼》："水浴清蟾，叶喧凉吹。"

叶映　绿叶掩映。宋代柳永《黄莺儿》："观露湿缕金衣，叶映如簧语。"

依依　依依不舍。唐代王维《渭川田家》："田夫荷锄立，相见语依依。"

宜静　保持清静的心态。明代洪应明《菜根谭》："君子宜静拭冷眼，慎勿轻动刚肠。"

益青　珍惜旺盛志向。唐代李隆基（唐玄宗）《赐新罗王》："益重青青志，风霜恒不渝。"

英华　灿烂的花朵。南朝刘勰《文心雕龙·隐秀》："英华曜树，浅而炜华。"

莺语　黄莺欢歌。宋代钱惟演《木兰花》："城上风光莺语乱，城下烟波春拍岸。"

盈盈　仪态美好。宋代苏轼《江城子》："一朵芙蕖，开过尚盈盈。"

莹静　晶莹洁白。宋代晁端礼《绿头鸭》："莹无尘，素娥淡伫，静可数，丹桂参差。"

萤飞　萤光飞舞。明代梅鼎祚："明星在高树，满田萤火飞。"

莹玉　晶莹如玉。宋代朱敦儒《念奴娇》："莹彻乾坤，全放出，叠玉层冰宫阙。"

映红　花红辉映。唐代杜牧《江南春》："千里莺啼绿映红，水村山郭酒旗风。"

永贞　永久保持贞洁的品德。先秦《周易·贲》："贲如，儒如，永贞吉。"

幽芳　清幽芬芳。明代王永彬《围炉夜话》："对松柏得其本性，对芝兰得其幽芳。"

羽仪　以羽毛作为仪饰，以圣贤作为榜样。先秦《周易·渐》："鸿渐于陆，其羽可用为仪，吉。"

余红　红花点点。宋代李之仪《谢池春》："花径敛余红，风沼萦新皱。"

余霞　晚霞。南朝谢朓《晚登三山还望京邑》："余霞散成绮，澄江静如练。"

雨春　时雨报春。唐代杜甫《春夜喜雨》："好雨知时节，当春乃发生。"

雨霏　细雨濛濛。唐代温庭筠《诉衷情》："莺语，花舞，春昼午，雨霏微。"

雨荷　疏雨滴荷。宋代欧阳修《临江仙》："柳外轻雷池上雨，雨声滴碎荷声。"

雨佳　时雨使景色更加优美。宋代李清照《摊破浣溪沙》："枕上诗书闲处好，门前风景雨来佳。"

雨娟　雨后干净清洁。唐代杜甫《咏竹》："雨洗娟娟净，风吹细细香。"

雨濛　春雨徐徐飘落。晋代陶渊明《停云》："停云霭霭，时雨濛濛。"

雨萍　雨打飘萍。宋代文天祥《过零丁洋》："山河破碎风飘絮，身世浮沉雨打萍。"

雨青　细雨濛濛，梅子青青。宋代张先《千秋岁》："惜春更把残红折，雨轻风色暴，梅子青时节。"

雨霞　雨后晚霞。宋代邓剡《唐多令》："雨过水明霞，潮回岸带沙。"

雨燕　燕子在雨中飞翔。唐代晏几道《临江仙》："落花人独立，微雨燕双飞。"

雨雁 雨中鸿雁。唐代张籍《凉州词》："边城暮雨雁飞低，芦笋初生渐欲齐。"

玉冰 冰清玉洁。明朝宋濂、王祎主编《元史·黄溍传》："冰壶玉尺，纤尘弗污。"

玉峨 玉峰苍翠巍峨。宋代黄庭坚《到桂州》："桂岭环城如雁荡，平地苍玉忽嶒峨。"

玉洁 像美玉一样洁白无瑕。晋代陶渊明《闲情赋》："佩鸣玉以比洁，齐幽兰以争芬。"

玉立 亭亭玉立。唐代崔嘏《授裴谂司封郎中制》："风仪玉立，器宇川渟。"

玉容 姣美的容貌。唐代白居易《长恨歌》："玉容寂寞泪阑干，梨花一枝春带雨。"

玉燕 白色的燕子。唐代王仁裕《开元天宝遗事》："梦一玉燕自东南飞来，投入怀中。"

玉音 美妙的声音。晋代陶渊明《读山海经》："灵凤抚云舞，神鸾调玉音。"

玉盈 亭亭玉立。清代严复《上海刘氏园见白莲孤开归而成咏》："欲采盈盈太孤绝，胸中长此玉峥嵘。"

郁青 郁郁葱葱。宋代朱熹《水口行舟》："郁郁层峦夹岸青，青山绿水去无声。"

语燕 燕子呢喃。宋代陈克《菩萨蛮》："玉钩双语燕，宝甃杨花转。"

元君 品德高尚的仙人。明代彭大翼《山堂肆考》："男高仙曰真人，女曰元君。"

圆荷 荷叶圆圆。宋代苏轼《永遇乐》："曲港跳鱼，圆荷泻露，寂寞无人见。"

月桂 月中的丹桂树。唐代刘兼《贻诸学童》："劝汝立身须苦志，月中丹桂自扶疏。"

月荷 月中荷花。宋代谢逸《夜兴》："梦觉疏钟鸣远寺，一池明月发荷香。"

月华 月亮的光华。宋代柳永《采莲令》："月华收，云淡霜天曙。"

月皎 皎洁月光。清代董以宁《满江红》："今夜月，依然皎。"

月娟 月色明媚。宋代汪藻《点绛唇》："新月娟娟，夜寒江静山衔斗。"

月眉 弯月如眉。唐代戴叔伦《兰溪棹歌》："凉月如眉挂柳湾，越中山色镜中看。"

月媚 月光妩媚。晋代陶渊明《闲情赋》："日负影以偕没，月媚景于云端。"

月晴 月亮在初晴的夜空升起。宋代刘辰翁《永遇乐》："璧月初晴，黛云远淡，春事谁主。"

月人 月下美人。宋代欧阳修《蝶恋花》："独立小桥风满袖，平林新月人归后。"

月桐 月下梧桐。宋代苏轼《卜算子》："缺月挂疏桐，漏断人初静。"

云鹤 白云黄鹤。唐代崔颢《黄鹤楼》："黄鹤一去不复返，白云千载空悠悠。"

云佳 云雾缭绕如画。元代张养浩《雁儿落兼得胜令》："云来山更佳，云去山如画。"

云霞 天上飘浮的彩霞。唐代刘希夷《公子行》："绿波荡漾玉为砂，青云离披锦作霞。"

云雁 云中雁。宋代晏几道《阮郎归》："天边金掌露成霜，云随雁字长。"

韫玉 美玉。晋代陆机《文赋》："石韫玉而山晖，水怀珠而川媚。"

韵梅 梅花韵味。宋代曾觌《卜算子》："数尽万般花，不比梅花韵。"

Z

贞明 日月的光明。明代洪应明《菜根谭》："日月昼夜奔驰，而贞明万古不易。"

真静 真正的宁静。明代洪应明《菜根谭》："静中静非真静，动处静得来，才是性天之真境。"

真淑 真正的美好、善良。明代吴承恩《题沈青门寄画海棠用东坡定惠院韵》:"紫锦米粉谩夸妆,要见妖娆有真淑。"

至静 恬静至极。先秦《周易·坤》:"坤至柔而动也刚,至静而德方。"

志洁 品行高洁。汉代司马迁《史记·屈原贾生列传》:"其志洁,其行廉。"

众芳 草木的香气。先秦屈原《楚辞·离骚》:"昔三后之纯粹兮,固众芳之所在。"

朱霞 红霞。明代王永彬《围炉夜话》:"观朱霞,悟其明丽。"

竹君 高洁挺拔的竹子。宋代杨万里《午热登多稼亭》:"却是竹君殊解事,炎风筛过作清风。"

紫翠 如紫色翡翠一般。宋代洪瑹《菩萨蛮》:"断虹远饮横江水,万山紫翠斜阳里。"

紫薇 紫薇花开。宋代周必大《入直》:"归到玉堂清不寐,月钩初上紫薇花。"

自芬 自然清香芬芳。明代洪应明《菜根谭》:"人心有个真境,非丝非竹而自恬愉,不烟不茗而自清芬。"

自英 有自知之明的英雄豪杰。隋代王通《中说》:"自知者英,自胜者雄。"

醉红 醉人的容颜。宋代元膺《洞仙歌》:"早占取韶光共追游,但莫管春寒,醉红自暖。"

三、二胎及多胞胎起名参考

由本书此前相关部分可见,无论是二胎还是双胞胎、多胞胎都与前些年提倡的单胎不同,在起名时也要考虑这种不同,起出更有意义的名字。事实上,为二胎、双胞胎、多胞胎起名的方法也同样是多种多样的,可供起名的思路也可以放得更宽。为了便于为宝宝起出心满意足的名字,以下从常见且可用于起名的诗词和日常用语等中选取一些词语作为素材,按字数多少编排,并一一分析解释,供读者参考。

(一) 2～3 字词语

安静 安稳平静。先秦《诗经·邶风·柏舟》:"静言思之,不能奋飞。"

百姓 群众,俗称老百姓。先秦《论语·宪问》:"修己以安百姓。"

标兵 原指古时军中标下之兵,泛指榜样。明代沈德符《野获编·督抚》:"但承平日久,仍如守土之吏,无标兵可练,无军饷可支。"

报喜 报告喜庆的消息。宋代秦观《庆张君俞都尉留后得子》:"内家报喜车凌晓,太史占祥斗挂秋。"

长久 时间很长,长远。汉代《乐府诗集·上邪》:"我欲与君相知,长命无绝衰。"

成功 成就功业。先秦《论语·泰伯》:"子曰:巍巍乎其有成功。"

道德 理想的人格。先秦《论语·述而》:"志于道,据于德。"

方针 方向,纲领。原指罗盘针。周起予《新名词训纂·物之属》:"按罗盘指南针原出中国,惟中国皆指南,外国有指北者。方针之不同如此。"

芙蓉 芙蓉花,花形大而美丽,宋代范成大《羔羊斋小池两浃木芙蓉盛开有怀故园》:"袅袅芙蓉风,池光弄花影。"

改革 革新,把旧事物中不合理的部分改成新的。明代沈德符《万历野获编·星相》:"张璁即登第,不数年辅相天子,改革宇宙,安可遽栖枳棘。"

国家 阶级统治的工具,兼有社会管理的职能。先秦《论语·季氏》:"丘(孔子)也闻,有国有家者。"

国庆 国家的庆典。晋代陆机《五等诸侯论》:"国庆独飨其利,主忧莫与其害。"

海洋 大海大洋,广阔的水域,全世界有太平洋、印度洋、大西洋、北冰洋 4 个大洋。

和平 和顺,安稳平静。先秦《诗经·商颂·那》:"既和且平,依我磬声。"

欢乐 快乐。先秦《庄子·渔父》:"饮酒则欢乐,处丧则悲哀。"

欢喜 身心喜悦。南朝梁徐陵《玉台新咏·古诗为焦仲卿妻作》:"府君得闻之，心中大欢喜。"

欢迎 很高兴地迎接，很乐意接受。晋代陶渊明《归去来兮辞》："僮仆欢迎，稚子候门。"

计划 事先拟定的方案或办法。汉代班固《汉书·陈平传》："诚臣计划有可采者，愿大王用之。"

江河 山川河流。唐代杜甫《戏为六绝句》："尔曹身与名俱灭，不废江河万古流。"

江山 国土，国家。宋代张升《离亭燕》："一带江山如画，风物向秋潇洒。"

锦绣 美好。唐代杜甫《清明》："秦城楼阁烟花里，汉主山河锦绣中。"

开放 花开，释放。先秦《尚书·多方》孔传："开放无罪之人，必无枉无纵，亦能用劝善。"

礼貌 礼仪教养。先秦《孟子·告子下》："孟子曰：礼貌未衰，言弗行也，则去之。"

路线 道路。郁达夫《出奔》："果然，这样茫然地想着走着，她把回家去的路线都走错了。"

茂盛 枝叶繁茂。汉代班固《汉书·韦贤传》："成王成二圣之业，制礼作乐，功德茂盛。"

美丽 美好。先秦《荀子·非相》："今世俗之乱君，乡曲之儇子，莫不美丽姚冶。"

朋友 志同道合的友人。先秦《论语·子路》："子曰：朋友切切。"

乾坤 天地，也指男女。唐代杜甫《登岳阳楼》："吴楚东南坼，乾坤日夜浮。"

群众 人民大众。先秦《荀子·劝学》："群众不能移也，天下不能荡也。"

人民 百姓。先秦《孟子·尽心下》："诸侯之宝三：土地、人民、政事。"

仁义 仁爱与正义。宋代朱熹《四书集注》："仁者，心之德，爱之理。义者，心之制，事之宜也。"

荣誉 成就和地位得到肯定或褒奖。晋代葛洪《抱朴子·行品》："闻荣誉而不欢，遭忧难而不变者，审人也。"

山岭 连绵不断的高山。晋代潘岳《河阳县作》:"川气冒山岭,惊湍激岩阿。"

胜利 战胜对方,获得成功。先秦《孟子·公孙丑下》:"故君子有不战,战必胜矣。"

事业 所从事的经常性活动。宋代朱熹《四书集注·论语·泰伯》:"成功,事业也。"

思想 想法,打算。《黄帝内经·素问·上古天真论》:"外不劳形于事,内无思想之患。"

同志 志同道合的人。先秦《国语·晋语四》:"同德则同心,同心则同志。"

团结 聚拢成团,和睦友好。宋代司马光《涑水记闻》:"团结洞丁,以为保甲。"

伟大 雄伟宏大。唐代玄奘《大唐西域记·伊烂拏钵伐多国》:"国南界大山林中多诸野象,其形伟大。"

文明 文采光明。南朝鲍照《河清颂》:"泰阶既平,洪水既清,大人在上,区宇文明。"

文章 文辞。先秦《论语·泰伯》:"子曰:焕乎其有文章。"

希望 心愿,理想。汉代《周髀算经》:"立八尺表,以绳系表颠,希望北极中大星。"

喜欢 非常愉快、高兴。三国应璩《与从弟君苗、君胄书》:"闲者北游,喜欢无量。"

先锋 起先导作用者。宋代杨万里《进退格寄张功父姜尧章》:"新拜南湖为上将,更差白石作先锋。"

跃进 快速前进。李大钊《晨钟之使命》:"惟知跃进,惟知雄飞。"

政策 行动准则,方法策略。沈从文《我所生长的地方》:"这阶级一方面用一种保守稳健的政策,长时期管理政治,一方面支配了大部分属于私有的土地。"

忠诚 真心诚意。先秦《荀子·尧问》:"忠诚盛于内,贲于外,形于四海。"

德功言 立德、立功、立言，传统社会人生成功的三个最高标准，又称三立。先秦《左传·襄公二十四年》："大上有立德，其次有立功，其次有立言。"

风雅颂 《诗经》中三个部分，又称三体。唐代孔颖达疏先秦《诗经·豳风·七月》："诸诗未有一篇之内备有风、雅、颂，而此篇独有三体。"

日月星 与人类密切相关的三种天体，又称三光、三辰、三明。汉代《白虎通·封公侯》："天有三光日月星。"

松竹梅 松树、竹子和梅花，又称三友。清代朱耷《题三友图》："三友，岁寒梅、竹、松也。"

天地人 天、地、人，又称三才、三元、三极。先秦《周易·说卦》："是以立天之道曰阴与阳，立地之道曰柔与刚，立人之道曰仁与义，兼三才而两之，故《易》六画而成卦。"

夏商周 我国最早的三个朝代，又称三代，是古人心目中的理想社会。先秦《论语·卫灵公》："斯民也，三代之所以直道而行也。"

（二）4字成语

安然无恙 平安。汉代刘向《战国策·齐策》："岁亦无恙耶？民亦无恙耶？王亦无恙耶？"

白璧无瑕 洁白的美玉上面没有一点小斑，比喻人或事物完美无缺。宋代释道原《景德传灯录》："白玉无瑕，卞和刖足。"

碧血丹心 赤诚的心。清代丘逢甲《和平里行》："南来未尽支天策，碧血丹心留片石。"

毕恭毕敬 态度十分恭敬。先秦《诗经·小雅·小弁》："维桑与梓，必恭敬止。"

凤毛麟角 像凤凰的羽毛、麒麟的角一样珍贵。唐代李延寿《北史·文苑传序》："学者如牛毛，成者如麟角。"

海晏河清 天下太平。唐代薛逢《九日曲池游眺》："正当海晏河清日，便是修文偃武时。"

鹤鸣九皋 仙鹤在湖泽深处鸣叫。先秦《诗经·小雅·鹤鸣》："鹤鸣于九皋，声闻于野。"

金榜题名 名字写在皇榜上，指科举得中。唐代何扶《寄旧同年》："金榜题名墨上新，今年依旧去年春。"

金玉满堂 满厅堂的金玉财宝。先秦《道德经》："金玉满堂，莫之能守。"

锦绣河山 山河壮丽。唐代杜甫《清明》："秦城楼阁烟花里，汉主山河锦绣中。"

玲玲盈耳 声音动听。晋代陆机《文赋》："文徽徽以溢目，音泠泠而盈耳。"

鹏程万里 前程远大。先秦《庄子·逍遥游》："鹏之徙于南冥也，水击三千里，抟扶摇而上者九万里。"

平步青云 平稳地走到很高的地位上去。汉代司马迁《史记·范睢蔡泽列传》："须贾顿首言死罪，曰：贾不意君能自致于青云之上。"

任重道远 负担重，路途远，责任重大。先秦《论语·泰伯》："士不可以不弘毅，任重而道远。"

山高水长 像山一样高耸，如水一般长流。唐代刘禹锡《望赋》："龙门不见兮，云雾苍苍。乔木何许兮，山高水长。"

山清水秀 风景优美，也称山明水秀。宋代黄庭坚《蓦山溪》："眉黛敛秋波，尽湖南，山明水秀。"

诗情画意 像诗画里描绘的那样美。宋代周密《清平乐》："诗情画意，只在阑杆外。"

水木清华 像池水和花木那样景色秀丽。晋代谢混《游西池》："景晨鸣禽集，水木湛清华。"

天经地义 理所当然。先秦《左传·昭公二十五年》："夫礼，天之经也，地之义也，民之行也。"

万象更新 新气象，也称万物更新。清代曹雪芹《红楼梦》第七十回："如今正是初春时节，万物更新，正该鼓舞另立起来才好。"

惟妙惟肖 非常逼真。宋代岳珂《米元章临智永千文真草帖赞》："马牛其风，神合志通。彼妍我峭，惟神克肖。"

温文尔雅 文雅端庄。清代蒲松龄《聊斋志异·陈锡九》："此名士之子，温文尔雅，乌能作贼？"

文质彬彬 文雅有礼。先秦《论语·雍也》："质胜文则野，文胜质则史，文质彬彬，然后君子。"

贤良方正 才华出众、品德正派之人。西汉司马迁《史记·平准书》："当是之时，招尊方正贤良文学之士，或至公卿大夫。"

欣欣向荣 草木茂盛。晋代陶渊明《归去来兮辞》："木欣欣以向荣，泉涓涓而始流。"

行成于思 做事情要多思考才能成功。唐代韩愈《进学解》："行成于思，毁于随。"

阳春白雪 高雅的艺术。战国宋玉《对楚王问》："其为《阳春》《白雪》，国中属而和者不过数十人而已。"

阳关大道 宽阔的长路，光明的前途。唐代王维《送刘司直赴安西》诗："绝域阳关道，胡沙与塞尘。"

亿万斯年 长远的年代。《宋史·乐志》："亿万斯年，福禄攸同。"

正本清源 从源头上清理整顿。《晋书·武帝纪》："思与天下式明王度，正本清源。"

正大光明 心胸坦荡，言行正派。宋代朱熹《答吕伯恭书》："大抵圣贤之心，正大光明，洞然四达。"

（三）5字及以上词语

东西南北中 五个方位，又称五方、五德。汉代《礼记·王制》："五方之民，言语不通，嗜欲不同。"

公侯伯子男 旧时最有身份的五等爵位贵族，又称五侯。汉代贾谊《治安策》："内有公卿大夫士，外有公侯伯子男。"

宫商角徵羽 旧时的五个音级，相当于简谱中的1、2、3、5、6，又称五音、五声、五风、五范。先秦《周礼·春官》："皆文之以五声，宫商角徵羽。"

皇昊旻上苍 旧时指天的五种别称，即皇天、昊天、旻天、上天和苍天，又称五天。明代方孝孺《观乐生传》："五天朗洁时，纤滓不敢留。"

璜璧璋珪琮 旧时指皇帝所用的五种玉器，又称五玉、五瑞。汉代班固《白虎通·文质》："何谓五瑞？谓珪、璧、琮、璜、璋也。"

甲丙戊庚壬 旧时计时方法中与地支"子"相配的五个天干，依次是甲子、丙子、戊子、庚子、壬子，又称五子。先秦《国语·周语下》韦昭注："天有六甲，地有五子，十一而天地毕矣。"

江湖岭海云 江南、湖南、岭南、海南、云南的合称，又称五南，泛指南方。元代关汉卿《包待制智斩鲁斋郎》："奉圣人的令，差老夫五南采访。"

金木水火土 即五行，也称五德、五星、五部、五纬。先秦《孔子家语·五帝》："天有五行，金木水火土，分时化育，以成万物。"

金银铜铁锡 五种金属材料，又称五金，也泛指金属。五代齐己《谢人惠药》："五金元造化，九炼更精新。"

貌言视听思 旧时修身的五件事，又称五事。先秦《尚书·洪范》："五事：一曰貌，二曰言，三曰视，四曰听，五曰思。貌曰恭，言曰从，视曰明，听曰聪，思曰睿。"

柔刚仁信勇 旧时指军人所应具备的五种品德，也称五行。汉代《淮南子·兵略训》："所谓五行者，柔而不可卷也，刚而不可折也，仁而不可犯也，信而不可欺也，勇而不可凌也。"

仁信贵敬静 旧时修身处世的五种准则，又称五本。汉代刘向《说苑·敬慎》："凡司其身，必慎五本：一曰柔以仁，二曰诚以信，三曰富而贵，毋敢以骄人，四曰恭以敬，五曰宽以静。"

仁义礼智信 旧时指人的五种品德，也称五常、五秀、五品。唐代柳宗元《时令论下》："圣人之为教，立中道以示后。曰仁、曰义、曰礼、曰智、曰信，谓之五常，言可以常行者也。"

岁月日星辰 旧时指五种时间或方位，又称五位、五纪。先秦《国语·周语下》韦昭注："五位，岁、月、日、星、辰也。"

温良恭俭让 旧时指修身处世的五种品德，又称五德。先秦《论语·学而》："夫子温、良、恭、俭、让以得之。"

义慈友恭孝 旧时指人的五种伦理道德，又称五典、五常、五义。先秦《尚书·泰誓下》"今商王受狎侮五常"，孔颖达疏："五常即五典，谓父义、母慈、兄友、弟恭、子孝，五者人之常行。"

勇智仁信忠 旧时指人的五种品德，又称五材。先秦《六韬·龙韬》："所谓五材者，勇、智、仁、信、忠也。勇则不可犯，智则不可乱，仁则爱人，信则不欺，忠则无二心。"

忠孝仁义贤 旧时指人的五种美德，又称五荣。汉代刘向《列女传·盖将之妻》"陈设五荣"，端无非注："忠、孝、仁、义、贤，五者荣名也。"

庄忠敬笃勇 旧时指五种孝的表现，又称五孝、五行。秦代《吕氏春秋·孝行》："居处不庄非孝也，事君不忠非孝也，莅官不敬非孝也，朋友不笃非孝也，战阵无勇非孝也。五行不遂，灾及乎亲，敢不敬乎。"

震巽坎离艮兑 旧时指八卦中的六卦，由乾卦中的阳爻和坤卦中的阴爻组成，又称六子。汉代班固《汉书·郊祀志》："《易》有八卦，乾坤六子。"

仁智信直勇刚 旧时指人的六种美德，又称六言。先秦《论语·阳货》："六言六蔽：好仁不好学，其蔽也愚；好知不好学，其蔽也荡；好信不好学，其蔽也贼；好直不好学，其蔽也绞；好勇不好学，其蔽也乱；好刚不好学，其蔽也狂。"

天地春夏秋冬 天地四季的运行规律，又称六度。汉代《淮南子·时则训》："制度阴阳，大制有六度。天为绳，地为准，春为规，夏为衡，秋为矩，冬为权。"

有志者事竟成 有雄心壮志就能成功。《后汉书·耿弇传》："将军前在南阳，建此大策，常以为落落难合，有志者事竟成也。"

智仁圣义忠和 旧时指人的六种品德修养，又称六德。先秦《周礼·大司徒》："以乡三物教万民而宾兴之。一曰六德：知、仁、圣、义、忠、和。"

日月金木水火土 旧时指七种天体，又称七曜、七正、七纬。先秦《尚书·尧典》"在璇玑玉衡，以齐七政"，宋代蔡沈传："七政，日月五星也。七者，运行于天，有迟有速，犹人之有政事也。"

天地人春夏秋冬 旧时指天地万物和四时季节，也称七政。汉代《尚书大传》："七政者，谓春、秋、冬、夏、天文、地理、人道，所以为政也。"

积善之家必有余庆 积德行善的人家会把多余的吉庆留给子孙。宋代叶茵《再韵贺可山新生弥月》："诞弥厥月生无害，积善之家庆有余。"

后　记

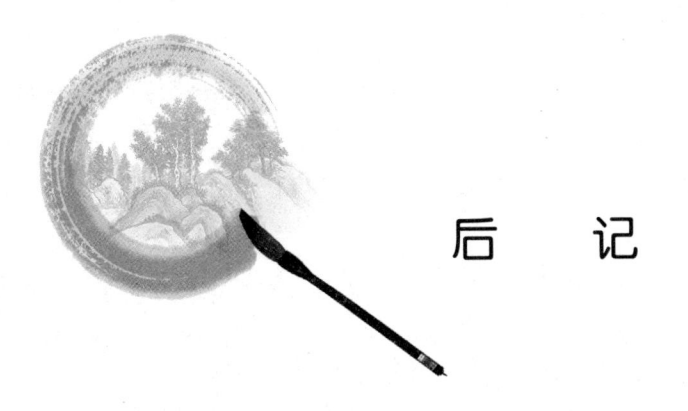

　　名字是我们生活中不可或缺的个人标志符号，但随着我国人口的增加和传统文化的越来越受重视，一个好听、好看、好读、好记、便于交流又不与别人重复的名字变得越来越难起，"起名难"是很多已经为人父母或即将为人父母的人的真实感受。而在事实上，起名作为一门学问，也有自己的规律可循。只要在起名时掌握起名知识、起名文化、起名原则和起名禁忌，了解起名方法，还是不难起出理想名字的。为了帮助新生宝宝的长辈解决起名时的困惑，笔者编写了这本书。

　　本书是笔者在20多年研究的基础上、广泛吸收同类成果编写而成的。全书的主体框架搭建于1993年，后来经过不断充实、修订、完善、提高，先后在《姓氏探源与取名艺术》《取名百事通》等书中有所述及，感谢读者对这些书的厚爱，使它们能够一再重印。尽管如此，笔者仍深知这些书存在着许多不足，尤其随着时间的推移而使这些不足越发显现出来。本着对个人著作负责和对读者负责的初衷，笔者根据目前时代的发展和读者的需求重新进行了研究和撰写，编成目前的样子出版。

  本书在编写和出版过程中，气象出版社给予了大力支持，在此向该社全体相关人员表示深深的谢意！

王大良

2020年8月于北京